MARCAS LEGENDÁRIAS

ACADEMIA BRASILEIRA DE MARKETING

MARCAS LEGENDÁRIAS

O PODER ETERNO DAS HISTÓRIAS DE MARCAS VENCEDORAS

Laurence Vincent

M.BOOKS DO BRASIL EDITORA LTDA.

Av. Brigadeiro Faria Lima, 1993 - 5º andar - Cj. 51
01452-001 - São Paulo - SP - Telefones: (11) 3168 8242 / 3168 9420
Fax: (11) 3079 3147 - E-mail: vendas@mbooks.com.br

Dados de Catalogação na Publicação

Vincent, Laurence
Marcas Legendárias/Laurence Vincent
2005 – São Paulo – M.Books do Brasil Editora Ltda.
Inclui Índice Remissivo
1. Marketing   2. Marcas   3. Negócios
ISBN: 85-89384-74-8

Do original: Legendary Brands
© 2002 by Laurence Vincent
© 2005 M.Books do Brasil Ltda.
Todos os direitos reservados.
Original em inglês publicado por:
Dearborn Trade Publishing.

EDITOR
Milton Mira de Assumpção Filho

Produção Editorial
Salete Del Guerra

Tradução
Roberto Galman

Revisão Técnica
Marina Kenan

Revisão de Texto
Silvio Ferreira Leite
Lucrécia Barros de Freitas

Design Interno
Lucy Jenkins

Capa
Design: Douglas Lucas

Editoração e Fotolitos
ERJ Composição Editorial e Artes Gráficas Ltda.

2005
Proibida a reprodução total ou parcial.
Os infratores serão punidos na forma da lei.
Direitos exclusivos cedidos à
M.Books do Brasil Editora Ltda.

Este livro foi selecionado, aprovado e recomendado pela ACADEMIA BRASILEIRA DE MARKETING.

A ACADEMIA BRASILEIRA DE MARKETING é uma iniciativa e propriedade intelectual do MADIAMUNDOMARKETING, idealizada no final dos anos 90 e institucionalizada em março de 2004.

Tem como MISSÃO: identificar, selecionar e organizar as melhores práticas do MARKETING mundial e disseminá-las no ambiente empresarial brasileiro, garantindo o acesso às mesmas, muito especialmente das micros, pequenas e médias empresas, no sentido de contribuir, decisivamente, para seus sucessos e realizações na luta pela sobrevivência e crescimento.

Tem como VISÃO: tornar todas as empresas brasileiras extremamente competitivas pela adoção e implementação das melhores práticas do MARKETING, resultando, por decorrência, no desenvolvimento econômico e social do país.

Seu ENTENDIMENTO DO MARKETING: mais que uma caixa de ferramentas, é o de tratar-se de ideologia empresarial soberana e consagrada, presente nas empresas que buscam, de forma incansável e permanente, conquistar, desenvolver e preservar clientes, e crescer, sempre, e, preferencialmente, através dos próprios clientes.

MARCAS LEGENDÁRIAS, de Laurence Vincent, corresponde integralmente aos princípios e compromissos da ACADEMIA BRASILEIRA DE MARKETING.

Alex Periscinoto	João De Simoni Soderini Ferracciù
Armando Ferrentini	José Estevão Cocco
Eduardo Souza Aranha	Lincoln Seragini
Francisco Alberto MADIA de Souza	Marcos Henrique Nogueira Cobra
Francisco Gracioso	Milton Mira de Assumpção Filho
Gilmar Pinto Caldeira	Pedro Cabral

Dedicatória
Para Jeanette, *semper amemus*

SUMÁRIO

PARTE UM

1. AS MARCAS NÃO SÃO TODAS CRIADAS IGUAIS   3
   O TAMANHO NÃO IMPORTA   4
   O TEMPO DE EXISTÊNCIA NÃO IMPORTA   5
   A QUALIDADE NÃO IMPORTA   5
   A GEOGRAFIA E A DISTÂNCIA NÃO IMPORTAM   6
   A PROPAGANDA E O DESIGN NÃO IMPORTAM   6
   MARCAS LEGENDÁRIAS   7
      Lendas são entidades que atraem muita atenção   7
      Legendas são explicações   7
      Lendas são histórias   8
   O SURGIMENTO DAS MARCAS LEGENDÁRIAS   8
      Pessoas com identidades flexíveis   8
      A morte do dogma   9
      O advento do consumismo   10
      Saturação pela mídia e propaganda baseada em história   12
   A FINALIDADE DESTE LIVRO   14
   ESTRUTURA DO LIVRO   15
   PENSAMENTO FINAL: Não é para todas   17

2. MITOLOGIA DA MARCA   19
CRENÇAS SAGRADAS: A arma secreta das Marcas Legendárias   20
MITOLOGIA DA MARCA: Um sistema que valida as crenças sagradas   21
CRENÇAS E AGENTES: Um relacionamento simbiótico   25
NARRATIVA: O vínculo que une   27
ATIVIDADES COMPORTAMENTAIS:
   Agregando seres humanos ao sistema   34
ESTUDO DE CASO: Apple Computer   41

3. MITO E NARRATIVA DAS MARCAS LEGENDÁRIAS   49
A AÇÃO   50
HISTÓRIA: A ação continua   52
NARRATIVA: Agregando um ponto de vista à história   55
LENDAS   56
MITO: Histórias inatas   59
UNINDO OS PONTOS   62
MITO E SIGNIFICADO: A alma da marca   66
MITO *VERSUS* LUGAR-COMUM   69

4. MARCAS LEGENDÁRIAS E NARRATIVA PESSOAL   73
VIDA SEM HISTÓRIA   73
   Histórias como mecanismos de compreensão   74
   Além do divertimento e da experiência   75
MARCAS LEGENDÁRIAS E IDENTIDADE DA NARRATIVA   78
PREPARAÇÃO PARA O PAPEL DE UMA EXISTÊNCIA   80
A ALEGRIA DO DESEMPENHO   83
   Ativando a trama de nossa narrativa   83
   Ativando nosso personagem   85
   Ativando a estética   87
RESPONDENDO AOS CRÍTICOS   88
A PARTÍCULA INFINITESIMAL DO MARKETING DA MARCA   90

PARTE DOIS
UMA OBSERVAÇÃO SOBRE ÉTICA   92
RELACIONANDO O MATERIAL À ESTRATÉGIA   93

5. INVESTIGANDO A NARRATIVA DA MARCA   95
O PRISIONEIRO E O DRAMATURGO   96
   O dilema do prisioneiro   97
   O prazer do dramaturgo   98
O AMBIENTE INFLUENCIA OS RESULTADOS   99
PARTICIPE DO PROCESSO   100

ADOTE A PESQUISA PARA
   ADMINISTRAR AS MARCAS LEGENDÁRIAS AO LONGO DO TEMPO   101
   Explorando a presença da narrativa   101
   Persuasão da narrativa   102
MÉTODOS DE EXPLORAÇÃO   104
   Técnicas verbais detalhadas: A entrevista longa   105
   Técnicas de observação: Investigação da narrativa   107
   Técnicas não-verbais: ZMET   109

6. CRIANDO A NARRATIVA DA MARCA   115
UM CRÍTICO COMO GUIA   116
CRIAÇÃO DE MATERIAL PARA UMA BÍBLIA DA MARCA   118
   A caixa   119
   Personagens: A influência viva da marca   120
   Trama: As partes móveis da história   128
   Tema: Uma razão para a marca   136
   Estética: A narração por meio dos sentidos   137
   Outros componentes de uma bíblia da marca   140
O PROCESSAMENTO E O USO
   COMPARTILHADO DE SUA BÍBLIA DA MARCA   142
   Método de baixo para cima ou método de cima para baixo   142
   Traduzindo as bíblias da marca para a estratégia corporativa formal   143
APÊNDICE: Um processo
   de desenvolvimento ilustrativo da bíblia da marca   144
   Uma narrativa para as comunicações   144
   Dia 1º: Observando a narrativa com persistência   145
   Dia 5: A sala de guerra é organizada   146
   Dia 8: Surgem três narrativas   148
   Dia 10: O primeiro esboço da bíblia da marca   150
   Dias 11-13: Preparando-se para a grande persuasão   151
   Dia 15: A grande persuasão   153
UMA NARRATIVA IMPULSIONA O PROCESSO DE ESTRATÉGIA   153

7. COMUNICANDO A NARRATIVA DA MARCA   155
O ABSTRATO E O LITERAL   158
   Abstrações   159
   Arcos da história   161
   Episódios   161
   Fragmentos   163
   Extensões   164
ALINHANDO A FORMA À ESTRATÉGIA   164
ALINHANDO A FORMA À MÍDIA   167
   Mídia de entretenimento   168

8. CULTURA DA MARCA   175
DERRUBANDO O MITO   176
Culturas da marca são criadas e não feitas   176
Culturas da marca podem ser cultivadas, porém não controladas   177
As culturas da marca controlam a marca e não o contrário   179
ENTENDENDO SUA CULTURA   181
TORNANDO AS MARCAS
INDISPENSÁVEIS PARA AS NARRATIVAS DO CONSUMIDOR   183
Semiótica e ativação da marca   183
Ritual do consumidor   188
INCENTIVANDO O DESENVOLVIMENTO DA CULTURA DA MARCA   192
Apóie aqueles que o apóiam   194
Realize eventos culturais   194
ALÉM DE SEU CONTROLE, MAS COMPENSANDO SEU ESFORÇO   195

PARTE TRÊS

9. MARCA CONJUNTA, PATROCÍNIO E MARKETING EM PARCERIA   201
OS BENEFÍCIOS DAS PARCERIAS ENTRE MARCAS   201
O efeito auréola   202
Benefícios de distribuição   202
Os direitos de bloquear e a atração da exclusividade   203
Sinergia de recursos   203
OS RISCOS DA PARCERIA ENTRE MARCAS   204
Tempo perdido   204
Emboscada   205
Confusão   206
Jogue a isca e mude   207
FORJANDO UMA PARCERIA DE MARCA QUE DÁ CERTO   207
Alinhamento da narrativa   207
Acentuando a narrativa da parceria   211
Os consumidores em primeiro lugar   212
Valor sistêmico   214
As parcerias de marca também
precisam de gerenciamento da marca   215

10. AGENTES DE MARCAS   217
IDENTIFICANDO OS AGENTES DA MARCA   218
Agentes de marca humanos   219
Fundadores e CEOs   219
Celebridades e porta-vozes   220
Personagens fictícios   221

Locais que são agentes da marca   222
    Lugares onde a empresa opera   222
    Locais de ocupação conjunta   223
    Locais patrocinados   223
    Locais artificiais   224
Objetos como agentes de marca   225
    Produto   225
    Itens promocionais e outros objetos   225
GERENCIANDO OS AGENTES DA MARCA   226
    Gerenciando relacionamentos
        simbióticos entre o agente e a narrativa   226
    Diminuindo o risco em um sistema simbiótico   229
    Gerenciando marcas com narrativas fracas e agentes fortes   230
    Gerenciando marcas com narrativas fortes e agentes fracos   232
    Gerenciando marcas com narrativas e agentes da marca fracos   234

11. MARCAS NÃO-LINEARES   237
ATRIBUINDO UM MITO AOS ESPAÇOS DO CONSUMIDOR   238
ESTUDO DE CASO: Ian Schrager Hotels   240
    Demarcando o espaço sagrado e profano   240
    Pórticos: Entrada no espaço da marca   241
    Indícios sensoriais: Resíduo narrativo   242
    Trajetórias narrativas   243
    Encontre o centro do mundo   245
    A coerência é fundamental   246
NÃO-LINEAR, DESDE QUE NÃO SEJA NÃO-NARRATIVO   246

12. SALVANDO A MARCA EM DIFICULDADE   249
QUANDO COISAS RUINS ACONTECEM
    A MARCAS BOAS: O caso do Jack in the Box   250
    Acontece o desastre   251
    O ressurgimento do espírito de uma marca   252
    Toda narrativa precisa de um herói   253
    Jack como um fanático pela estratégia   253
    Quando a narrativa torna-se a realidade   255
    Símbolos da marca colocados em ação   255
    A narrativa se encontra com o investidor   256
LIÇÕES DO JACK IN THE BOX   256
    Demonstre esperança para o futuro   257
    Faça sua narrativa baseando-se em polaridades intensas   257
    As reviravoltas da marca precisam de diversos públicos   257
    Ouça os consumidores e permita que eles orientem suas ações   258

13. A NARRATIVA DA MARCA E A POLÍTICA 261
O SR. CLINTON VAI A WASHINGTON 262
GOVERNMENT OF THE PEOPLE, FOR THE PEOPLE 267
LIÇÕES DO GOVERNO 270
UMA ENTREVISTA COM MICHAEL KAYE 271

14. O LADO OBSCURO DA MITOLOGIA DA MARCA 273
A SUCESSÃO DE NARRATIVAS OBSCURAS 274
    Narrativas de provocação 276
    Narrativas de gratificação 279
    Narrativas de destruição 281
MARCA "OBSCURA" E RESPONSABILIDADE DO MARKETING 282
ESTRATÉGIA NARRATIVA E O LADO OBSCURO 285
    Regule a válvula de pressão 286
    Mantenha a empatia 286
    Sancione, porém não iluda 287

NOTAS 289

ÍNDICE REMISSIVO 293

AGRADECIMENTOS

Sou sinceramente agradecido aos lendários contadores de histórias e profissionais de marketing que interromperam sua programação atarefada para se reunirem comigo: Lawrence Flanagan, Carl Gustin, Michael Kaye, Joyce King-Thomas, Norman Lear, Steve Le Neveu, Lin MacMaster, Ty Montague, Gerard Muenchen, Dennis Rook e Elisa Romm. Foi um grande privilégio obter as impressões desses modeladores da cultura popular. Este livro é um tributo às realizações e à generosidade dessas pessoas.

Obrigado a todo o pessoal do Cabana Group. Uma menção especial a Catherine Davie por apoiar-me, sem se queixar, a cada novo rascunho deste material. Obrigado também a Jim Sheehy por ser uma caixa de ressonância constante e um ocasional advogado do diabo.

Muito obrigado a todo o pessoal da Dearborn Trade Publishing, mas especialmente à minha editora Mary Good. Ela foi tudo que uma grande editora deve ser: orientadora, conselheira e colaboradora.

Obrigado igualmente à minha agente Kathleen A. Welton, cuja confiança e entusiasmo por este projeto permitiram que ele se concretizasse.

O ímpeto por este livro teve início enquanto eu trabalhava para o falecido empresário teatral James A. Doolittle. Ele próprio uma Marca Legendária.

Sua influência em minha carreira e em meu pensamento deu-me a confiança necessária para tentar escrever um livro. Serei eternamente grato a ele.

Muitas vezes tenho sido acusado de insano por decidir escrever um livro ao mesmo tempo em que iniciava uma nova empresa e cuidava de uma família com crianças pequenas. Creio que sou muito equilibrado, mas só porque muitas pessoas me apoiaram ao longo do caminho e contribuíram generosamente para a realização deste projeto. De início, obrigado a meus sócios no Cabana Group – Hap Deneen, Mitch La Grow e Neil Patel – que me proporcionaram apoio integral, me animaram durante períodos muito frustrantes e me mantiveram alegre. Obrigado aos mentores que me orientaram e acreditaram na minha pessoa: Ellen Ketchum, Sallie Merritt Green, Hilary Meserole, Pamela Richardson, Serena Tripi e Michael Widman.

Obrigado a minha avó, June Callihan – o melhor modelo de perseverança e dedicação que cheguei a conhecer. Meu carinho e meu agradecimento a minha mãe Kathleen, que sacrificou quase tudo para ajudar-me a ter sucesso e incutiu-me a inspiração para seguir a trajetória de autor. Obrigado também a minhas irmãs Kelly e Lisa por não permitirem que eu me levasse muito a sério (sim, agora me levo a sério). Possuo uma dívida de gratidão para com meus filhos Lucas e Jordan, porque tornaram minha vida alegre durante o árduo processo de redação do livro. Porém, em primeiro lugar, obrigado a Jeanette, minha esposa. Sem ela, eu não poderia assinar meu nome, muito menos escrever um livro. Ela é a melhor amiga que já tive, a pessoa mais carinhosa que conheci e ainda a mulher mais bonita que já vi. Jeanette nunca aceitaria crédito algum por este livro, mas não fosse seu afeto, sua paciência e a crença inabalável em minha pessoa, talvez eu nunca o tivesse finalizado. Por esta e por muitas outras razões, dediquei este livro inteiramente a ela.

PARTE UM

Nos próximos capítulos, examinaremos a narrativa da marca, o que diferencia as Marcas Legendárias de todas as demais. Esta seção do livro é mais teórica do que prática. Se você já acredita que as Marcas Legendárias obtêm seu poder de permanência porque narram histórias, então passe diretamente à Parte II, que proporciona ferramentas e técnicas para elaborar a narrativa da marca. Sugiro, também, que você leia superficialmente o Capítulo 2, que descreve um processo denominado Ciclo de Mitologia da Marca.

Aqueles que ainda não estão convencidos de que as Marcas Legendárias obtêm sucesso por criar histórias excelentes e atraentes, continuem a leitura.

A função de todo profissional de marketing é vender. Esta tarefa pode ser realizada por comunicação pública e direta com o consumidor, como no caso do grande número de anúncios de carros patrocinados por concessionários que alardeiam reduzidas taxas de juros e preços abaixo da tabela. A tarefa também pode ser cumprida indiretamente, com investimentos na propaganda da marca, cujo objetivo é procurar influenciar as decisões de compra do consumidor ao longo do tempo, valendo-se da influência psicológica e do posicionamento.

Este livro, em sua quase totalidade, se interessa pelo segundo método. Embora as Marcas Legendárias possam utilizar freqüentemente a propaganda incitadora, direta, do primeiro método, elas se tornam legendárias pela comunicação dinâmica da marca. Esta forma de marketing não é apropriada para deslocar rapidamente a participação do produto no mercado nem é focada pelos contadores de histórias ou pelos financistas para obterem retorno rápido do investimento. No entanto, ao longo do tempo, tais iniciativas voltadas para o desenvolvimento da marca cumprem ambas as metas.

Nos capítulos seguintes, você aprenderá como a história permite que as Marcas Legendárias atinjam ambas as metas. Os grandes narradores de histórias influenciaram as ações dos homens em todas as épocas. Atualmente, as Marcas Legendárias perpetuam a tradição, muitas vezes de modo estranho e incomum. A transformação desta tradição é o tema que passamos a examinar.

1

AS MARCAS NÃO SÃO TODAS CRIADAS IGUAIS

Em **abril de 2001,** a capa da revista *Forbes* ostentou uma fotografia de Steve Jobs, CEO da Apple Computer, olhando atentamente a tela de um iBook com um sorriso muito confiante. A manchete: Marcas Cultuadas. O artigo de capa analisava um número crescente de marcas que geram um entusiasmo fenomenal no consumidor – indo além da simples lealdade de compra. O artigo descrevia consumidores fanáticos que (literalmente) "se casam" com suas Mazda Miatas, esperam do lado de fora durante toda uma noite para a inauguração de uma nova loja de rosquinhas Krispy Kreme, e pagam milhares de dólares por uma garrafa de Screaming Eagle Cabernet Sauvignon.

Uma linha divide a topografia do marketing em duas placas tectônicas que ocasionalmente se tocam e se aproximam, porém ocupam regiões distintas na mente do consumi1dor. Uma das placas é enorme e habitada pela maior parte das marcas de produtos de consumo. Algumas das marcas nessa região são os gigantes do marketing como Tide, Folgers e Buick. Estas marcas são bem conhecidas e altamente rentáveis, porém a lealdade do consumidor origina-se da qualidade, do preço e do valor funcional ou cognitivo. Algumas dessas marcas são legendárias. Por exemplo, os consumidores podem permanecer leais a elas porque seus pais também o foram.

O vínculo entre o consumidor e a marca não vai muito além deste raciocínio nostálgico ou perseverante.

A outra placa, embora muito menor, é o terreno de um conjunto de marcas que são, para os consumidores, aquilo que os profetas representam para os fiéis. Quando essas marcas falam, os consumidores ouvem atentamente. Quando essas marcas agem, os consumidores fazem o mesmo. Quando os consumidores descrevem essas marcas, suas descrições estão plenas de emoção, de exuberância e de um vocabulário que trata a marca como uma amiga querida. Essas marcas não são apenas criações do marketing, mas símbolos na vida do consumidor.

Esses dois segmentos se apresentam completamente diferentes na mente do consumidor e, no entanto, demarcar a linha torna-se complicado. A maioria dos profissionais de marketing e dos consumidores pode sentir instintivamente uma diferença entre as duas, porém identificar a diferença é problemático e frustrante. Para complicar a tarefa, muitos dos métodos convencionais utilizados pelas empresas não resolvem o problema adequadamente.

O TAMANHO NÃO IMPORTA

Nosso primeiro instinto sugere medir e comparar o tamanho dos dois grupos de marcas. As marcas que vendem mais, cobram preços maiores ou gastam mais para se promover podem ser as cultuadas. Não é preciso muito tempo para compreender que esta metodologia não dá certo.

A General Motors gasta mais do que qualquer outro anunciante da indústria automobilística para promover suas marcas. Também suplanta os demais em termos de vendas. No entanto, ao contrário da multidão fanática de proprietários de Miatas, não existe evidência de consumidores se juntando aos amigos para casar-se legalmente com seu Cadillac, Buick ou Pontiac. Há um grande número de motoristas fiéis em todo o mundo – alguns deles somente adquirem veículos GM –, porém sua devoção não se compara às ações inspiradas do condutor de um Miata, de um Fusca ou de um Porsche Boxter.

A capitalização de mercado também não dá certo. A Apple Computer vende muito menos que a HP, a Compaq e a Dell. No entanto, como marca, atrai o conjunto mais entusiasmado de discípulos formados pela indústria de computadores. Quando o colunista Stewart Alsop, da *Fortune*, criticou severamente a Apple, em 1997, por desempenho medíocre e erros administrativos gritantes, recebeu um número tão grande de cartas de clientes da Apple, que chegou a reconhecer, na coluna seguinte, o tormento de argumentar contra os passos errados dos dirigentes. Alsop afirmou que algumas respostas incluíam ameaças contra ele. Recentemente, quando a Apple inaugurou sua primeira loja na Galeria Glendale, em Los Angeles, a fila de consumidores que desejavam entrar se estendia para fora do shopping, indo até boa parte da rua adjacente (ironicamente denominada Brand Boulevard). Poucos clientes da Dell ou da Compaq chegariam a tais extremos.

O TEMPO DE EXISTÊNCIA NÃO IMPORTA

A Starbucks celebrou recentemente seu 25º aniversário. Nesse curto período de vida, inspirou um enorme entusiasmo pela marca – muito mais do que qualquer outra marca de café, incluindo participantes veneráveis como Nescafé, Maxwell House, Folgers e Yuban. É verdade que seus concorrentes não operam lojas em todo o globo. Também não podem cobrar o preço que a Starbucks estabelece no balcão. Cada um desses concorrentes encontraria muita dificuldade para expandir sua marca a produtos de alimentação, utensílios domésticos e outros bens suplementares, o que a Starbucks realizou rapidamente, despertando interesse significativo dos consumidores. A Starbucks aparenta significar para seus consumidores mais do que uma boa xícara de café. E sua relativa juventude parece não afetar sua estatura.

A QUALIDADE NÃO IMPORTA

Suponho que esta seja a dimensão mais desfavorável das marcas cultuadas, porém a qualidade do produto não parece ser o fator diferenciador. Muitos dos produtos fabricados e dos serviços prestados por marcas comuns são tão bons, se não melhores, em termos de qualidade total, quanto os produtos e serviços das marcas cultuadas. Muitos jogadores de basquete amador preferem o tênis Converse ao Nike por causa da qualidade e, no entanto, a Nike possui uma classificação maior na escala de excelência dos atletas.

A GEOGRAFIA E A DISTÂNCIA NÃO IMPORTAM

O Kistler Vineyards é um pequeno produtor de vinhos do Vale do Sonoma, na Califórnia. A maioria dos consumidores norte-americanos nunca ouviu falar do Kistler. No entanto, quando a empresa faz o lançamento semestral do Chardonnay, proporciona um dos eventos mais freqüentados pelos apreciadores de vinho. Estes consumidores ligam-se tão fortemente à marca Kistler que chegam a comprar uma quantidade de vinho muito maior do que necessitam por receio de serem excluídos da lista de clientes ou terem sua cota diminuída. Por outro lado, a Gallo é o gorila de 400 quilos da indústria viticultora, vendendo em todo o mundo. É mais conhecida por seus vinhos oferecidos em jarras, porém proporciona variedades sofisticadas, altamente conceituadas e detentoras de prêmios, que não alcançam o preço de um Kistler nem despertam o mesmo entusiasmo nos apreciadores de vinho.

A PROPAGANDA E O DESIGN NÃO IMPORTAM

Durante o *boom* da Internet, as maiores agências de propaganda e companhias de design do mundo tiveram a sorte inesperada de ganhar novos negócios. Alguns de seus profissionais mais criativos dedicaram-se às marcas da tecnologia emergente. Criaram uma propaganda de alta qualidade, identidades e designs de embalagens bem elaborados, inovadores, e uma bonita apresentação do produto. Poucas marcas sobreviveram para contar a história; em grande parte porque o conceito do negócio desapareceu. No entanto, pensando naquilo que aconteceu há cerca de um ano, a maioria dos consumidores não consegue se lembrar daquela excelente propaganda – que, mesmo durante seus dias de glória, parece não ter gerado euforia nos consumidores.

A Procter & Gamble contrata excelentes agências de propaganda para promover sua ampla gama de produtos. No entanto, apesar do investimento, poucas entre elas alcançam o status de marcas cultuadas. A propaganda da empresa foi entregue a agências criativas como TBWA/Chiat/Day, Goodby Silverstein & Partners, e Wieden + Kennedy, porém somente uma fração dos produtos, ou nenhum deles, classifica-se na categoria de marca cultuada. Sem margem de dúvida, boa propaganda e design inovador não são os fatores diferenciadores.

MARCAS LEGENDÁRIAS

Precisamos de uma definição prática para diferenciar as marcas que geram um comportamento tão fascinante nos consumidores. Eu as denomino *Marcas Legendárias*.

Lendas são entidades que atraem muita atenção

Lendas, na linguagem popular, são pessoas notáveis que atraem muita atenção. Elvis Presley foi uma lenda em sua época e continua como lenda permanente. O mesmo acontece com Marilyn Monroe, John Lennon, Andy Warhol e Mahatma Gandhi.

A Marca Legendária é diferente das outras por projetar um senso de celebridade em sua base de consumidores. Ela assume uma personalidade humana e atrai admiradores do mesmo modo que as celebridades humanas.

Legendas são explicações

A palavra lenda vem do latim legenda – "coisas que devem ser lidas". Portanto, a legenda em um mapa ajuda o leitor a compreender os vários símbolos utilizados.

Marcas Legendárias também são a chave. Elas representam conceitos, valores e objetos que os consumidores usam para interpretar o significado da própria vida. As percepções dos consumidores das Marcas Legendárias vão além da compreensão racional de qualidade, função ou valor monetário. As marcas, muitas vezes, são descritas como representantes da personalidade do consumidor. A resposta freqüentemente ouvida é que a Marca Legendária "é muito parecida comigo" ou "muito parecida com pessoas que admiro".

Do mesmo modo que símbolos e objetos religiosos geralmente são empregados para demonstrar a ideologia sagrada de uma pessoa, a Marca Legendária permite aos consumidores posicionarem-se no espaço social, cultural e pessoal. Um número cada vez maior de consumidores parece definir uma parte de sua identidade pelo uso de marcas. As marcas que dominam esta demarcação de identidade são sempre Marcas Legendárias.

Inversamente, as Marcas Legendárias também são uma explicação para o profissional de marketing. Uma explicação para compreender o consumidor. Conforme você verá nas páginas a seguir, as Marcas Legendárias estão imbuídas de valores sociais, culturais e existenciais que formam a base para o vínculo do consumidor. Quando compreendemos o que as marcas significam para os consumidores, obtemos informações valiosas a respeito do comportamento, da motivação e da identidade do consumidor.

Lendas são histórias

Finalizando, uma *lenda* é uma "história transmitida por um povo durante gerações, com a crença de existir uma base histórica, embora não verificável".[1] Esta definição esclarece a premissa central da teoria das Marcas Legendárias: Marcas Legendárias baseiam-se na criação de uma narrativa, e a narrativa que elas transmitem constitui a base da afinidade enfática do consumidor.

O SURGIMENTO DAS MARCAS LEGENDÁRIAS

Embora marcas consolidadas de produtos de consumo existam há várias gerações, as Marcas Legendárias constituem um fenômeno particularmente novo. Há quatro fatores que se relacionam a seu aparecimento.

Pessoas com identidades flexíveis

O autor Neal Gabler resume melhor nossa ordem cultural contemporânea ao se referir a cada um de nós como um ator em um filme sobre a vida. Ele argumenta também que freqüentemente mudamos de filme ao longo do dia. Em um momento, podemos desempenhar o papel de herói corajoso, no próximo, o de um escravo torturado. De modo idêntico aos grandes atores que seguem um método, somos capazes de reconstruir o perfil de um personagem com base na situação presente e atuar de modo correspondente. Sua conclusão a respeito do modo pelo qual presentemente nos vemos confirma aquilo que os sociólogos e os antropólogos culturais têm definido durante décadas: a teoria do pós-modernismo. O pós-modernismo confirma uma nova ordem social regida pela democracia e formada por pessoas que adaptam continuamente seu comportamento e sua identidade às circunstâncias de vida que mudam rápida e constantemente. Um indivíduo pode ter quatro ou cinco identidades, cada uma adequada a uma finalidade diferente. O pós-modernismo argumenta, além disso, que nossa ordem social é influenciada e, muitas vezes, comandada pela cultura popular e pela mídia de massa. Enquanto no passado essas entidades atuavam em função de nossa sociedade, agora a definem.[2]

O pós-modernismo é importante para o estudo das Marcas Legendárias por destruir os laços entre ordens sociais antigas, práticas de marketing onipotentes e orientação cultural. No mundo pós-moderno, as pessoas têm múltiplas identidades. Suas identidades estão sujeitas a alterações à medida que mudam as preferências culturais. Mais importante ainda, os consumidores que vivem no mundo pós-moderno procuram uma narrativa (ou narrativas) para basear sua identidade.

A morte do dogma

No passado, nossas vidas eram dominadas por tramas abrangentes ou metanarrativas que nos auxiliavam a colocar ordem em nosso mundo, que orientavam nosso comportamento, e no contexto de nossa cultura. Os católicos disciplinavam suas vidas por meio de um dogma rigoroso e conheciam as conseqüências de afastar-se das diretrizes narrativas. A interpretação da fé católica, da narrativa cristã, proporcionava um modelo mental claro para seus adeptos.

Em Paris, no final do século XIX, os impressionistas desenvolveram metanarrativa própria, que orientava suas ações. Não era elaborada em torno da religião, porém em torno da arte e do que ela precisa representar para a alma humana. Todos os grandes pintores impressionistas adotaram essa metanarrativa e, por meio de suas ações, ela se transferiu para aqueles que não são artistas e também para a cultura francesa.

Nos Estados Unidos, a morte da metanarrativa é vista com nitidez nas três populações adultas dominantes. A geração que lutou pelo país na Segunda Guerra Mundial geralmente é delineada pela metanarrativa daquela era. Patriotismo, servir ao país e trabalho árduo são temas comuns nesta narrativa. Trata-se de uma geração tão notável e distinta, que muitos autores, incluindo o âncora do noticiário de televisão Tom Brokaw, consideram importante registrar a crônica da vida e das experiências deste importante movimento motivado por uma geração que literalmente construiu os fundamentos da economia norte-americana.

Após a geração da Segunda Guerra Mundial, o próximo grande movimento foi o *baby boom* ou "boomers". Novamente persistem certas metanarrativas no âmbito desta geração forçada a lidar com temas sociais perturbadores como os direitos civis, a intervenção norte-americana em conflitos no mundo e a relação entre governo e liberdades civis. A metanarrativa dos "boomers" uniu-se rapidamente ao ativismo. À medida que eles agora passam a aposentar-se, podemos esperar que essa narrativa se manifeste sob novas formas, porém seu fundamento provavelmente não mudará.

Compare essas duas gerações com a Geração X. Enquanto muitos participantes desta geração julgam-se ofendidos com a noção de que não têm no que acreditar, muitos fatores indicam que seja uma geração sem uma metanarrativa. A Geração X e aquela denominada – de modo ridículo – Geração Y constituem talvez as subculturas mais ecléticas que surgiram no mundo moderno. Apesar de tentativas apressadas para provar o contrário, é difícil apontar um único tema que defina estes segmentos demográficos; a evidência é de o pós-modernismo ser mais do que uma teoria.

Atribua esse esgotamento à cultura de consumo, ao avanço da descoberta científica ou à dispersão das comunidades, porém a realidade é que a maioria de nós não apóia mais uma única narrativa abrangente. Nossa cultura está se transformando em uma cultura de pessoas que podem orientar suas vidas por meio de diversas narrativas, cada uma adequada a uma situação ou a uma época específica.

Dominic Strinati argumenta que nossa cultura tem se tornado "atomizada". Atomização significa que "uma sociedade massificada é formada por pessoas que somente podem relacionar-se entre si como átomos em um composto físico ou químico... que não possuem quaisquer relacionamentos significativos ou moralmente coerentes entre si"[3]. Ocasionalmente, um evento conscientizador como a tragédia do 11 de setembro de 2001 oferece coerência e nos leva a agir conjuntamente. Em outros casos, no entanto, passamos de uma idéia a outra, buscando significado na fonte ideal para o momento.

Se isto parece uma visão de esgotamento do mundo, não o precisaria ser. A morte da metanarrativa dá origem ao individualismo. Infelizmente, é de nossa natureza nos apossarmos de uma metanarrativa definidora de identidade. Temos agido deste modo durante milhares de anos. Quando a sociedade não pode oferecer a narrativa, buscamos algo que nos ofereça pelo menos um esboço. As Marcas Legendárias estão à altura desta tarefa.

O advento do consumismo

Não tenha dúvida a respeito; vivemos em uma sociedade muito mais focalizada no consumo do que na produção de bens e serviços. O consumo é rei. Definimos a nós mesmos, nossas vidas e nosso bem-estar por aquilo que consumimos. Nossos hábitos de consumo constituem presentemente uma forma de aceitação social. O homem que usa tacos de golfe Callaway, dirige um Jaguar e veste roupas Ralph Lauren faz uma declaração a respeito de sua identidade. Ele é um homem distinto e à parte do homem que usa linha de pesca Penn, dirige um Dodge Durango e veste jeans Levi's.

A cultura do novo consumidor cria uma grande demanda por bens e serviços que servem para nos diferenciar. Confrontadas com todas as escolhas, somente algumas marcas excepcionais podem realizar tal função – por isso o desenvolvimento das Marcas Legendárias.

O papel das Marcas Legendárias, neste contexto, é simultaneamente alarmante e confortador. As marcas estão se transformando rapidamente nos árbitros da estratificação social. Não é difícil levar este pensamento a um extremo e imaginar cenários orwellianos nos quais alguns poucos gurus de marketing determinam o avanço da civilização. Por outro lado, e como veremos neste livro, as Marcas Legendárias não são realmente controladas pelos profissionais de marketing. Houve um tempo, logo após a Segunda Guerra Mundial, em que elas flertaram com o controle autoritário. No entanto, atualmente, elas obtêm sucesso no desempenho de um papel na cultura do novo consumidor, seu controle transfere-se rapidamente aos consumidores que as preferem. Os profissionais de marketing podem enganar estes consumidores fanáticos, porém, no final, se o profissional de marketing não os atende bem, ou se o brilho desaparece para revelar um subterfúgio, os consumidores se revoltam. Marcas Legendárias somente podem exercer sua influência enquanto os consumidores as elevarem ao status de Legendárias.

O consumismo e o surgimento das Marcas Legendárias são desagradáveis para muitos, chegando mesmo a inspirar reações agressivas de críticos sociais. Eles encaram como agravamento de problemas sociais todo material proveniente da criação de marcas que oferece aos consumidores valor existencial, metafísico ou pessoal. No entanto, caso fosse possível controlar de modo desleal os consumidores, por meio de táticas de marketing e de marcas, certamente haveria transparência. O advento do consumismo fez surgir um público consumidor muito esclarecido. Os atuais consumidores são céticos e estão muito conscientes das mensagens de marketing que os rodeiam. Os consumidores julgam as marcas com a noção de que são culpadas, até que provem sua inocência.

Constitui um grande mito acreditar que os executivos de marketing possuem tempo ou entendimento para elaborar planos que controlem os consumidores. Toda pessoa que tenha trabalhado para uma Marca Legendária, seja na empresa ou como parte de uma agência, sabe que as limitações de tempo e as exigências do cargo são muito grandes para permitir tramar o domínio do mundo. Agências de propaganda agem apressadamente para produzir o próximo comercial, enquanto os gerentes de marca esmiuçam dados estatísticos, as alterações na participação de mercado e os planos promocionais. A maior parte destes executivos é formada por consumidores muito céticos a respeito dos argumentos de outros profissionais de marketing.

Consumismo é uma tendência criada mais pelos consumidores do que pelos profissionais de marketing. Muitos assumem rapidamente que estes profissionais criaram a tendência, porém é igualmente fácil assumir que os profissionais de marketing simplesmente reagiram à demanda dos consumidores. Existe uma forte evidência para demonstrar que os consumidores controlam o destino das marcas, em vez de ocorrer o contrário. Quando as marcas avançam demais, a fim de explorar as afinidades dos consumidores, decaem e decaem muito. Os consumidores conseguem perceber o que se passa e punem o profissional de marketing. Considere a Nike, por exemplo. Quando foi revelado que os tênis e o vestuário Nike estavam sendo fabricados por meio da exploração de trabalho infantil, a reação dos consumidores foi tão intensa que a Nike sofreu a primeira e verdadeira ameaça a seu balanço patrimonial intocável. Só ressurgiu como favorita dos consumidores após ter mudado suas práticas.

Se existe alguma manipulação, os profissionais de marketing não estão fazendo o suficiente para satisfazer as necessidades da cultura do novo consumidor. Os consumidores anseiam por marcas que representem *efetivamente* algo, marcas que ajudem a proporcionar significado e ordem em suas vidas. Podemos permanecer indiferentes e encarar este fenômeno como o declínio do homem civilizado, ou podemos identificar um meio para aumentar a responsabilidade da marca.

Saturação pela mídia e propaganda baseada em história

Levando em conta experiências anteriores e considerando fatores evolutivos, a tendência para um aumento da propaganda baseada em histórias não deveria parecer antinatural. Vivemos a época mais saturada pela mídia. Com tantos consumidores dispostos a comprar, os anunciantes desejam aproveitar toda oportunidade para vender.

Assistir à televisão "é agora a principal atividade de lazer dos norte-americanos, consumindo 40% do tempo livre de uma pessoa"[4]. Assim se expressa Todd

Gitlin em seu livro *Media Unlimited*. Ele ressalta a penetração e o uso massivos de outras formas de mídia, de jornais a CD players. Os consumidores não estão somente expostos a um número maior de mídias. Estas mídias contêm cada vez mais mensagens de marketing. E o alcance e a rapidez da propaganda têm se acelerado a um ritmo sem precedentes.

Na era do pós-modernismo e de sua conseqüência, o consumismo, temos obtido muito sucesso em filtrar a abundância e a rapidez das mensagens de marketing. Não estamos sozinhos nesta tarefa. A tecnologia também está ajudando. Dispositivos como TiVo* auxiliam os consumidores a livrar-se de mensagens indesejáveis e a administrar o conteúdo da mídia.

Diante dessa realidade, a mídia está mudando. Durante os últimos 25 anos, o mundo da propaganda evoluiu para uma indústria sofisticada, que se destaca na produção de filmes com 30 segundos de duração. Atualmente, é difícil determinar qual exerce maior influência sobre o outro, se a indústria do filme moderno ou a propaganda. O comercial de rádio baseou-se em grande parte nas técnicas de produção de filmes, no talento demonstrado na tela e fora dela, e na estrutura narrativa do filme. Por outro lado, os filmes atuais precisam contar histórias com mais rapidez, menor exposição e mais comunicação visual do que no passado. A razão para essa necessidade é que os consumidores se acostumaram com o tipo de narrativa transmitido em cada intervalo comercial.

O anúncio baseado em uma história parece dar bom resultado porque as pessoas preferem muito mais ouvir uma história a serem convencidas a comprar. A velha técnica de gritar repetidamente "compre", para os consumidores, chegou ao fim. Ty Montague, da agência de propaganda Wieden + Kennedy, da cidade de Nova York, refere-se a essa técnica como *monólogo*. Anunciantes de sucesso aprenderam a conceber um diálogo com os consumidores, atraindo-os com uma história. A técnica funciona tão bem que algumas propagandas atraem sozinhas a atenção da audiência, e são apresentadas em programas de televisão dedicados à propaganda inovadora, ganham prêmios e aparecem repentinamente em alguns sites, para que os consumidores baixem os arquivos.

A tendência mais recente segue na direção de uma maior integração entre propaganda e conteúdo. Agências de talento, companhias produtoras e redes de mídia trabalham em conjunto com anunciantes e gerentes de marcas. A meta é criar

---

* N. do T.: TiVo: equipamento que grava digitalmente até 140 horas de programas de televisão selecionados, permitindo a exclusão dos comerciais.

um conteúdo que não precise de intervalos comerciais, pois a história da programação apoiará a marca. A inserção de produtos no cenário ocupa o nível mais inferior de tais iniciativas. O futuro, provavelmente, irá além da mera exposição do produto. Narrativas envolvendo a marca, realizadas por meio de comerciais com 30 segundos de duração, como o famoso "1984", da Apple, têm possibilidade de ser apresentadas em tempo mais longo. O comercial, levado ao ar durante a final do campeonato de futebol americano, em 1984, mostrou uma seqüência de imagens formando uma história que contava a principal proposta de venda do Macintosh: liberdade para ser produtivo graças à facilidade de uso. A idéia foi realizada sem mostrar o produto ou atravancar a história com logos. Nas fusões futuras entre conteúdo e marketing, nem o produto nem a marca podem aparecer no desenrolar do entretenimento, porém o profissional de marketing encontrará uma forma de combinar a narrativa da marca com a história, de tal modo que as duas permaneçam inseparáveis na mente do consumidor.

É nesse ambiente que as Marcas Legendárias devem continuar sua era de dominação. Marcas Legendárias são construídas em função da narrativa – uma metanarrativa que lhes permite obter a lealdade do consumidor. São as mais apropriadas para a propaganda baseada em uma história e serão as marcas com maior probabilidade de aproveitar as transformações que ocorrerão no conteúdo apoiado pelo anunciante.

A FINALIDADE DESTE LIVRO

A inspiração para escrever este livro teve início com uma premissa muito simples – a de que as marcas de consumo verdadeiramente excelentes narram uma história. Compreender, desenvolver e administrar o valor da marca ao longo do tempo exige o domínio da história. Na minha carreira, tive o privilégio de trabalhar nas áreas do profissional de marketing e do narrador de história. Ao estudar as Marcas Legendárias, fiquei impressionado com o terreno comum partilhado por narradores de histórias e gerentes de marca. Embora seu jargão, métodos e abordagem sejam diferentes, o produto final é essencialmente o mesmo – uma narrativa convincente que atrai uma audiência de valor.

Pensar nas marcas em termos de narrativa data dos anos 50 e do trabalho pioneiro de excelentes agências de propaganda e de pesquisadores influentes. Estranhamente, grande parte deste trabalho soberbo permanece nas bibliotecas, em vez de ser adotado na prática de marketing. É uma pena, pois a necessidade de uma visão narrativa para o marketing de marca nunca foi tão necessária.

Para escrever este livro, conversei com muitas pessoas que se dedicam ao marketing. Tratei de abordá-lo não como especialista, mas como aluno. Conversei com pessoas influentes, de agências de propaganda lendárias e de agências de criação. Encontrei-me com os mais destacados profissionais de marketing de algumas das principais marcas no mundo. Também me reuni com observadores ocasionais do ramo de marketing. Repetidamente ouvi essas pessoas referirem-se à história, ao tema ou ao eixo da campanha. Escavando abaixo da superfície, descobri que todos se referiam ao mesmo aspecto – a narrativa da marca.

Acredito que os gerentes de Marcas Legendárias precisam pensar com um novo vocabulário. Precisam pensar na linguagem do narrador da história. Em vez de planos estratégicos, precisam pensar no mito ou na narrativa de sua marca. Em vez de consumidores, precisam pensar em audiências. Em vez de porta-vozes, patrocínios e produtos, precisam pensar nos personagens de uma história mais ampla. Em vez de ambientes de varejo, precisam pensar nos cenários das narrativas.

Marcas Legendárias atingem sua maior força ao contar a história que seus consumidores esperam ouvir. Eles se alegram em grau elevado quando a história transmite uma mudança de direção, um toque no familiar com uma pitada de novidade. Toda grande história conduz os personagens e a audiência em uma jornada. As Marcas Legendárias sustentam o entusiasmo do consumidor durante longos períodos de tempo. A diferença entre a marca comum e a Marca Legendária é que esta ativa uma narrativa da marca.

Este livro servirá para ajudar os profissionais de marketing a pensarem como narradores de histórias. Ele proporciona uma visão do ciclo narrativo que une os consumidores à marca. Libera a narração da história e a promove a um plano estratégico, em lugar de ser função de redatores.

ESTRUTURA DO LIVRO

Dividi o material em três partes. A Parte I analisa a teoria por trás das Marcas Legendárias. Explora o ciclo de Mitologia da Marca, que explica a relação circular entre crenças, marcas, narrativa e consumidores. Também examina mais detalhadamente o papel da narrativa em nossas vidas, explorando inicialmente o poder e a predominância do mito em todas as culturas, passando a examinar então o mito pessoal – um método integralmente pós-moderno para analisar a formação da identidade.

A Parte II focaliza a aplicação. Se a narrativa é a chave para as Marcas Legendárias, a Parte II oferece ferramentas e técnicas para criar e administrar a narrativa. Observe que uso o verbo *criar*. Narrativas de marcas são criadas. Não se trata de um floreio semântico, mas de uma distinção importante. Habilidades para criar podem ser adquiridas. Muitas pessoas as retardam, pois se assustam com a função de narrar. Uma história possui uma qualidade mística que alguns acreditam estar mais ligada à habilidade artística e ao talento do que ao trabalho árduo. Talento e habilidade artística aprimoram o produto final, porém histórias excelentes surgem de uma criação feita com perseverança – é o que ocorre com as grandes marcas.

A Parte II examina quatro aplicações importantes para o gerente de marca. Analisamos inicialmente o papel da pesquisa feita com os consumidores. A pesquisa proporciona às Marcas Legendárias uma forma de obter informações da audiência. A partir destas informações, o gerente pode fazer alterações na narrativa da marca. Voltamos nossa atenção, a seguir, para a estratégia, e discutimos a elaboração de uma bíblia de marcas, o instrumento estratégico que permite aos gerentes administrar suas marcas ao longo do tempo. Exploramos também o papel das comunicações e consideramos todas as maneiras pelas quais uma marca consegue sensibilizar um consumidor com a sua narrativa. Examinamos especialmente pontos de contato que se estendem além da televisão ou dos anúncios na mídia impressa, e consideramos aqueles pontos de contato que proporcionam elementos sensoriais ou experimentais. Abordamos, finalmente, a cultura da marca – um elemento distinto e único das Marcas Legendárias. As culturas da marca não existem no vazio. Elas exercem um impacto na marca, ao longo do tempo. Caso seja realmente possível, estudamos métodos para administrar uma cultura da marca.

Na Parte III, examinamos casos e aplicações específicas da narrativa da marca. A Parte III é um guia de ação, um ponto de referência para o estudo de casos nos quais a narrativa da marca desempenhou um papel fundamental. Também procuramos observar além do domínio das marcas tradicionais de consumo. Não são apenas os refrigerantes e os automóveis que ocupam o domínio das Marcas Legendárias. Analisamos as campanhas políticas, os ambientes não-lineares e as parcerias de marketing como uma extensão da teoria das Marcas Legendárias.

PENSAMENTO FINAL: Não é para todas

Nem todas as marcas precisam se tornar uma Marca Legendária. A Procter & Gamble é uma das maiores histórias de sucesso no mundo. Seu conjunto de marcas é uma fortaleza dos bens de consumo embalados. Eu diria que dificilmente, naquele conjunto, uma marca constitui uma Marca Legendária. Também argumentaria que a maioria delas não deveria tentar tornar-se uma Marca Legendária.

Se toda marca tornar-se uma Marca Legendária, então as Marcas Legendárias perdem o valor. No final de um dia de trabalho, os consumidores não procuram significado em tudo que compram. Muitos profissionais de marketing cometem um erro ao supor que os consumidores compram racionalmente. Os consumidores compram por impulso. Compram por hábito. Compram por praticidade. Algumas vezes, compram porque desejam mudar. Existem inúmeros fatores que controlam o comportamento de consumo. Sua marca pode ser muito bem-sucedida e mesmo conquistar uma grande lealdade do consumidor, sem se tornar uma Marca Legendária.

Este livro não pretende oferecer uma estrutura aplicável a todas as marcas. Muitos livros excelentes sobre o assunto já definiram uma estrutura que atende às necessidades das marcas de modo geral. Este livro tem como foco um tipo específico de marca – a Marca Legendária. Trata-se de um ser único que exige uma técnica de administração única.

CAPÍTULO 2

MITOLOGIA DA MARCA

No **capítulo anterior,** constatamos que existem dois tipos de marcas de produtos de consumo: marcas comuns e Marcas Legendárias. Explicar por que as Marcas Legendárias são diferentes das marcas comuns é difícil, mesmo para experientes profissionais de marketing e de propaganda. Com muita freqüência, os critérios de diagnóstico oferecidos se parecem muito com a norma do antigo juiz da Suprema Corte dos Estados Unidos, Potter Stewart, para distinguir pornografia de outro material provocador, do ponto de vista sexual: "Eu sei quando eu a vejo".

Existe uma distinção básica entre as Marcas Legendárias e todas as demais marcas de produtos. A mitologia da marca usa a narrativa para transmitir uma visão de mundo, um conjunto de crenças sagradas que transcendem os atributos funcionais e cognitivos do produto. A narrativa, que une o consumidor e a marca em um tipo de vínculo existencial, constitui o fundamento da força da marca. A mitologia da marca opera em um ciclo autogratificante que envolve a participação do consumidor. Neste capítulo, você aprenderá a dinâmica deste ciclo e o modo pelo qual ele opera. Você compreenderá, especificamente, que:

- A mitologia da marca age nos centros de orientação cognitiva do cérebro de modo muito parecido à religião e outras crenças filosóficas seguidas com grande convicção.

- As Marcas Legendárias, como a maioria das religiões, obtêm sua força por meio da narrativa.
- De uma perspectiva antropológica, as crenças sagradas, as narrativas e as comunidades que as adotam formam um sistema cíclico que proporciona os fenômenos incomuns das Marcas Legendárias.

CRENÇAS SAGRADAS: A arma secreta das Marcas Legendárias

As Marcas Legendárias unem-se aos consumidores por meio de crenças sagradas, um conjunto especial de criações mentais que permitem orientá-los existencialmente, ao passo que as marcas comuns usualmente formam um vínculo com o consumidor a partir de atributos puramente funcionais. Por exemplo a maioria das consumidoras que se declaram fiéis a um sabão de lavar roupas, afirma que os bons resultados e a qualidade do produto influenciam sua decisão de compra. As Marcas Legendárias, por outro lado, unem-se ao consumidor mantendo ou afirmando crenças fundamentais que ele usa para dar significado a sua vida.

O famoso mitologista Mircea Eliade assevera que o homem só pode viver em um mundo sagrado, "porque é somente neste mundo que ele participa atuando, que ele tem uma existência real"[1]. Nossas crenças sagradas definem quem somos, o que valorizamos e que estilo de vida escolhemos. Em termos simples, definem nosso ser. Elas podem variar de perguntas inteligentes como "Existe um Deus?" a situações familiares como "O que é mais importante para mim, dinheiro ou família?".

Todo ser humano, religioso ou não, mantém um conjunto de crenças sagradas. Trata-se de um motivo biológico, de uma estranha conseqüência de nossa estratégia de seleção natural. Os humanos evoluíram para se tornar pensadores, abstratos. Ao contrário dos outros animais, podemos considerar situações de vida e morte antes de ocorrerem, e podemos formular várias estratégias de sobrevivência. O pensamento é, portanto, fundamental para nossa adequação evolucionária e, em comparação ao restante dos animais que povoam nosso planeta, estamos relativamente sem defesa e vulneráveis a predadores. Não temos presas, garras, veneno mortal ou força bruta. Não podemos ultrapassar velocidades de 75 km/h ou ir em direção ao céu sem ajuda tecnológica significativa. Somos escaladores, nadadores e saltadores primitivos. E, de modo geral, nossos órgãos sensitivos (olfato, paladar, tato etc.) não são tão aguçados. O pensamento, por ser abstrato, no entanto, nos dá o poder de considerar uma reação a cada uma destas desvantagens potencialmente perigosas e sobrepujar as espécies concorrentes. Esta habilidade para a solução de problemas tornou possível nossa coexistência com predadores potenciais, nossa reprodução em ambientes hostis e, em muitos casos, a capacidade de passar de caça a caçador.

O fato de nossa habilidade para solucionar problemas ser decisiva para a nossa sobrevivência revela que o pensamento é mais do que a intensificação de uma característica. É uma adaptação compulsiva determinada pelo sistema límbico. É um mecanismo de sobrevivência. Por este motivo, os seres humanos demonstram grande ansiedade e tensão metabólica quando um fenômeno observável não pode ser explicado. Somos orientados biologicamente para entender tudo aquilo que nos cerca. Este imperativo compulsivo para a resolução de problemas utilizando o cérebro também nos faz considerar, nas palavras do psicólogo cognitivo Steven Pinker, "atividades fascinantes, porém sem função de um ponto de vista biológico"[2]. Este subproduto de nossa malha cognitiva constitui a base de nossos sistemas de crenças sagradas. Em certo sentido, "religião e filosofia são, em parte, ferramentas mentais utilizadas para a resolução de problemas para os quais não foram criadas"[3].

Portanto, parte da biologia dos seres humanos consiste em refletir sobre questões existenciais e filosóficas e desenvolver um conjunto de crenças, ou de lógica explicativa, para interpretá-las. O fato de as Marcas Legendárias agirem sobre estas crenças sagradas é fundamental para diferenciá-las das outras marcas e para vinculá-las tão fortemente aos consumidores.

MITOLOGIA DA MARCA: Um sistema que valida as crenças sagradas

Pelo menos por um tempo equivalente ao registro histórico de nossa existência, sabemos que os seres humanos procuraram constantemente definir um significado para a vida utilizando um conjunto de crenças sagradas. Em determinado momento, uniram-se a outros que partilhavam crenças similares. Surgiram comunidades nas quais homens e mulheres passaram a viver juntos, de acordo com valores e princípios comuns. As crenças sagradas mantidas por essas comunidades normalmente vinculavam-se a alguma entidade física, que proporcionava um testemunho concreto de que as crenças eram válidas e também habilitava o sistema de crenças para que:

- fosse transmitido a gerações futuras;
- justificasse as leis criadas pela comunidade; e

- invalidasse as crenças sagradas concorrentes, das comunidades rivais, que ameaçavam sua cultura.

As comunidades uniam as crenças à entidade física por meio da narrativa. Para manter a narrativa viva, elaboravam rituais e criavam símbolos que representavam os componentes críticos da narrativa. Os rituais e símbolos, por sua vez, reforçavam e, ocasionalmente, alteravam o conjunto fundamental das crenças sagradas. Este ciclo constitui a base para a maioria das culturas. Também é o modo como opera a mitologia da marca.

Do mesmo modo que um furacão obtém sua força aterradora do sistema recíproco que o alimenta, as Marcas Legendárias geram poder por meio do Sistema de Mitologia da Marca (ver a Figura 2.1). Este sistema contém quatro componentes: uma visão de mundo formada por um conjunto de crenças sagradas, um agente da marca, a narrativa da marca, e a participação do consumidor por meio de um conjunto especial de atividades de feedback.

FIGURA 2.1 Sistema da Mitologia da Marca

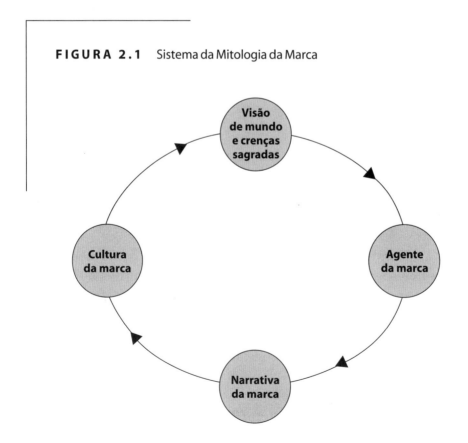

CRENÇAS SAGRADAS E O ESTRANHO CASO DOS ATEUS

Dan Baker esteve somente uma vez no interior de uma igreja, para assistir à missa fúnebre de um amigo íntimo. Fora criado pelo pai, um engenheiro químico, em um lar sem religião. Seu pai fora criado em uma família episcopal, porém afastou-se da igreja quando percebeu "a hipocrisia e a inaceitabilidade científica". Dan cresceu acreditando que poderia haver uma razão científica para cada fenômeno inexplicável. Está arraigado nele que nascemos e morremos por causa de relações de causa e efeito puramente biológicas. Ele acredita firmemente que, ao morrer, deixamos de existir e nada mais acontece.

Ateus muitas vezes são citados como prova de que nem todos possuem crenças sagradas. Em virtude de Dan parecer não refletir cuidadosamente a respeito das origens metafísicas de sua existência, ou da vida no além, argumenta-se que ele não possui crenças sagradas. No entanto, as crenças sagradas vão além da pergunta "Existe um Deus?".

Dan serviu no Vietnã e foi agraciado com a medalha *Purple Heart* por enfrentar uma saraivada de balas para resgatar um companheiro. Por que um ser humano são enfrentaria um perigo mortal para salvar a vida de outro ser humano? Evidentemente, Dan acredita que é certo subordinar os próprios interesses para salvar a vida dos outros. Esta é uma crença sagrada.

Quando Dan retornou do Vietnã, retomou os estudos e formou-se advogado, obtendo o primeiro lugar em sua classe. Atualmente é um dos sócios de um renomado escritório de advocacia de Nova York. Trabalha mais de 2.300 horas por ano, o que o torna um dos principais responsáveis pela receita de sua firma. Possui segurança financeira. E por que sente necessidade de trabalhar tantas horas, em vez de participar de atividades mais relaxantes e sedentárias? Dan pode acreditar que é importante ser respeitado por seus pares. Pode acreditar também que o trabalho árduo constitui um padrão pessoal importante. Ambas as possibilidades são crenças sagradas.

Finalmente, Dan é casado. Conheceu a esposa na faculdade de Direito. Uniram-se legalmente pouco tempo após sua formatura. Eles têm duas crianças. Por que um sujeito como Dan se casaria ou teria filhos? Talvez acredite que a vida deva ser compartilhada, ou queira desfrutar a amizade e o afeto de sua companheira. Obviamente acreditava ser muito importante submeter-se a um ritual formal para juntar-se a outra pessoa perante a lei quando, na atual sociedade, é aceitável viver com alguém sem um vínculo contratual. Mesmo sendo seus filhos mero resultado de um processo biológico elaborado para assegurar a longevidade dos genes de Dan, é duvidoso que Dan os considere desta maneira. Ele provavelmente tem um sentimento tão forte pelos filhos a ponto de dar mais importância à vida deles do que à sua, e está disposto a investir em seu futuro além do necessário para a sobrevivência deles. Estas, também, são crenças sagradas.

Crenças sagradas existem sob muitas formas. A religião pode ser uma delas, porém há muitas outras. Todos nós, mesmo os ateus, consideramos sagrados alguns aspectos da vida. De outra forma, não seríamos diferentes das máquinas.

Mito é uma "história tradicional de eventos ostensivamente históricos, que serve para revelar parte da visão de mundo de um povo, ou explicar uma prática, uma crença ou fenômenos naturais", de acordo com o dicionário *Webster*. A mitologia ocidental das civilizações antigas serviu para explicar as ações misteriosas do mundo natural por meio de histórias a respeito das lutas e conquistas de deuses e heróis. Atualmente, a mitologia da marca possui uma finalidade similar. A descoberta científica esclareceu muitos dos mistérios do mundo natural, porém não respondeu satisfatoriamente às perguntas complexas que formulamos a respeito de nossa existência social, de nosso sentido de individualidade e de nossa relação com o mundo. A mitologia da marca intercedeu de forma curiosa. De modo análogo à mitologia antiga, ela opera por meio de instrumentos narrativos.

CRENÇAS E AGENTES:
Um relacionamento simbiótico

As crenças sagradas, por si mesmas, podem ser auto-evidentes, porém, sozinhas, não podem atuar como fé cultural. Em primeiro lugar, é difícil provar ou refutar a validade de qualquer crença individual, de acordo com mérito próprio. Por serem hipóteses abstratas, exigem algum tipo de prova física, antes que nossas mentes permitam que elas comandem nosso comportamento.

Considere o seguinte exemplo: você é um homem negro que vive na área rural do Alabama. O ano é 1963. Durante toda a sua vida, você conheceu somente um mundo segregado. Seus direitos foram negados. As pessoas com a sua cor de pele foram injustiçadas e oprimidas. No entanto, você aprendeu a viver nestas condições. E se depara com uma única frase: "Consideramos esta verdade auto-evidente de que todos os homens são criados iguais". Nenhuma evidência é apresentada para apoiar o argumento. Tudo o que você deve avaliar, na afirmativa, é a própria afirmativa.

Existe a possibilidade de você não aceitar essa crença como verdadeira. Você não tem prova de que ela é factual, e as circunstâncias de sua vida parecem defender o contrário.

Imagine então a mesma circunstância, com uma diferença. Você ouve essas mesmas palavras de um pregador carismático com o nome de Dr. Martin Luther King Jr. Ele teve uma criação similar à sua e fala com a autoridade da experiência de vida. Você sabe que este homem esteve preso por ter se recusado a ceder, e, contudo, hoje está livre. Ele continuou a apoiar aquela frase simples, sem se importar com o que a adversidade colocou em sua trajetória. Apesar de um grande número de derrotas, foi reconhecido por pessoas influentes como o novo presidente dos Estados Unidos. Agora, você possui prova física de que o postulado é verdadeiro e, como resultado, há mais probabilidade de você aderir a essa crença.

É de nossa natureza buscar uma prova para nossas crenças. Normalmente a encontramos na forma de um agente. Um agente é uma prova física de que nossa visão de mundo é válida. Agentes nem sempre são pessoas, embora pessoas sejam os agentes mais poderosos. O único pré-requisito para um agente é que precisa satisfazer o teste de tangibilidade. Precisamos ser capazes de vincular nossa visão de mundo a uma pessoa, a um lugar ou a algo.

A visão de mundo adotada pelas Marcas Legendárias sempre está ligada a um agente físico. Por exemplo, Martha Stewart é a agente para os produtos que levam seu nome. Em termos funcionais e qualitativos, estes produtos não são diferentes daqueles ofertados pelos concorrentes. No entanto, Martha Stewart, a pessoa, incorpora uma visão de mundo que ressoa para milhões de pessoas. Sua existência dá validade às crenças sagradas que estas pessoas admiram muito. É por este motivo que elas compram os seus produtos.

> ## A VESTIMENTA DA CONFIRMAÇÃO
>
> **Na região noroeste** da Itália, ao longo das margens do Rio Pó, existe a cidade medieval de Turim. É um local de rica história e cultura, porém é mais conhecida no mundo por um tecido de 42,5 cm de comprimento, que abriga em sua catedral majestosa. Muitos acreditam que o Santo Sudário de Turim seja o véu que cobriu o rosto de Jesus Cristo. Apesar de recentes evidências científicas e históricas lançarem dúvidas e criarem controvérsias sobre sua autenticidade, a relíquia misteriosa inspira peregrinações e gera espanto em milhões que a consideram uma prova positiva de que Cristo viveu. Jesus Cristo é o agente da fé cristã, e o Sudário é para os cristãos uma das muitas "evidências" tangíveis de que ele existiu. O Sudário constitui, para muitas pessoas, uma confirmação precisa daquilo em que acreditam. Ele satisfaz qualquer dúvida que possam ter tido sobre a existência de Cristo e a validade do conjunto de crenças que ele representa.

Alternativamente, a visão de mundo associada à marca Harley-Davidson tem como agente o próprio produto. A força impressionante e ruidosa de uma motocicleta Harley-Davidson constitui prova física em favor da filosofia libertária de sua base de clientes (isto é, obter poder negando as normas estabelecidas, conseguir uma identidade recusando-se a se adaptar, e ir em busca de liberdade até o limite do comportamento ilegal). Considere o clamor público quando a Harley foi vendida, em 1981, e seus novos donos tentaram modificar a mecânica e o estilo do produto. Eles tentaram fazer com que a Harley se enquadrasse nos padrões vigentes. Tal procedimento invalidou as crenças sagradas da marca.

Os agentes e sua correspondente visão de mundo são elementos essenciais da mitologia da marca. São entidades simbióticas que precisam um do outro como a galinha do ovo, uma analogia adequada, pois é difícil determinar quem apareceu primeiro. Algumas marcas obtêm sua visão de mundo adotando as crenças sagradas associadas a um agente. Outras identificam um agente que possui sua visão de mundo. Por exemplo, teria a Nike se tornado Marca Legendária sem ter adotado a visão de mundo dos agentes de marca Steve Prefontaine ou Michael Jordan? Em sua declaração de filosofia, a Nike atribui a Prefontaine a definição da "alma da marca Nike" ao externar seu conselho constantemente repetido aos jovens corredores: "dar algo menos que o melhor de si é sacrificar o prêmio". Prefontaine pode ter definido a visão de mundo da Nike, porém, para a maioria de seus admiradores, Michael Jordan provou que ela é verdadeira. Ele provou que era, realmente, seu maior adversário, cada vez que milhões de fãs o viam quebrar o próprio recorde, muitas vezes por meio de iniciativas atléticas heróicas que pareciam desafiar as leis da Física.

Em oposição, a Harvard University seria tão influente hoje, não fosse pelas crenças sagradas que a regem? O campus, seu famoso escudo e sua relação de ex-alunos influentes são poderosos agentes de marca, porém é a sagrada filosofia Harvard ("Veritas"), conhecida em todo o mundo, que provavelmente figurou de início na mitologia da marca.

NARRATIVA: O vínculo que une

Embora agentes sejam um ponto focal indispensável para um conjunto de crenças sagradas, eles realmente não possuem muita ligação sem a narrativa. A narrativa é o componente mais importante da mitologia da marca. Robert McKee, um dos veneráveis criadores das histórias de Hollywood, descreve eloqüentemente a ligação entre narrativa e sistemas de crença em seu livro *Story: Substance, Structure, Style, and The Principles of Screenwriting* (História: Substância, Estrutura, Estilo e os Princípios de Histórias para Filmes). Em suas palavras, "contar uma história é a demonstração criativa da verdade. Uma história é a prova viva de uma idéia, a conversão da idéia em ação. A estrutura de eventos de uma história é o meio pelo qual você primeiro expressa e então prova sua idéia..."[4]

Existem três razões principais para que a narrativa seja essencial a um sistema de crenças sagradas. Primeiro, ela vincula o sistema de crenças a um agente, proporcionando às pessoas, dessa maneira, uma racionalidade material que as faz acreditar. Depois, a narrativa estimula as emoções, que distorcem o processo de pensamento lógico a favor das crenças sagradas envolvidas. Finalmente, a narrativa prescreve o comportamento exigido para se viver o sistema de crenças e adaptar-se à cultura da marca.

Os princípios da fé budista ressoam como verdades universais para muitas pessoas no mundo todo. Estes princípios, no entanto, fundem-se por meio das provas demonstradas pelas escrituras budistas. Eles são a história da transformação de um príncipe sem sabedoria no embaixador dos céus. Suas palavras e atos, durante a jornada, e a essência de seu caráter, revelada por meio da narrativa, o unem de modo inextricável às crenças sagradas da fé budista. Sem esta história, Buda não seria diferente de qualquer homem antigo do Leste.

A narrativa é um instrumento poderoso para vincular um argumento a uma entidade. Gerry Spence, o advogado carismático de Montana, que alcançou fama por sua brilhante estratégia legal nos julgamentos de Karen Silkwood e Randy Weaver, atribui seus muitos sucessos à narrativa de histórias. No julgamento de Silkwood, Spencer valeu-se de uma história simples para convencer o júri de que o acusado, Kerr-McGee, era o responsável pela danosa exposição à radiação nuclear a que a Sra. Silkwood se submetera. "Contei ao júri um caso ocorrido na velha Inglaterra. Um cidadão levou um leão para a sua propriedade, e, embora tenha tomado precauções para mantê-lo enjaulado, o animal um dia escapou e feriu seu vizinho. A antiga corte, que julgava nos termos da *common law**, determinou que o proprietário do leão era responsável, pois o animal era perigoso por natureza. Seu dono tinha conhecimento desse fato. Portanto, o proprietário, e não o vizinho inocente, deveria assumir as conseqüências causadas pelo leão que escapou."[5] Spence produziu muitas provas físicas para apoiar sua tese, mas atribui sua persuasão bem-sucedida ao elo feito por meio da narrativa.

As Marcas Legendárias também usam a narrativa para unir uma visão de mundo a um agente físico. Considere Ralph Lauren e a marca Polo, de fragrâncias e vestuário. Por meio da narrativa de sua propaganda, de seus desfiles de moda e do design do produto, a marca une uma cultura social desejável à crença sagrada de que a moda e o estilo precisam ser simultaneamente ativos e refinados. A marca comunica isto por meio de duas tramas distintas. Uma é a história semi-real de Ralph Lauren, o homem, que é freqüentemente fotografado em eventos culturais importantes, que entra em contato com pessoas famosas e influencia as decisões de estilo daqueles que determinam as tendências. A história sugere que qualquer festa

---

* N. do T.: Sistema de leis surgido e desenvolvido na Inglaterra, baseado em decisões dos tribunais, nas doutrinas implícitas nestas decisões e nos usos e costumes, em vez de em leis codificadas.

ou evento social que este grupo social glamouroso e excitante organiza fica incompleto sem a presença de Ralph Lauren. Embora Lauren raramente seja o protagonista da história da marca, é um personagem reconhecível, e sua presença vincula sua marca às crenças sagradas orientadas para a moda.

A segunda história também une uma cultura social às crenças sagradas da marca. Nesse caso, o agente da marca não é uma única pessoa, mas, de preferência, uma cultura anônima formada por um grande número de pessoas. Elas aparecem em um estilo de vida ativo e seguro. Cada vez que a história é narrada, estão aproveitando a vida de maneira coerente com a visão de mundo de Ralph Lauren. Comerciais recentes de Ralph Lauren na televisão, por exemplo, mostram jovens atraentes em iates, visitando lugares exóticos e, em outras situações, praticando pólo, esporte muito exigente e refinado. Portanto, existe a prova de que a marca Polo é um agente da elite requintada. É interessante observar que o maior grupo de consumidores dos produtos Polo não representa a elite cultural, mas a classe média ou aqueles que desejam fazer parte desse grupo cultural esclarecido. Para essas pessoas, Ralph Lauren e Polo reforçam a visão de mundo que elas têm, embora a meta a ser atingida não esteja ainda manifesta.

A narrativa realiza um vínculo muito eficaz entre crenças sagradas e agentes da marca por meio da provocação de uma resposta emocional poderosa. Quando defrontada com mais de uma conclusão lógica para um problema cognitivo, nossa mente tende a escolher a opção que possui o maior peso emocional (como demonstra o exemplo a seguir). Ao matizar nossa lógica com emoção, as histórias pendem nossa análise em favor do argumento vinculado à resposta emocional.

A BIOLOGIA NOS DÁ A SENSAÇÃO DE MAL-ESTAR

O elo entre o processamento do pensamento lógico e os centros de resposta emocional, no cérebro, é biológico e resulta de uma adaptação superior do ser humano. Tomando como modelo um caçador coletor primitivo, os neurocientistas Andrew Newberg e Eugene D'Aquili esclarecem como esta adaptação se dá e por que ela nos beneficia.

O homem entra na floresta, porém, logo que se vê naquele emaranhado de árvores, ouve um ruído. Sua mente responde imediatamente, apresentando duas opções: pode ser um leopardo ou uma caça.

O caçador compreende que está em uma área habitada por leopardos e se recorda de ter visto suas pegadas ao longo do caminho. É lógico, portanto, assumir que o ruído possa ter sido causado por um leopardo. Por outro lado, ele sabe que os leopardos não caçam àquela hora e se lembra de que as pegadas pareciam ter sido deixadas há alguns dias. Isto o leva a concluir que o barulho fora provocado por algum outro animal. O caçador precisa escolher: fugir pode lhe custar o jantar, mas permanecer pode lhe custar a vida.

No exemplo que apresentaram, Newberg e D'Aquili consideram o que poderia estar ocorrendo no centro emocional do cérebro. Por um lado, o homem sente emoções intensas e positivas associadas à caçada. Por outro, visualiza a agonia e o terror de ser atacado por um leopardo. Tudo pode se tornar mais complexo se vierem à mente memórias de quando foi perseguido por um gato grande, em circunstâncias muito similares à situação atual. As emoções negativas suplantam as positivas e o homem foge.

O homem nunca soube de modo conclusivo se o som originou-se de um leopardo. Com base na evidência oferecida, as duas conclusões eram válidas, porém as emoções, associadas ao potencial risco de morte, influenciaram uma das conclusões e determinaram o comportamento.[6]

Histórias podem nos fazer rir, chorar, e nos levar ao medo. Durante a experiência da narrativa de uma história, nos projetamos na narrativa e convencemos nossa mente de que estamos passando por aquilo que os personagens enfrentam. Trata-se de uma reação cognitiva estranha, tendo em vista a ansiedade que provocamos em nós mesmos ao despender, de livre vontade, energia emocional direcionada a uma circunstância inteiramente planejada. Por que escolheríamos experimentar estados emocionais desconfortáveis como mágoa, terror e raiva? Ironicamente, as histórias que resistem ao teste do tempo e obtêm o maior reconhecimento público são aquelas que provocam reação emocional negativa. Considere o poder de permanência de filmes, livros e produções teatrais populares como *Casablanca, Guerra e Paz, Morte de um Caixeiro Viajante, Hamlet, Os Miseráveis* e *Terms of Endearment*.

A força que nos faz chorar enquanto assistimos a *Bambi* é a mesma que reforça nosso vínculo com as Marcas Legendárias. Se a marca tiver uma grande carga de emoção, podemos dispensar voluntariamente os contra-argumentos bem fundamentados oferecidos pelos centros de lógica metódica de nosso cérebro. É este tipo de lógica ponderada que nos faz preferir uma Marca Legendária a uma marca comum, igual, ou de melhor qualidade. Os narradores de histórias a denominam suspensão espontânea da descrença. Os vendedores a denominam marketing.

Todo bom consultor político sabe que a diferença entre o cliente e a oposição muitas vezes é mínima. Não causa surpresa que o primeiro ângulo de ataque, em uma campanha política, seja elaborar em torno do candidato uma história que provoque emoção nos eleitores. Os norte-americanos chegam a temer o período das eleições, que invariavelmente chega com uma avalanche de propaganda negativa repleta de ataques políticos. O procedimento tem a finalidade de criar fortes emoções negativas em relação ao oponente e gerar emoções positivas em relação ao candidato. Embora as pessoas confessem odiar a tática, ela sobrevive porque dá certo, mesmo quando dados factuais contrários são abundantes.

Considere a famosa disputa eleitoral de 1964 entre Johnson e Goldwater. Apesar de Lyndon Johnson, durante sua carreira de congressista, ter apoiado uma legislação que contribuiu para o acúmulo significativo de armas nucleares, e embora tenha representado um papel visível na escalada do conflito no Vietnã, sua campanha eliminou com maestria a postulação de Barry Goldwater à Casa Branca. Conseguiu este feito transmitindo pela televisão uma simples propaganda que vinculava emocionalmente Goldwater ao holocausto nuclear. No filme, uma criança adorável e inocente está sentada em um campo despetalando uma flor. Ao retirar cada pétala, ela faz a contagem. Em meio à sua contagem, aparecem imagens de um míssil nuclear pronto para ser lançado, acompanhado pela contagem regressiva ameaçadora feita pela estação de controle da missão. Quando a criança e o míssil chegam ao zero, o cogumelo de uma explosão aparece e surge o texto instando os norte-americanos a evitarem a Terceira Guerra Mundial com a reeleição de Johnson. A propaganda aterrorizou a maioria das pessoas, despertando o receio de que a guerra nuclear era iminente. Assegurou assim a reeleição de Johnson.

A provocação emocional por meio da narrativa constitui o passe vencedor da maior parte das Marcas Legendárias. Dados técnicos sugerem que o filme Kodak é realmente superior a alguns produtos concorrentes oferecidos pela Fuji ou pela Agfa. Porém, a maioria dos consumidores não sabe dizer honestamente qual é a diferença. Não obstante, prefere a marca Kodak. Sua preferência tem menos a ver com superioridade técnica e mais com o legado da propaganda emocional que a Kodak produziu para consolidar a marca. As campanhas "Momento Kodak" e "Cores Verdadeiras" proporcionaram episódios tocantes para o álbum sentimental da vida familiar norte-americana. Milhões de consumidores passaram a preferir a Kodak porque a narrativa emocional da marca os levou a acreditar que a empresa era uma parte confiável da família, apesar de os filmes concorrentes muitas vezes serem menos caros e produzirem fotografias de tal qualidade que somente profissionais poderiam diferenciar como não sendo da Kodak. Essas pessoas simplesmente julgavam que poderiam confiar na Kodak, e somente na Kodak, para suas mais preciosas memórias da vida.

Em anos recentes, o valor de mercado da Kodak diminuiu. Fuji, seu concorrente mais aguerrido, construiu unidades industriais nos Estados Unidos e gerou um deslocamento significativo da participação de mercado, a partir de uma guerra de preços exaustiva. Além disso, a fotografia digital e a crescente penetração dos computadores nos lares está diminuindo o consumo de filmes e papel para fotografias. Estes fatores prejudicaram os negócios da Kodak. Porém, deve ser levado em conta se a perda de mercado não ocorreu por causa da decisão da Kodak de acabar com as campanhas emocionais do passado. Antes, a Kodak focalizava a gratificação emocional de captar as experiências mais importantes da vida para aproveitar as memórias posteriormente, porém a empresa distanciou-se do conceito de um "momento Kodak". Como alternativa, introduziu um novo conceito para os consumidores: "Tire Fotografias. Avance".

A racionalidade estratégica fez um sentido perfeito para a campanha. Focalizou as tecnologias emergentes de imagens, tais como câmeras digitais, softwares de manipulação fotográfica e transmissão digital de imagens fotográficas. No entanto, faltou-lhe a profundidade emocional da narrativa da marca Kodak. A campanha também foi difícil de ser entendida por muitos consumidores. A propaganda associada a "Tire Fotografias. Avance". focalizou as aplicações funcionais permitidas pelas tecnologias da Kodak. Era, na melhor das hipóteses, uma propaganda focalizada no produto. Contudo, apesar de uma exposição criativa e significativa na mídia, quando foi perguntado aos consumidores do que mais se lembravam sobre a propaganda da Kodak, a maioria citou o conceito de "Momento Kodak", em vez de "Tire Fotografias. Avance".

A essência da narrativa da marca Kodak é seu elo com as memórias, a nostalgia e a reverência por eventos passados. Está explicado por que a Kodak abandonou recentemente "Tire Fotografias. Avance." e introduziu sua nova campanha "Partilhe Momentos. Partilhe a Vida". Esta nova iniciativa de marketing, imbuída de imagens ternas e episódios emocionais da vida norte-americana, renova o espírito da narrativa Kodak e demonstra o poder daquilo que a marca promete. Fala aos consumidores, mais uma vez, como suas memórias são preciosas, e os incentiva a fotografar mais, a fim de partilhar essas memórias.

A narrativa prescreve os costumes e o comportamento necessários para a pessoa beneficiar-se do sistema de crenças. Diz às pessoas como se comportar, implícita e explicitamente. Vamos retomar a religião para compreender a mecânica deste processo.

Em cada um dos quatro evangelhos sagrados da fé cristã, Jesus demonstra como as pessoas precisam se comportar para aceitar as crenças sagradas. A narrativa mostra que ele o faz de duas maneiras. Na primeira, fornece uma orientação explícita a respeito do certo e do errado. É precisamente a finalidade do Sermão da Montanha, no qual Cristo literalmente diz àqueles que o seguem como devem se comportar. Chega a ensiná-los a rezar. Este exemplo da narrativa fornece uma instrução de comportamento explícito.

Cristo também demonstra, por meio de exemplo, o comportamento que deve existir. Suas ações, contidas na narrativa, proporcionam um modelo comportamental para aqueles que o seguem. Quando se nega os prazeres terrenos, é inferido que aqueles que desejam beneficiar-se do ideal cristão do céu precisam ter uma vida modesta. Quando perdoa um homem que praticou ações abomináveis, seus seguidores aprendem que também devem perdoar aqueles que "os ofenderam".

O uso da narrativa pela fé cristã, para indicar comportamento, não é caso único. Na realidade, em quase toda religião organizada existe uma narrativa que dita o procedimento exigido para participar da fé. Muitas Marcas Legendárias importantes também usam a narrativa para influenciar a conduta do consumidor.

A Hallmark é, sem sombra de dúvida, uma Marca Legendária. Embora não tenha explorado plenamente o valor de sua marca, a Hallmark está associada aos grandes momentos da vida e tem usado com maestria a narrativa, para prescrever explicitamente o comportamento do consumidor. Diz-se com freqüência que o Dia das Mães é o feriado mais importante que a Hallmark já inventou. Embora talvez seja uma afirmativa desgastada, os consumidores respeitam este feriado não-oficial, em grande parte por causa da narrativa proporcionada pelas empresas de cartões com mensagens como a da Hallmark. Anúncios na televisão e na mídia impressa, produzidos engenhosamente, revivem a narrativa pessoal que cada um de nós tem com nossa genitora e nos estimula a demonstrar respeito e gratidão enviando-lhe um cartão de saudações que expressa, de modo único, nossos verdadeiros sentimentos.

Sabe-se que é finalidade da propaganda influenciar o comportamento do consumidor. O objetivo de todo anunciante consiste em prescrever, implicitamente, atitudes para o consumidor (por exemplo, "Compre o produto!"). As Marcas Legendárias, no entanto, distribuem gradativamente a prescrição por meio de uma história. Estas marcas não gritam com o consumidor para que ele compre, compre, compre. Como alternativa, o envolve em uma narrativa que faz com que ele deseje comprar porque se identifica com os componentes da narrativa. A narrativa da Nike incentiva o consumidor a sair e praticar exercícios: *"Just do it"*. Comprar o produto Nike é quase uma reflexão posterior. A Hallmark diz ao consumidor para tomar a iniciativa e ligar-se a alguém que ele ama. O MasterCard, em sua nova campanha "Não tem preço", incentiva o consumidor a observar os eventos da vida que nenhuma quantia de dinheiro poderia comprar (por exemplo, a alegria que você experimenta ao observar seu bebê brincando o dia todo com a caixa do presente que você lhe comprou, ou rir com sua avó enquanto ela o ensina a preparar seu ensopado lendário). Cada uma dessas marcas prescreve atividades comportamentais que se relacionam a crenças sagradas. São comportamentos que tornam a vida melhor para os consumidores que aceitam esta visão de mundo. Ao mesmo tempo, vendem mais o produto da marca.

A narrativa é um dispositivo notavelmente influenciador. Nos capítulos 3 e 4 a examinaremos detalhadamente. No momento, precisamos finalizar o ciclo de mitologia da marca, o que requer um estudo da cultura da marca.

ATIVIDADES COMPORTAMENTAIS:
Agregando seres humanos ao sistema

As Marcas Legendárias não poderiam gerar seu enorme valor sem possuir um caráter puramente humano. O fato de serem humanizadas significa que vivem e morrem no coração dos consumidores. Eles se sentem apegados à marca e ela se torna uma parte de sua existência cultural. Esta cultura da marca surge de alguns comportamentos muito especiais.

- A formação de comunidades sociais ou grupais.
- A prática de rituais.
- O uso de símbolos.

Examinaremos cada uma delas independentemente, embora exerçam sua maior força em conjunto.

As Marcas Legendárias ganham força pela formação de tribos que compartilham uma aceitação das crenças sagradas da marca. Estas tribos podem congregar-se formalmente ou de modo muito discreto. Funcionalmente, os consumidores que participam das tribos o fazem a fim de obter uma confirmação adicional para suas crenças. Seria um erro não as considerar como mais um agente da marca para a visão de mundo. Um tema mais sério está em jogo. A construção social da tribo ajuda a definir as polaridades do espaço sagrado. Por exemplo, aqueles que pertencem à tribo da marca Krispy Kreme muitas vezes encaram todas as demais rosquinhas como inferiores. Trata-se de uma visão de mundo "nós contra eles". As pessoas leais ao Krispy Kreme se afastarão quilômetros de seu caminho, para conseguir uma dúzia de rosquinhas "sagradas", em vez de ir à confeitaria da esquina que serve produtos comuns ou "profanos".

À primeira vista, as polaridades tribais do Krispy Kreme podem parecer superficiais. Afinal de contas, poucas pessoas definem sua vida com base nas qualidades sagradas de uma rosquinha açucarada. Não é o produto que dá poder às tribos. É aquilo que ele significa. As pessoas que se dão ao trabalho de comprar rosquinhas Krispy Kreme podem relacionar-se entre si com base nas crenças sagradas da autenticidade e dos valores puritanos. Elas acreditam ser melhor buscar qualidade e simplicidade, em vez de aceitar a homogeneidade da produção massificada. Quando encontram outras pessoas que partilham da mesma paixão por Krispy Kreme, forma-se um vínculo que cria a compreensão social.

Starbucks é uma super Marca Legendária. Possui uma tribo que aumenta rapidamente, com cafés em quase todos os lugares. Raramente um apreciador fiel do Folgers Coffee permaneceria na fila para adquirir uma lata do produto em seu supermercado favorito. Já as pessoas fiéis ao Starbucks não somente esperam na fila como, muitas vezes, fazem de uma visita a seu Starbucks preferido um ritual obrigatório na rotina diária. Entre em uma loja Starbucks e você provavelmente encontrará um grupo de pessoas que se tratam com intimidade. Elas se reclinam confortavelmente em sofás e poltronas de pelúcia, enquanto lêem o jornal. Preferem tomar seu café no Starbucks local do que em qualquer outro lugar do mundo. Quando viajam, procuram um Starbucks do mesmo modo que os cruzados cristãos procuravam catedrais para obter refúgio e alimentação.

A tribo da marca Starbucks não acredita apenas na visão de mundo Starbucks: seus membros a vivenciam. Eles a internalizam, a tornam parte de sua vida diária e a partilham entre si. Quando dois estranhos se encontram, cada um com um café Starbucks na mão, estabelece-se um vínculo social instantâneo. Se ambos são fiéis à marca Starbucks (ao contrário de ter conhecido um produto Starbucks por acaso), é provável que cada um deles empregará a visão de mundo Starbucks, juntamente com outros dados, para desenvolver um esboço cognitivo daquilo que a pessoa que o cumprimenta significa. "Biografias de objetos podem ressaltar o que, de outro modo, poderia permanecer obscuro. Por exemplo, em situações de contato entre culturas, elas podem demonstrar o que os antropólogos têm frisado com muita freqüência: aquilo que é significativo em relação à adoção de objetos estranhos – bem como de idéias estranhas – não é o fato de serem adotadas, mas a maneira pela qual elas são redefinidas culturalmente e colocadas em uso."[7]

As pessoas fiéis ao sistema operacional Linux exibem um comportamento tribal similar. Não apenas se relacionam socialmente com base na utilização do Linux, mas também porque podem moldar a qualidade física do produto, criando significado social por meio de seu uso. O Linux é um sistema operacional de fonte aberta, significando que qualquer um pode alterar o código digital. Os usuários do Linux interagem freqüentemente e formam comunidades que escolhem como missão melhorar e promover o sistema operacional. No processo, formam amizades e se juntam em grupos que partilham de valores similares.

Marcas de produtos comuns, como o Folgers Coffee ou o sistema operacional Unix, possuem usuários fiéis. A diferença entre estas marcas e as Marcas Legendárias é que seus usuários não adotam a marca para formar sua visão de mundo e da ordem social que ele encerra. Os produtos com marcas comuns raramente são uma forma de aceitação social. Marcas Legendárias, por outro lado, possuem produtos que surgem e ganham significado por meio de seu uso no ritual dos consumidores. Na religião, um ritual é uma reconfirmação de uma parte da narrativa da marca. Por exemplo, na tribo aborígene Aranda, da Austrália Central, meninos com idade entre 10 e 14 anos participam de um ritual durante o qual são jogados para cima diversas vezes pelos homens, enquanto as mulheres cantam e dançam.[8]

Victor Turner, um antropólogo de renome e especialista no processo do ritual, descobriu que tais rituais induzem uma sensação de identificação com o espaço sagrado por meio de uma qualidade que ele denominou *liminaridade*. Liminaridade significa reduzir os participantes a seu menor denominador comum, tirando-lhes todo sentido anterior de identidade. Portanto, os meninos Aranda iniciam o ritual como crianças, porém são transformados durante o rito, para surgir como homens da tribo.

Os padrões de tal comportamento podem ser vistos nas Marcas Legendárias. Quando um cliente adquire um novo Saturn, o concessionário o inicia na família

Saturn por meio de um ritual simples. Toda a equipe do concessionário se reúne em torno do cliente, de pé, ao lado do Saturn novo. A equipe canta um refrão de boas-vindas e então aplaude e felicita o novo membro da "família Saturn". Para comemorar a experiência, é tirada uma fotografia que, colocada em um calendário personalizado, é enviada ao iniciado. Desse modo, o cliente Saturn passa de pessoa comum, participante de um processo de compra, a um estado de liminaridade, e emerge como proprietário de um Saturn.

Rituais podem exercer na pessoa um efeito fisiológico que cria uma resposta emocional poderosa. A intensa concentração que ocorre no cérebro, durante a prática, juntamente com padrões rítmicos que muitas vezes acompanham os rituais (música, dança, canto etc.) forçam o hipocampo, um centro regulador do cérebro, a inibir o fluxo neural. Em conseqüência, o cérebro passa a atuar de modo mais lento. Os cientistas acreditam que uma das áreas afetadas, como resultado dessa ação inibidora, seja o centro de orientação do cérebro. O resultado é que nos sentimos à parte de nós mesmos. Podemos nos sentir como se estivéssemos em transe ou podemos experimentar uma sensação muito tranqüilizadora, porém desorientadora. Geralmente nos sentimos muito bem e nossa percepção das crenças sagradas e de seu(s) agente(s) associado(s) é ampliada.

"Quando o ritual religioso é eficaz, o que nem sempre acontece, ele faz com que o cérebro se ajuste de tal modo às percepções cognitivas e emocionais, que as pessoas com preocupações religiosas interpretam aquilo como sendo a eliminação da distância entre o ser e Deus."[9] Por um período, embora breve, a pessoa e o conjunto de crenças sagradas tornam-se um.

É esse estado sagrado que dá tanto poder ao ritual das Marcas Legendárias. Uma vez por mês, diversas centenas de donos de Vespas reúnem-se para realizar um passeio em grupo pelas ruas de Manhattan. A Vespa, uma motoneta italiana de linhas elegantes, está associada de perto a um ideal romântico de liberdade. As pessoas que adoram sua Vespa muitas vezes a descrevem como a fantasia de um feriado romano. O passeio cerimonial é um ritual que reaviva este romantismo e transforma o condutor, durante um breve período, reforçando a lealdade à marca.

Outro grupo de condutores se encontra uma vez por ano em Barstow, na Califórnia. No entanto, não há muitas Vespas neste passeio. Trata-se da jornada anual de motocicletas de Barstow a Las Vegas, com patrocínio do Museu Guggenheim. O primeiro desses passeios foi criado para promover a mostra intitulada "A Arte da Motocicleta". O passeio é hoje um ato ritual em apoio à própria arte. Conduzido pelo presidente não-convencional do Museu, Thomas Krens, e seu grupo restrito de amigos célebres (que inclui a modelo Lauren Hutton e os atores Dennis Hopper, Jeremy Irons e Lawrence Fishburn), constitui um rito simbólico relacionado à crença sagrada do Guggenheim de promover a arte para desenvolver a cultura. As pessoas participam por diversão, porém o descrevem como uma experiência espiritual.

Evidentemente, um dos grandes subprodutos dos rituais e da cultura de marca é uma biblioteca de símbolos. Do mesmo modo que as gangues atuais usam símbolos para identificar os grupos a que pertencem, as tribos de culturas de marcas usam símbolos para se vincular à marca. Símbolos, muitas vezes, são a insígnia da tribo. Símbolos agradam a nossa mente orientada visualmente. A afirmação de que uma imagem vale mil palavras é mais verdadeira do que a maioria das pessoas pensa. Uma simples imagem pode provocar uma resposta emocional com muito mais rapidez do que uma frase em um livro. Olhar um retrato de um ente querido falecido tem maior possibilidade de evocar uma tristeza instantânea, e mesmo uma reação física de lágrimas, do que ler a respeito dele ou falar sobre ele com outras pessoas. Esta é a raiz do poder simbólico. Símbolos proporcionam uma representação visual instantânea de uma criação significativa. Em termos simples, provocam uma crença lógica ligada às emoções.

As Marcas Legendárias usam os símbolos de um modo especial. Símbolos, na maioria das vezes, relembram a pessoa de uma narrativa da marca. Por exemplo, os associados leais do American Express adotam uma narrativa da marca que une a crença sagrada de uma administração financeira perspicaz a uma cultura de pessoas com ascensão social e bem-sucedidas financeiramente. O cartão American Express é um emblema de honra. Para mantê-lo, o portador precisa fazer alguns sacrifícios. Por exemplo, para ter um cartão American Express, o associado normalmente paga uma anuidade maior do que aquelas cobradas por cartões concorrentes. Além disso, o típico American Express é um cartão de débito e não de crédito. Significa que o portador do cartão precisa pagar todo o saldo após receber o extrato, ao contrário dos cartões de crédito nos quais o saldo pode ser financiado. Os associados aos cartões Visa e MasterCard podem optar por pagar somente uma parte de seu extrato.

Por que alguém, que valoriza o dinheiro e a administração financeira, tem orgulho em apresentar um cartão que custa mais e é menos flexível? Os associados à American Express têm prazer em apresentar seus cartões nos locais de compra. O cartão é um símbolo de seu status financeiro e de sua participação na narrativa da marca American Express. A taxa anual representa um símbolo significativo de associação para os portadores do cartão, um tipo de ritual de iniciação. O fato de terem de liquidar seu saldo a cada mês reafirma sua crença sagrada na administração financeira perspicaz. Transmite às demais pessoas um dos seguintes fatos: o portador do cartão nunca gasta mais do que pode (isto é, o associado é um consumidor disciplinado) ou financiar um saldo mensal não é problema para esse portador de cartão (isto é, o associado tem muito dinheiro). O cartão American Express é, portanto, um símbolo de marca poderoso que reforça uma narrativa capaz de diferenciar um associado American Express dos demais portadores de cartões de crédito.

Automóveis e moda são os símbolos definitivos das narrativas de marca do consumidor. Mulheres que usam uma bolsa Kate Spade estão na realidade usando um símbolo da narrativa de moda metropolitana. Trata-se também de uma narrativa de autenticidade e de expressão individual (apesar da possibilidade de as bolsas Kate Spade terem se tornado tão comuns em Los Angeles e Nova York a ponto de na realidade dizerem mais sobre homogeneidade do que sobre uma situação única).

Um automóvel nada mais é do que o símbolo de um ímpeto. Uma mensagem humorística na Internet chegou a ir mais longe ao classificar os indivíduos em função dos carros que dirigem (veja o exemplo). À parte o humor, os automóveis são quase sempre o valor de suas marcas. As pessoas que os dirigem também os consideram símbolos de uma narrativa de marca que desejam comunicar a respeito de si mesmos. Muitas pessoas que dirigem um Mercedes-Benz desejam comunicar às demais que fazem parte da classe superior. Os proprietários do Saturn desejam transmitir valores norte-americanos práticos. As pessoas que dirigem o Nissan Xterra desejam que os outros saibam que eles aproveitam a vida ao extremo e gostam de aventura.

VOCÊ É O CARRO QUE DIRIGE

Automóveis são símbolos muito visíveis da personalidade de um consumidor. Nos Estados Unidos, um e-mail humorístico na Internet tentou decifrar o significado das associações simbólicas dessas marcas.

- *Acura Integra:* Sempre quis ser o dono de um Buick dos carros esportivos.
- *Buick Park Avenue:* Sou mais velho que 34 dos 50 Estados.
- *Cadillac Eldorado:* Sou um excelente vendedor da Mary Kay.
- *Cadillac Seville:* Sou um cafetão.

- *Chevrolet Corvette:* Estou no meio de uma crise de meia-idade e uso peruca.
- *Chevrolet El Camino:* Estou liderando uma milícia para derrubar o governo.
- *Datsun 280Z:* Tenho um quilo de cocaína.
- *Dodge Daytona:* Entreguei pizza durante quatro anos para conseguir este carro.
- *Ford Mustang:* Diminuo a velocidade para 130 km/h em vias onde há escolas.
- *Ford Crown Vitoria:* Agrada-me ver as pessoas diminuírem a velocidade para 85 km/h e mudar de pista quando me posiciono atrás delas.
- *Geo Storm:* Iniciarei a 11ª série no outono.
- *Honda Civic:* Acabo de me formar e não tenho crédito.
- *Honda Accord:* Não possuo originalidade e sigo basicamente o que a multidão faz.
- *Infiniti Q45:* Sou um médico com 17 processos de erro médico contra mim.
- *Jaguar XJ6:* Sou tão rico que posso pagar US$ 80 mil por um carro que permanece na loja 280 dias por ano.
- *Lincoln Town Car:* Vivo para o bingo e para ceias que servem pratos quentes.
- *Mercedes 500SL:* Baterei em você, se me pedir um autógrafo.
- *Mercedes 560SEL:* Tenho uma filha chamada Bitsy e um filho chamado Cole.
- *Mazda Miata:* Não tenho receio de ser decapitado por um caminhão carga pesada.
- *MGB:* Estou saindo com um mecânico.
- *Nissan 300ZX:* Ainda tenho de finalizar meu processo de divórcio.
- *Nissan Xterra:* Pratico *snowboard* nu, enquanto mexo com uma tesoura.
- *Oldsmobile Cutlass:* Acabei de roubar este carro e farei uma fortuna vendendo as peças.

- *Peugeot 505 Diesel:* Estou na lista dos 10 mais procurados pela Agência de Proteção Ambiental dos Estados Unidos.
- *Plymouth Neon:* Aprecio sinceramente a macarena e bandas formadas por rapazes.
- *Porsche 944:* Estou saindo com mulheres que têm cabelo comprido e que de outro modo não sairiam comigo.
- *Rolls Royce Silver Shadow:* Creio que Pat Buchanan é um pouco liberal demais.
- *Toyota Camry:* Ainda permaneço em silêncio.
- *Volkswagen Cabriolet:* Estou disposto a me expressar.
- *Volkswagen Microbus:* Estou tendo uma alucinação neste exato momento por causa de algo que fumei na noite passada.
- *Volvo 740 Wagon:* Tenho medo de minha mulher.

ESTUDO DE CASO: Apple Computer

Certa manhã animada de janeiro, Kevin Arbogast estava radiante como uma criança, esperando pelo início do Natal. Viajara mais de 1.500 km para esperar do lado de fora, no frio, com cerca de outras 800 pessoas adeptas de sua fé. Havia planejado essa peregrinação durante muitos anos, economizando alguns dólares, sempre que possível, e testando generosamente o limite de seu cartão de crédito, para poder completar a jornada.

É difícil compreender Kevin. A dedicação e o zelo que devota à sua causa beiram o fanatismo. A peregrinação em si parece uma medida extrema para muitas pessoas. Kevin não se importa com tal crítica. Ele é, em todos os demais sentidos, uma pessoa normal e equilibrada. De acordo com o que pensa, sua causa merece crédito por tal equilíbrio. Para os outros, trata-se de sua qualidade excêntrica única.

No centro de sua devoção há um homem. Para Kevin, e praticamente para todos os seguidores leais que esperam na fila com ele, este homem é o símbolo de tudo que estimam. Sua jornada heróica reafirma que alguém com uma grande idéia e vontade de perseverar pode fazer diferença. Independentemente das críticas que o mundo fez a esse homem, ele perseguiu seu sonho com coragem. Independentemente de quanta atenção o mundo lhe dedicou, ele nunca perdeu de vista suas crenças e seus princípios. Ele seguiu a trajetória traçada e mudou o mundo.

À medida que a congregação aumenta nesta manhã cheia de ventania, são inúmeros os símbolos do legado do grande líder: peças de roupa, livros, revistas e outros objetos. A alguma distância por trás de onde ele está, um jovem exibe o vídeo de um dos grandes discursos do líder em uma tela pequena e portátil. A expectativa existe em todos, do mesmo modo como anseiam por uma xícara de café quente.

Estranhamente, a peregrinação de Kevin não tem relação com nenhuma das religiões organizadas do mundo. O Dalai Lama não é o homem que essas pessoas foram reverenciar. Elas viajaram longas distâncias para visitar a MacWorld Expo, em San Francisco. O homem cujo proselitismo elas ansiosamente esperam é Steve Jobs, fundador e CEO da Apple.

Todo mês de janeiro, os entusiastas do Mac de todos os setores da sociedade convergem para San Francisco. Desejam conhecer as últimas novidades que a Apple tem a oferecer, querem adquirir produtos relacionados à Apple e ouvir as próximas novidades do homem que ajudou a dar ao mundo o primeiro computador pessoal. O evento tem se tornado uma parte tão importante da existência da Apple, a ponto de todos os lançamentos importantes de novos produtos serem sincronizados para coincidir com a Expo anual. A cada ano, espera-se que a Apple e Jobs suplantem o ano anterior. Seus admiradores raramente ficam desapontados.

A Apple é uma das Marcas Legendárias mais típicas. Apesar de sua pequena participação de mercado, seus clientes são fiéis seguidores. Alguns são mártires reconhecidos, dispostos a tudo para assegurar que um computador Macintosh esteja sobre sua mesa, em vez de outra marca qualquer. Muitos se tornaram verdadeiros ativistas, participando de grupos e de campanhas de envio de cartas, criando sites vibrantes na Internet, e até iniciando processos judiciais para assegurar que os descendentes eletrônicos de Steve Jobs conservem seu lugar no mundo digital.

O vínculo contínuo da Apple com o consumidor está relacionado a uma poderosa mitologia da marca, que acabou por salvar a companhia. A jornada heróica da Apple Computer poderia ser escrita por Dante, pois é uma jornada épica que surpreendeu do mesmo modo os adeptos e os inimigos.

Tecnologia moderna, especialmente tecnologia que parece pensar, muitas vezes é um conceito aterrador e estranho. Nos anos 70, quando os computadores finalmente se tornavam uma realidade, deixando de ser tema de ficção científica, as pessoas muitas vezes formavam opiniões sombrias sobre as máquinas pensantes. O filme *2001: Uma Odisséia no Espaço*, de Stanley Kubrick, talvez demonstre o que muita gente pensava a respeito dos computadores. Talvez o público mantivesse esta opinião porque a maioria dos computadores estava fora do alcance dos consumidores. Eram máquinas grandes e caras usadas somente nas empresas. Quando as pessoas conseguiam interagir com elas, muitas vezes era por meio de ferramentas estranhas e desconhecidas, como os cartões perfurados.

A crença sagrada que fundamentou a criação da Apple sobrevive até hoje: os computadores e a tecnologia devem nos capacitar a fazer coisas que podem mudar o mundo por serem radicalmente fáceis de usar. Com a idade de 15 anos, Steve Jobs e seu melhor amigo Steve Wozniak montaram o primeiro computador Apple em sua garagem. Não era um dispositivo elegante, nem possuía muita funcionalidade em termos de software, mas os garotos foram bem-sucedidos na criação de um aparelho que podia ficar sobre a mesa, em vez de preencher o espaço da sala. Dois adolescentes do subúrbio, em uma oficina instalada na garagem, conseguiram construir essa máquina pensante e demonstraram assim que a tecnologia era acessível e estava ao alcance do consumidor médio.

A Apple Computer iniciou suas operações como um fenômeno empresarial. Antes dela, gigantes da indústria, como a IBM, haviam descartado a novidade representada pelo computador pessoal. Eles acreditavam que as máquinas que produziam para as grandes empresas seriam as únicas verdadeiras aplicações para a tecnologia. Parece que desconheciam o rádio e a televisão. Essas tecnologias também tinham sido consideradas novidades sem futuro para os consumidores. As pessoas compraram computadores Apple, as escolas compraram computadores Apple, e até as empresas começaram a adquirir computadores Apple. Não levou muito tempo para que a IBM e os outros compreendessem que seria melhor entrar no ramo de computadores pessoais ou observar alguns adolescentes se apossarem do mercado. A narrativa dramática da Apple Computer nasceu no dia em que a IBM decidiu participar da disputa.

Steve Jobs é o agente inicial da marca e o mais típico para a Apple Computer e suas crenças sagradas. Jobs ousou enfrentar a IBM. No dia em que a Apple assumiu a posição de uma das empresas favoritas do mercado de ações norte-americano, ele incorporou verdadeiramente a crença sagrada, adotada pela Apple, de transformar o mundo. Esta narrativa continuou a se desenvolver durante o início da década de 80. Em resposta ao crescimento da Apple, a IBM lançou o PC. Usando seu poder admirável e economias de escala, o PC obteve imediatamente uma participação de mercado notável, predominantemente com clientes empresariais. É justo admitir que a IBM ganhou muitos pontos de participação, expandindo o mercado. Após a entrada da

IBM, muitos proprietários de empresas começaram a levar a sério a tecnologia. Isto não significa afirmar que a Apple não teve perdas em sua base de clientes.

A Apple reagiu com mais inovações. Em 1983, Jobs criou uma divisão quase marginal na Apple, para redefinir o computador pessoal. Sua instrução para a equipe era gerar uma máquina "desmesuradamente excelente". O resultado apareceu em 1984 com o lançamento do Macintosh, que transformou a Apple para sempre. O Macintosh tornou fundamentalmente mais fácil, para o usuário, interagir com um computador pessoal. Em vez de memorizar símbolos cifrados, bastava agora aos usuários simplesmente clicar em menus que se abriam, usando um novo dispositivo denominado *mouse*. Eles não precisavam mais configurar a máquina. Necessitavam apenas ligar o aparelho a uma tomada de parede e, no máximo, instalar uma impressora. Sentados em frente a um Macintosh, deslumbravam um ambiente virtual amigo do usuário, que tomava emprestado muito do que eles já conheciam, como área de trabalho, arquivos e janelas.

O ex-evangelista de software da Apple, Guy Kawasaki, descreveu o poder real do Macintosh. "Ao contrário da maior parte dos outros computadores pessoais... o Macintosh provocou uma onda de fervor e zelo nos primeiros usuários, os praticantes de hobby e alunos de faculdade, que não se importavam com 'padrões', e também nos programadores de software independentes e nos empregados da Apple. Por quê? Porque o Macintosh fazia com que seus usuários se sentissem mais eficientes. Eles podiam fazer melhor as coisas antigas; podiam fazer coisas novas que não conseguiam anteriormente, e podiam fazer coisas sobre as quais jamais pensaram."[10]

Consolidando a narrativa de sua marca, a Apple lançou o produto por meio de um comercial de televisão que foi ao ar somente uma vez e, no entanto, possui um índice de lembrança incrivelmente alto até hoje. O famoso comercial foi transmitido em 1984, durante a final do Campeonato de Futebol Americano, uma decisão inteligente de planejamento de mídia, que custou caro, mas foi eficaz. Milhões assistiram quando o sistema de crenças sagradas, formado pelos agentes da marca e a narrativa da Apple, se juntaram de modo poderoso pela primeira vez. Abordando os receios e as preocupações que muitos tinham em mente por causa do livro apocalíptico *1984*, de George Orwell, o comercial mostrou na televisão um mundo frio e cinzento influenciado por um grande irmão opressor. O grande irmão, evidentemente, significava a IBM. Sentados em um auditório escuro, milhares de seres sem vida olham hipnoticamente para um grande monitor. Nele, o grande irmão os sujeita a uma lavagem cerebral sem significado sobre a "diretriz de purificação das informações". Enquanto isso, a atenção começa a se dirigir para uma mulher jovem, vestida com roupas coloridas, correndo por um saguão e perseguida por homens com trajes futuristas de segurança. Ela irrompe no auditório e joga um malho gigante na tela enorme. A imagem do grande irmão se desfaz e os seres são expostos a uma explosão libertadora de energia e radiação. O comercial termina com uma simples conclusão: Em 24 de janeiro, a Apple Computer introduzirá o Macintosh. E você verá por que 1984 não será como *1984*.

Nem Steve Jobs nem o Macintosh chegaram a aparecer. Mas o comercial de 1984 implantou a narrativa heróica da Apple Computer na mente de milhões, e não demorou muito tempo para que se transferisse para Jobs e o Macintosh.

O ciclo de mitologia da marca Apple chegou ao fim com o lançamento do Macintosh. Em uma iniciativa para incentivar a experiência e o uso, a Apple formou grupos de apoio. Foram criados clubes de proprietários do Macintosh para ajudar as pessoas a obterem informações sobre o produto e mantê-las felizes com a decisão de comprar um Mac. Porém, esses grupos de apoio assumiram vida própria. Eles se tornaram as primeiras comunidades de marca. Muitos ainda existem até hoje.

Também surgiram rituais. A Apple lançou um programa ambicioso de experiência com o produto. Fez um convite para que todos visitassem suas lojas a fim de fazer um *"test drive"* com um Mac. O ritual criou um estado de liminaridade para muitas pessoas. Elas chegavam como usuários neófitos, ou predispostas a adquirir alguma outra tecnologia de computador, até mesmo a bem-sucedida linha de computadores pessoais Apple II. Acabavam levando um Mac, em um estado liminar, ainda não proprietárias reais de um Mac, porém transformadas em seu estado anterior. A sensação continuava por alguns dias, enquanto experimentavam o funcionamento da máquina. No final, decidiam pela compra ou voltavam ao estado anterior. De qualquer forma, todos ficavam um tanto mudados pela experiência. Agora sabiam o que um Mac poderia fazer.

O MacWorld nasceu. Ele desempenhou a mesma função que o programa de *"test drive"*, criando um local sagrado onde toda tecnologia relacionada ao Mac ficava exposta. Os usuários podiam experimentar centenas de produtos e reforçar seu relacionamento com a marca. Ao longo da experiência, ouviam música rítmica, o que provocava discursos e demonstrações emocionais. O MacWorld também uniu a tribo da marca e estabeleceu os padrões sociais da comunidade Macintosh.

Os símbolos passaram a ser uma parte integrante do sistema Apple. Todo Macintosh despachado incluía um conjunto de adesivos com a marca. As decalcomanias do logo multicolorido da Apple apareciam em automóveis, livros, vidraças e paredes. Elas diziam que o usuário fazia parte da cultura da marca Apple. Também comunicavam, implicitamente, a narrativa Apple. Quando perguntaram a Jobs o motivo de ter escolhido Apple como marca para a sua companhia, ele respondeu que era a imagem mais fundamental e acolhedora que conseguiu pensar para um computador. O que poderia ser mais simples e compreensível para todo consumidor do que uma maçã?

A narrativa Apple não parou nesse ponto, embora seu próximo capítulo fosse negro. Em 1985, o novo CEO da Apple John Sculley despediu Steve Jobs. Para usuários fiéis do Mac, foi um ultraje, contudo, para a maioria dos norte-americanos, o fato passou despercebido. Talvez Jobs não fosse mais o agente dominante da marca Apple. Talvez algo mais, ou alguém mais, o houvesse substituído. Ambas as afirmativas são verdadeiras e incorretas. Jobs ainda era um agente para a Apple. Anos após sua saída, muitas pessoas ainda relacionavam sua história aos ideais que associavam à marca Apple. No entanto, o Macintosh tornou-se o novo agente para a marca. O produto e sua história tornaram-se, para muitos usuários, vinculados inextricavelmente à crença do sistema Apple. Macintosh tornou-se simultaneamente um agente e um símbolo.

Ao longo dos 10 anos seguintes, a história da Apple ficou mais sombria. Embora o domínio da IBM no mercado de computadores pessoais diminuísse (principalmente por causa de concorrentes ágeis como a Dell e a Compaq), surgiu uma nova força contrária. A Microsoft e seu novo sistema operacional, o Windows, tornaram o Macintosh menos diferenciado no mercado. O Windows incorporou quase todas as tecnologias avançadas introduzidas pelo sistema operacional Mac, além de ser mais fácil e mais barato. A participação de mercado do Mac, que estava acima de 20%, diminuiu para apenas 5%.

Entre 1994 e 1996, uma estranha e tumultuada saga ocorreu na sede corporativa da Apple. Porém, seu desfecho salvaria a marca da extinção. Steve Jobs voltou a exercer a posição de CEO da Apple e reposicionou-se como o mais verdadeiro agente da marca, para a Apple e para tudo o que ela significa. A propaganda, que passou a ser veiculada, foi a primeira providência para restabelecer a narrativa da marca. A agência TBWA\Chiat\Day, que atendia a Apple, reviveu a mais básica e importante crença sagrada de Steve Jobs e da Apple: pensar de forma diferente pode mudar o mundo. Sua primeira campanha, "Pense Diferente", mostrou fotografias históricas e clipes de pensadores criativos que transformaram o mundo, incluindo Thomas Edison, Albert Einstein, Mohammed Ali, Martha Graham, Alfred Hitchcok e Pablo

Picasso, entre outros. O produto nunca era mostrado, em parte porque Jobs precisava de tempo para renovar a linha, mas também porque o mais importante era restabelecer a narrativa dramática que tornou a Apple uma Marca Legendária.

Pouco tempo depois dessa campanha, Jobs lançou uma linha simplificada de computadores pessoais que redefiniram novamente aquilo que os consumidores esperavam de uma máquina pensante. A nova linha Apple de iMac's, iBook's e de máquinas profissionais era ressaltada por formatos arredondados, cores vibrantes e design atualizado. Retornando aos temas introduzidos por eles em 1984, as novas máquinas eram de operação e configuração fáceis. O melhor de tudo é que apresentavam muitas características, e mesmo a configuração-padrão trazia opções que as pessoas não esperavam encontrar em um computador pessoal, como unidades de disco instaladas para DVD, conectividade com a Internet e um grande poder de processamento.

Jobs apareceu na capa das mais importantes revistas de negócios. Sua conhecida imagem ressurgiu. Ele, todo vestido de preto, com um sorriso confiante e um ardor carismático, fez a diferença marcante. Era o que se esperava de uma companhia que muitas pessoas julgavam condenada. Jobs também projetava uma imagem forte e diferente, em se tratando de um CEO voltado à tecnologia, especialmente em comparação com a aparência informal e o comportamento desajeitado de Bill Gates, da Microsoft, o inimigo ameaçador da Apple.

O futuro da Apple ainda provoca debates acalorados entre as facções rivais. É improvável que recupere novamente uma participação de dois dígitos no mercado de computadores pessoais. No entanto, a marca possui uma grande possibilidade de sobrevivência, caso continue a ter como base a mitologia da marca. A visão de mundo Apple, de que as pessoas criativas são aquelas que transformam o mundo, é sinônimo de verdade para milhões de pessoas. Suas tecnologias inovadoras e o empenho constante em produzir computadores melhores e diferentes servem como prova física desta crença sagrada. Recentemente, a Apple tomou medidas corajosas para permitir que sua narrativa toque a cultura de marca que lhe dá apoio. Lojas de varejo Apple estão sendo inauguradas em regiões selecionadas dos Estados Unidos. Elas oferecem uma experiência de imersão na marca e uma oportunidade de comunicação com sacerdotes e sacerdotisas da cultura (toda Loja Apple abriga um "gênio" sempre disposto a resolver os problemas do cliente). É este impulso e o compromisso com a mitologia de sua marca que capacitam a Apple a sobreviver durante mais algum tempo.

CAPÍTULO 3

MITO E NARRATIVA DAS MARCAS LEGENDÁRIAS

> Religiões, filosofias e artes, as formas sociais do homem primitivo e histórico, as principais descobertas científicas e tecnológicas, os próprios sonhos que povoam o sono surgem do anel básico e mágico do mito.
>
> **Joseph Campbell**
> *The Hero with a Thousand Faces* (O herói com mil faces)

Ao longo das eras, os mitos do homem têm sido o companheiro constante da criatividade. Não importa com que afinco nos esforcemos para sermos originais, nossos empenhos criativos sempre são o produto de nossa biblioteca compartilhada de mitos. Nosso tecido social, instituições sagradas e fronteiras morais freqüentemente espelham os modelos ditados por uma mitologia comum. Hoje, sobrevivem os fundamentos mitológicos que inspiraram Sófocles e Shakespeare, Michelangelo e Matisse. Eles se manifestam em todo o nosso mundo moderno, porém mais notavelmente sob a aparência de Marcas Legendárias.

Mito é a mais elevada forma de narrativa de história conhecida pela humanidade, porém, para compreendê-lo, e também para compreender seu impacto sobre as Marcas Legendárias, você precisa ter uma compreensão básica dos elementos da história. Este capítulo serve como um guia para o profissional de marketing. Você será apresentado às estruturas inter-relacionadas das histórias, narrativas, lendas e mitos. Você obterá, de forma superficial, um vocabulário prático para orientá-lo no restante do livro, pois o glossário dos termos e expressões específicos empregados na narrativa de histórias não é padronizado, e muitos termos são usados de modo intercambiável em outros contextos. Para evitar confusão, necessitamos de distinções precisas, fornecidas aqui. Você deve observar, no entanto, que estas definições somente são fornecidas para auxiliá-lo a ler este livro. Alguns termos possuem significados diferentes em outros textos.

Marcas Legendárias "surgem do anel básico e mágico do mito". O mito explica seu poder, atração e longevidade. Por esta razão, a parte final deste capítulo mergulha na estrutura da narrativa de histórias, para ajudá-lo a entender o poder do mito e sua influência básica sobre o poder das Marcas Legendárias. A narrativa de histórias é mais penetrante na propaganda e no marketing do que a maioria das pessoas imagina. Praticamente toda marca emprega pelo menos um elemento de narrativa de história, porém é o uso da mitologia, feito pela Marca Legendária no marketing, que distingue suas aventuras das demais marcas. Uma compreensão de como e por que o mito opera o ajudará a compreender melhor as Marcas Legendárias.

A AÇÃO

A *ação* é o fundamento básico de toda história e narrativa – a menor parte de uma história que ainda retém a essência da própria história. A ação é conhecida por muitas designações. Pode chamar-se evento, frase, episódio, cena, relato, declaração ou capítulo. Seja qual for o nome, a ação é sempre o componente de uma estrutura que será ampliada na história.

A ação é uma criação lógica, que demonstra uma relação de causa e efeito. De modo idêntico às leis básicas da Física, uma ação se adapta à teoria de que um assunto permanecerá inerte, até que algo aja sobre ele. Sem esta relação de causa e efeito, uma história deixa de se concretizar.

Imagine que um viúvo esteja sentado à mesa, tomando o café da manhã e lendo o jornal. Quando vira a página, vê uma foto de sua falecida esposa, ainda muito viva em sua memória, ao lado da manchete que informa: "Herdeira de Chicago se casa com empresário de hotéis". Entendendo que a esposa, que julgava morta, está viva e prestes a se casar, o homem pega seus objetos pessoais e sai apressadamente da sala.

Esta é uma ação muito simples e uma relação perfeita de causa e efeito. A descoberta de que a esposa ainda está viva causa o efeito do homem saindo rápido da sala. Se ele não tivesse prestado atenção no artigo, ou o tivesse desprezado, e continuasse a ler o jornal, enquanto tomava o café matinal, não teríamos uma ação.

Este enredo imaginário suscita outro aspecto importante da ação: ela provoca uma pergunta fundamental. Se a ação permanece isolada (isto é, não está ligada a outras ações), ela precisa responder à pergunta. Este não é o caso, em nosso exemplo. Quando a ação termina, a audiência passa a formular uma pergunta muito inoportuna: o que o viúvo fará? Entrará em confronto com a esposa? Alertará as autoridades? Implorará para que ela volte? Perseguirá o pretendente por causa do ciúme? Não sabemos a resposta e, portanto, existe um impasse que precisa ser resolvido.

A Figura 3.1 proporciona uma representação gráfica da ação. Observe que alguma força age sobre o assunto, colocando-o em movimento. Para que uma ação permaneça isolada, o movimento precisa terminar ou permanecer estável no final da ação. Para compreender este conceito, considere a forma mais comum de uma ação que permanece sozinha: a piada. A maioria das piadas começa com uma descrição preliminar (a força externa que cria a causa) e termina com um final humorístico (o efeito). Todas as vezes que você ouviu a frase "um sujeito entra em um bar" você foi introduzido em uma ação. Para que a piada seja cômica, a ação precisa finalizar com um efeito claro que satisfaça sua expectativa. Poucas piadas sobrevivem, se exigem múltiplas ações para satisfazer sua curiosidade.

FIGURA 3.1 A Ação

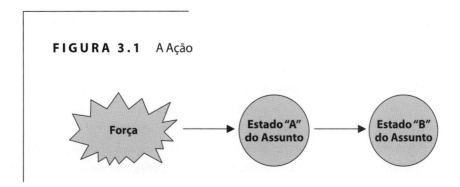

Os profissionais de marketing têm usado ações durante décadas. Todo outdoor com o qual você se depara é essencialmente uma ação isolada. Com tão pouco tempo para captar a atenção do observador, os anunciantes de outdoor captam sua atenção por meio de um retorno rápido. Esta forma de propaganda talvez seja a mais subestimada de todas. Considere sua simplicidade e sua habilidade para fazê-lo rir ou notar a mensagem imediatamente. Embora seja verdade que muitos outdoors façam pouco mais do que avisá-lo para virar à direita na próxima saída, aqueles que empregam a ação transformam-se em obras de pura arte e eficiência. Os mestres notáveis dessa forma de comunicação incluem marcas de vestuário, de bebidas alcoólicas e de automóveis.

Talvez nenhuma Marca Legendária seja mais adaptada à ação e ao outdoor do que Absolut, marca que adota uma mágica de marketing simples e elegante. Em toda propaganda impressa, mostra uma cativante imagem do famoso design da garrafa Absolut, acompanhada por duas palavras, uma delas sempre *Absolut*. Um anúncio recente mostrava a foto de uma piscina com o formato da garrafa, seguido pelas palavras *Absolut L.A.* Outro anúncio, veiculado inicialmente na revista *Playboy*, tinha uma página adicional, dobrada, que revelava uma foto da garrafa Absolut sem seus detalhes conhecidos. O texto: *Absolut Centerfold**. Em cada um destes exemplos não foi apresentada uma história, mas uma ação. Em formato de piada, esses anúncios mostram uma causa e um efeito. É como perguntar: e se a garrafa Absolut fosse mostrada em Los Angeles? O efeito: Seria uma piscina. A força agindo sobre o tema é o ambiente ou o contexto em que o produto se insere.

Muitos comerciais de televisão são ações isoladas, porém os mais memoráveis vão um passo além da ação; tornam-se histórias.

HISTÓRIA: A ação continua

Você verá muitas vezes a palavra *história* ao longo deste texto. A maioria de nós conhece instintivamente o que é uma história, porém pode encontrar dificuldade para lhe dar uma definição precisa. De acordo com nossos propósitos, uma história é um evento linear que apresenta uma seqüência em três partes. Aristóteles, o filósofo grego, as denominou *começo*, *meio* e *fim*, mas nos referiremos a elas como *situação*, *elaboração* e *resolução*, mostradas graficamente na Figura 3.2. Observe que no contexto

---

* N. do T.: *Centerfold* significa as páginas centrais da revista, que podem ser desdobradas em mais duas páginas.

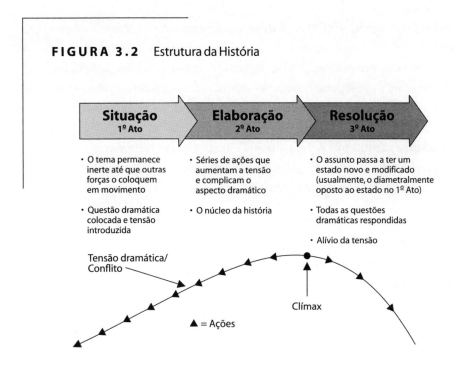

FIGURA 3.2 Estrutura da História

da estrutura em três atos, muitas ações são indicadas. Elas aumentam a tensão dramática e posteriormente a levam a uma resolução. A mais significativa de todas as ações é o clímax: o momento, na história, quando as forças contrárias atingem diretamente um ponto culminante. Todas as histórias possuem ao menos uma ação, o clímax, mas todas as ações não contam necessariamente uma história. Para compreender a diferença, vamos examinar o último elemento da história, a resolução.

Para que uma ação isolada seja considerada história, seu final precisa responder a todas as perguntas do público. Retomando nosso exemplo do viúvo, que descobriu que a esposa ainda vivia, ainda não temos uma história. Trata-se de uma ação, pois apresenta uma causa e mostra um efeito. A tensão foi criada, porém não foi aliviada. Esta é a diferença fundamental entre uma ação e uma história. Uma ação pode criar tensão, mas não a alivia. A conclusão de uma história precisa resolver sempre a tensão dramática.

Tanto a história como a ação transformam um assunto (normalmente um personagem humano) de um estado de existência para outro. As seqüências e as histórias mais eficazes dramatizam a polaridade: do êxtase à raiva, da inocência à culpa, da humildade ao orgulho e da felicidade ao desespero. Seja drama ou comédia, a história atrai o público ao mostrar uma ou várias relações de causa e efeito que realizam essas mudanças opostas. A diferença entre a ação e a história é que a ação apresenta somente uma mudança, ao passo que a história geralmente apresenta muitas. É raro que um personagem, por exemplo, passe do êxtase à raiva em uma ação. Tal mudança emocional raramente ocorre, exceto em condições extremas ou nas pessoas com graves distúrbios psicológicos. A maior parte das histórias dramatiza uma progressão de ações que levam do êxtase à raiva. Cada ação causa uma micromudança cumulativa no estado emocional, para determinar a grande mudança que a história quer demonstrar. Assim, uma história cujo tema exige a passagem do êxtase à raiva pode conter cinco ações:

1. Do êxtase ao desconforto;
2. Do desconforto à perturbação;
3. Da perturbação à frustração;
4. Da frustração à irritação; e
5. Da irritação à raiva.

Talvez nenhum outro comercial demonstre como as ações podem ser usadas de forma eficaz como o premiado "Aaron Burr", criado pela agência de propaganda Goodby Silverstein & Partners para a campanha "Temos Leite", transmitida pela televisão.

Penetramos lentamente o recinto e obtemos uma visão panorâmica do interior empoeirado de um museu histórico norte-americano, que comemora o duelo fatal entre Alexander Hamilton e Aaron Burr. Tomadas em close mostram ilustrações com cenas do duelo, objetos que pertenceram a Hamilton e Burr, e muita documentação histórica. Um rádio está ligado e ouve-se ao fundo a voz do locutor que apresenta um conhecido programa de perguntas e respostas, no qual um ouvinte com sorte será chamado. Se conseguir responder a uma pergunta elementar, escolhida ao acaso, ganhará o grande prêmio.

Enquanto isso, nossa atenção se desloca para um moço estranho, na faixa dos 20 anos, com um físico esguio como o de Ichabod Crane e aparência de quem está contente. Totalmente absorto, o rapaz passa uma grossa camada de pasta de amendoim em uma fatia de pão. Enquanto morde seu lanche pegajoso, o locutor faz a pergunta: "Quem baleou Alexander Hamilton?". No intervalo de alguns segundos, o telefone do museu começa a tocar junto com o som da transmissão.

O moço, compreendendo subitamente que a sorte lhe sorri, caminha rápido em direção ao telefone, leva o aparelho à boca cheia de pão com pasta de amendoim e diz orgulhosamente: "Aaaain Buhhhhh". O locutor da rádio não consegue compreender o que ele diz. Preocupado em perder sua grande oportunidade, o moço pega uma embalagem de leite sobre a mesa próxima, porém ela está vazia. Enquanto isso, continua repetindo "Aaaain Buhhh". O pânico se instala. Ele continua procurando nervosamente um pouco de leite para beber, mas sua busca é inútil. O locutor, então, diz encerrando: "Oh, desculpe, ouvinte, mas o tempo se esgotou". Tom de discagem. À medida que saímos gradualmente, o moço derrotado pronuncia, soluçando, o nome de Aaron Burr. A última imagem que o telespectador vê é uma frase: Temos Leite.

Esse comercial contou uma história por meio de quatro ações simples:

1. Do contentamento à excitação;
2. Da excitação à preocupação;
3. Da preocupação ao pânico; e
4. Do pânico à desesperança.

NARRATIVA: Agregando um ponto de vista à história

Muitas pessoas usam os termos *história* e *narrativa* de forma equivalente. Na verdade, a linha divisória existe e é bem definida. Uma história é algo ordenado – uma seqüência coerente e lógica de eventos que demonstram a transformação ocorrida em certos estados, dentro de um assunto. Tudo acontece por meio da estrutura em três atos, que apresentamos como situação, elaboração e resolução. A finalidade desta estrutura consiste em criar uma tensão crescente e aplacá-la, respondendo a todas as perguntas da audiência.

Uma narrativa, por outro lado, agrega um ponto de vista a uma história. O modo mais fácil de compreender a diferença consiste em se deter na palavra que fornece a raiz: *narrar*. Narrativa é uma história contada por um narrador. Portanto, uma história poderia ter múltiplas narrativas, cada uma dependendo de quem a conta, e do ponto de vista selecionado para emoldurar a seqüência de eventos. A narrativa é a ferramenta do profissional de marketing. A história é a ferramenta do repórter.

Rashomon, o famoso filme de Kurosawa, ilustra perfeitamente essa distinção. A história contada diz respeito ao estupro de uma mulher japonesa e ao assassinato de seu marido, no interior de uma floresta do Japão antigo. No entanto, a história é contada quatro vezes, cada uma do ponto de vista de uma testemunha diferente. O resultado são quatro experiências dramáticas completamente diferentes – algumas trágicas, outras cômicas – obtidas unicamente com a mudança do narrador da história.

As narrativas podem ser expressas como uma equação: história + tema. O tema é uma camada acrescentada à história para instruir, proporcionar um elo emocional ou comunicar um significado mais profundo. Por exemplo, o repórter de um jornal, descrevendo os eventos que aconteceram em um campo de concentração nazista, não transmitiria com o mesmo significado ou elo emocional de um sobrevivente do campo. A narrativa do sobrevivente inclui um testemunho que dá à história um significado mais profundo e um caráter emocional.

O marketing é muito melhor para criar uma narrativa porque os anunciantes geralmente desejam comunicar um ponto de vista que diferencie sua marca das concorrentes. Um comunicado da imprensa a respeito de um novo produto normalmente é uma história, pois tenta apresentar fatos objetivos. Um anúncio impresso, no entanto, quase sempre é uma narrativa, pois procura persuadir o leitor. A maioria dos anúncios de televisão, particularmente aqueles que utilizam um narrador invisível, são narrativas – histórias com um ponto de vista.

A importância da narrativa *versus* a história se tornará mais clara no próximo capítulo, onde examinamos as narrativas pessoais e as histórias que cada um de nós cria para formar a própria identidade. Por enquanto, lembre-se de que uma narrativa é uma história com um ponto de vista, uma mensagem ou um tema.

LENDAS

Lendas são histórias e narrativas transmitidas de uma geração a outra, geralmente de forma oral. Acredita-se que possam ter alguma base factual ou histórica. Uma distinção importante é que a lenda não possui uma voz narrativa distinta. Por ser transmitida oralmente, a cada vez que é recontada ganha um novo narrador. A constante mudança na narração apresenta pontos positivos e negativos. Em seu aspecto positivo, as lendas têm o poder da permanência. À medida que cada novo narrador partilha a história, a narrativa assume uma vida completamente nova. Algumas lendas duram séculos e possuem enorme apelo popular.

O aspecto negativo das lendas é que podem ser facilmente distorcidas. Um famoso experimento social ilustra essa afirmação. Dez pessoas são colocadas em círculo. Um "segredo" detalhado é contado à primeira delas, que é instruída a contá-lo no ouvido da próxima pessoa. O processo continua com cada um agindo de modo idêntico, cochichando para quem está ao lado. Com extrema regularidade, quando o segredo chega ao ponto de origem, as informações estão completamente distorcidas, produzindo muitas vezes um efeito cômico. Por exemplo, se o segredo tivesse início com a frase "Marty gastou 400 dólares em uma nova peruca, para que pudesse conquistar o coração de uma moça com a metade de sua idade", a informação poderia retornar à fonte como "A moça com quem Marty estava saindo roubou 400 dólares dele e fugiu com sua nova peruca". Existe, obviamente, uma correlação direta entre a distorção das informações e o número de pessoas envolvidas no experimento.

As lendas sofrem o mesmo destino. São influenciadas ao longo do tempo por seus narradores. Ficam expostas à interpretação e à licença criativa por causa de sua dependência em relação a gerações sucessivas de narradores de histórias, que podem ser influenciados por condições sociais, culturais e étnicas que se alteram. A forma mais comum de lenda é a lenda urbana. Quase todos nós já fomos expostos a uma delas em alguma ocasião. Uma sucessão recente de e-mails detalha a situação difícil de um jovem infeliz supostamente atingido por um helicóptero do corpo de bombeiros, enquanto mergulhava em um lago na montanha. O helicóptero recolhia água para apagar um incêndio na floresta vizinha. Durante 15 minutos, o jovem aterrorizado permaneceu no interior escuro do helicóptero, sem poder informar o piloto a respeito de seu drama. Sua trágica aventura terminou em morte, diz o relato, ao ser arremessado pelo helicóptero, junto com a água, sobre o fogo enfurecido.

Conversei com dezenas de pessoas que receberam o mesmo e-mail ou ouviram um conhecido falar sobre ele. Muitas afirmaram que conheciam alguém que poderia confirmar o fato. Embora tal prova nunca se materialize, a história mantém seu apelo. Ela possui vida própria, tecida na consciência coletiva.

Em seu livro *The Vanishing Hitchhiker*, Jan Harold Brunvand explica que as lendas urbanas satisfazem, com muita freqüência, três condições para sobreviver. Elas precisam conter o apelo básico de uma história convincente. Precisam se fundamentar em uma crença. Precisam indicar uma mensagem ou uma moral plena de significado.[1]

Há um grande número de lendas em marketing e elas podem ser uma arma tática ou uma maldição persistente. De um ponto de vista tático, as técnicas de marketing de guerrilha empregam lendas para obter vantagens. Aqueles que adotam o marketing de guerrilha tentam inserir sua mensagem de marketing no contexto da cultura popular, esperando que ela venha a circular e a criar um grande interesse que impulsione a venda do produto. É o último exemplo do marketing básico, e se a marca que a iniciativa apóia for inicialmente "provocadora", quanto mais distorcida se torna a lenda, maior o benefício para a marca. Certamente a Harley-Davidson usufruiu muitas vantagens por conta das inúmeras lendas que circulam pelos Estados Unidos a respeito de heróis folclóricos e de marginais que dirigiam uma Harley.

No entanto, as lendas podem ser uma desvantagem brutal. Algumas marcas foram raptadas pelas lendas sempre presentes, e algumas vezes absurdas, que se formaram de modo não intencional em torno delas.

Durante muitos anos, o Kentucky Fried Chicken lutou contra uma história inventada, totalmente perturbadora e sem justificativa. Dizia-se que um casal insuspeito descobriu um rato frito dentro da embalagem, junto com pedaços de frango. Foram feitas numerosas tentativas para negar a história. Houve um esforço significativo para fortalecer a marca. E mesmo com a ausência de um processo judicial ou de uma prova definitiva que confirmasse a história, muitos consumidores continuam a acreditar que ela está baseada em fatos verdadeiros.

A Procter & Gamble, uma das maiores empresas mundiais de bens industrializados, defrontou-se com a invenção de uma história igualmente aterradora, envolvendo ninguém menos que o próprio diabo. A história afirmava que os fundadores da P&G eram membros de uma seita de culto satânico e que a logomarca da empresa continha símbolos do ocultismo. Asseverava ainda que o alto escalão, aparentemente íntegro, participava de rituais chocantes por trás de portas fechadas. Novamente, neste caso, as alegações não tinham como apoiar-se em qualquer prova tangível, nem o logo da marca podia ser relacionado a um misticismo nefasto. No entanto, a P&G abandonou seu logo histórico e passou muitos anos gastando dinheiro e contrapondo-se aos efeitos da lenda urbana.

Há alguns casos de histórias, no entanto, que melhoraram a marca. Tommy Hilfiger lançou a linha de vestuário que traz seu nome com a idéia de criar uma moda distinta para o homem que progredia na vida. Acreditava-se que suas roupas direcionavam a moda masculina a se posicionar contra os padrões estabelecidos. O uso de cores básicas, notavelmente contrastantes, tornou-se moda instantaneamente e ao mesmo tempo um poderoso desafio competitivo para o estilo diferente, sedentário e nostálgico da linha Polo, de Ralph Lauren.

A marca Hilfiger foi vítima de uma lenda que mudou seu destino e gerou uma grande fortuna. Ela se tornou o emblema da moda para a comunidade formada pelas gangues urbanas. Criminosos condenados e artistas militantes do rap eram vistos usando produtos com a marca Hilfiger. Muitas histórias tornaram-se lendas.

Comentavam o estilo de vida das gangues e descreviam seus personagens vestindo roupas Hilfiger. (Nota: o mesmo aconteceu à marca FILA, alguns anos antes, e está afetando atualmente a Timberland.)

O fundamento da nova lenda relacionada à marca Hilfiger continha as três condições precedentes de Brunvand. Primeiro, havia motivação para o público da região central das cidades. Hilfiger possuía estilo e denotava a sensação do oculto. Vestir a marca começou a simbolizar sucesso e estilo. Também era irônico, e a ironia não passou despercebida. O novo público sabia muito bem que essa marca de vestuário havia sido criada para os "caras brancos ricos", e teve um entendimento de seu direito, como os revolucionários franceses do século XVIII. A aristocracia não ditaria mais toda a moda.

Segundo, a lenda fundamentava-se em uma crença real. Havia alguma evidência para apoiar a história de que Hilfiger era a marca registrada dos membros de gangues violentas. Eles eram vistos e fotografados em roupas Hilfiger. Você podia vê-los nas ruas e no noticiário da noite.

Finalmente, a lenda continha uma mensagem significativa. Para o público da nova marca, ela simbolizava um deslocamento do poder. Além disso, para aqueles que estavam particularmente descontentes, a lenda encerrava um ar de vingança, carma e desafio.

Você deve ter observado que, embora histórias e narrativas possuam corolários diretos de marketing, nossa discussão a respeito das lendas se inclina mais em direção a um conjunto de imagens e associações em torno da marca. As lendas se aproximam muito da essência daquilo que cria uma Marca Legendária, porém, conforme vimos, as lendas possuem limitações. São muito difíceis de controlar e mudam de modo muito freqüente e fácil. São as primas menos desenvolvidas daquilo que verdadeiramente torna notável uma Marca Legendária – o mito.

MITO: Histórias inatas

De modo análogo às lendas, os mitos são transmitidos ao longo de gerações e, em alguns casos, parecem ter algum fundamento verdadeiro ou histórico. As similaridades, porém, terminam aí. Lendas surgem como rumores, espalham-se rapidamente como o fogo e sua intensidade depende da interpretação do atual narrador. Freqüentemente são divulgadas como novidade – um divertimento superficial. Os mitos, histórias que nunca desaparecem do inconsciente coletivo, proporcionam um meio importante para que as pessoas se orientem e compreendam o seu mundo. São arquétipos da História armazenados em uma parte oculta de nossas faculdades cognitivas. Apesar da dispersão geográfica, das diferenças culturais e do ritmo constante da evolução cognitiva, a história do homo sapiens é marcada pela repetição de um conjunto de mitos muito familiares. Embora os personagens possam ter nomes diferentes e características físicas ligeiramente distintas, as histórias narradas a respeito desses personagens mantêm uma estranha coerência.

As pessoas muitas vezes ficam perplexas ao observar as grandes similaridades entre Buda, Cristo e Maomé. Alguns teorizam que se trata de uma divindade só, porém outra explicação diz que a essência mítica destes heróis sagrados faz parte de uma narrativa que transcende fronteiras e preferências culturais. Em resumo, esses mitos fazem parte de nosso mundo cognitivo da mesma forma que os dedos fazem parte da mão.

Para compreender a orientação do mito em relação a outras formas de história, observe a Figura 3.3. Ao longo do eixo horizontal, nos deparamos com duas dimensões, baseadas em quem está narrando: um ponto de vista único ou onisciente, e um ponto de vista coletivo ou pluralista.

FIGURA 3.3 História, Narrativa, Lenda e Mito

Narrador da história

	Primeira/Terceira Pessoa	Pluralista/Coletivo
Contexto Significado/Emocional — Separável	**História** • Não há um ponto de vista claro • O significado é deixado em grande parte para o público • Normalmente uma voz objetiva	**Lenda** • Criada por uma cadeia de narradores da história • Significado orientado pelo contexto, pelo narrador da história e pelas características étnicas e geográficas
Contexto Significado/Emocional — Inseparável	**Narrativa** • Voz/opinião do narrador da história claramente vinculada • Influência do narrador na história proporciona significado e contexto emocional	**Mito** • Estrutura da história reside no inconsciente coletivo • Significado vinculado à moral, princípios e crenças partilhadas imemoriais

As formas da história do lado esquerdo possuem um único narrador. Uma história é contada de um ponto de vista objetivo, na terceira pessoa do singular, ao passo que uma narrativa é contada de um ponto de vista mais pessoal, na primeira pessoa. As formas da história do lado direito possuem muitos narradores. Lendas são transmitidas, e a história é aumentada à medida que passa de um narrador para o próximo. Já o mito é uma história que se encontra dentro de todos nós. Sua estrutura reside em nosso inconsciente coletivo e a prova de sua ubiqüidade é abundante em todos os cantos do globo.

O eixo vertical diferencia essas formas por seu significado ou contexto emocional. As formas da história do alto são facilmente separáveis do significado. Histórias geralmente são objetivas. Uma história perfeita não possui significado, deixando que o receptor a interprete. Lendas freqüentemente possuem significado, que é, porém, grandemente influenciado pelo contexto da lenda. Desse modo, quando a lenda é contada por um narrador, pode ter um significado específico que se altera para outro contexto emocional, quando o próximo narrador a reconta.

As formas da história da parte inferior são muito mais difíceis de serem isoladas de seu contexto emocional ou significado. A beleza da narrativa é que a história está entrelaçada com o ponto de vista do narrador. *O Grande Gatsby** deixa de ser *O Grande Gatsby* caso não exista a participação de Nick Carraway. O livro torna-se um romance inteiramente diferente e o significado se perde. De modo similar, o mito é muito difícil de ser isolado do significado que lhe é atribuído. Todo mito submetido ao teste do tempo é vinculado a uma moral, a um princípio ou a uma crença imemoriais. Esta moral e estes princípios não são muito controvertidos. Eles são as raízes da civilização: não roube, não mate, não faça aos outros...

O mito desempenha um papel muito importante em nossas vidas. Embora sempre tenha atuado como a musa de poetas e dramaturgos, era, até recentemente, a explicação incontestável da existência do homem. Atualmente, em nossa era de ciência e progresso tecnológico, restam poucos dos antigos mistérios cosmológicos para o mito solucionar e, contudo, permanece nossa necessidade básica de vivenciar o mito em nossas vidas. Como resultado, as criações míticas do passado manifestam-se para dar significado a outros fenômenos em nossas vidas – principalmente para nossa habilidade de nos orientarmos socialmente em um mundo em rápida transformação. No passado, buscávamos artefatos sagrados para ter o poder de

---

* N. do T.: Romance de autoria do escritor norte-americano F. Scott Fitzgerald. Nick Carraway é um dos personagens.

curar, triunfar ou amenizar a dor do amor não correspondido, e, hoje, transferimos estes poderes aos bens de consumo que prometem realizar mágicas. Antigamente, modelávamos nosso comportamento pela conduta de semideuses, profetas e guerreiros poderosos, e, hoje, buscamos nosso modelo em celebridades, atletas e CEOs, atribuindo-lhes atributos heróicos. No passado, fazíamos peregrinações a terras sagradas, hoje visitamos parques temáticos, resorts e shopping centers esperando alimentar nosso espírito com os meios de cura que estes locais proporcionam.

As Marcas Legendárias se valem do poder do mito para criar significado e uma base comum para os bens e serviços que representam. Estude qualquer uma dessas marcas e você descobrirá uma trama imemorial e familiar. Para compreender como as Marcas Legendárias narram histórias para os consumidores, você não precisa enxergar além daquela trama mítica, pois ela é a raiz do enorme valor da marca. No campo científico, os pesquisadores estão mapeando o genoma humano para compreender os pilares fundamentais da fisiologia humana. Em nosso estudo das Marcas Legendárias, o fundamento mítico é o genoma que mapeia a alma da marca. O mito oferece o código pelo qual a mente do consumidor cria a narrativa da marca, é a estratégia pela qual o gerente de marca mantém uma vantagem competitiva autêntica, é a fonte da personalidade da marca e lhe confere uma vida social.

UNINDO OS PONTOS

A propaganda desempenha um papel importante no desenvolvimento e na sustentação da narrativa da marca, porém, após ser estabelecida, a narrativa tem o potencial para assumir vida própria. Marcas Legendárias transmitem suas narrativas mesmo com a propaganda. Sua história é contada por meio de muitos canais, alguns deles muito mais próximos e experimentais do que a tradicional transmissão do comercial de 30 segundos.

Marcas Legendárias contam histórias e proporcionam motivos suficientes para incentivar a tendência natural da mente em preencher os hiatos faltantes. Como os mitos que as Marcas Legendárias transmitem fazem parte de nosso inconsciente coletivo, torna-se necessário somente um único ponto de referência, uma sugestão, para que nossa mente subconsciente se retire para a biblioteca mental e complete o restante da narrativa.

O centro visual de nosso cérebro realiza essa tarefa com clareza o tempo todo. Considere as obras dos pintores impressionistas. O que está pintado na tela não é uma representação realista do tema. Empregando pinceladas desiguais e uma convergência de cores, eles mostram representações maravilhosas da vida natural. Permanecendo afastado a 2,5 cm da tela, estes trabalhos são apenas pinturas inacabadas. Dê um passo atrás e surge a ordem. Vemos marinhas, naturezas mortas e retratos artísticos.

Talvez a maior ilustração desse conceito possa ser vista nas pinturas pós-impressionistas de Georges Seurat. As cenas apaixonantes da vida pública francesa no século XIX, tal como *Domingo à Tarde na Ilha de Grande Jatte*, nada mais são do que milhares de pontos minúsculos e multicoloridos cuidadosamente dispostos em uma grande tela. No centro existe o que parece ser uma senhora aristocrática segurando uma sombrinha. Na realidade, é meramente uma mistura de pontos minúsculos. Nossa mente realiza o difícil trabalho de ordená-los em uma bonita e significativa imagem.

Se uma máquina fosse examinar essas pinturas e informar aquilo que constatou, descreveria o óbvio: pontos dispostos segundo um padrão semi-aleatório. Nosso cérebro, por outro lado, reflete sobre o que os pontos de tinta representam. Nossas mentes literalmente nos enganam, mostrando-nos o que não está na tela.

O centro aural de nosso cérebro realiza praticamente a mesma tarefa. É por este motivo que muitas vezes podemos compreender o que está sendo comunicado em um telefone celular, mesmo quando a transmissão é interrompida. É preciso uma tecnologia muito sofisticada para permitir que uma máquina encontre sentido em frases parciais, porém nossos cérebros o fazem sem despender esforço.

Essa tendência do cérebro para preencher os pontos faltantes, unir idéias soltas em um todo completo ou extrapolar dados de sugestões vagas, vai muito além de juntar aquilo que ouvimos e vemos. Também ocorre em círculos de fofocas, nos quais um comentário ou um ato inocente evolui para um caso inaceitável. Manifesta-se em júris, fazendo com que os juízes recordem aos jurados que sua única função consiste em analisar as provas apresentadas e não as conjeturas variáveis que tais provas podem pressupor em suas mentes.

Considere suas experiências no espaço escurecido de um cinema. Você consegue se lembrar de uma ocasião em que sabia aquilo que aconteceria em seguida na história? É duvidoso que você tenha lido o roteiro antes de ir ao cinema. No entanto, você poderia estar na posição de explorador dos próximos momentos da trama com precisão notável. Como você fez isto?

A maioria de nós passou pela experiência de assistir a filmes que deixaram de nos impressionar porque a trama era muito previsível. Os críticos os descrevem como filmes tradicionais, aos quais se atribui uma história criada a partir de um modelo. Não seja severo com os roteiristas. Eles provavelmente tiveram boas intenções, pois verdadeiramente não existe uma história original, apenas uma narrativa original. Toda história, contada em uma ocasião, já foi contada antes. Porém, a mesma história pode ser contada inúmeras vezes de uma perspectiva diferente. Portanto, as obras de Shakespeare continuam a ser representadas, muitas vezes sob uma aparência narrativa não-convencional. A peça Ricardo III foi apresentada no cenário medieval tradicional, no contexto da Alemanha nazista e durante a contracultura minimalista na década de 60.

O mesmo mecanismo mental que nos permite apreciar uma pintura de Seurat, acrescentar os compassos faltantes a uma sinfonia e prever a trama de um filme nos permite também receber e interpretar a narrativa das Marcas Legendárias. Se Jung realmente estiver correto, e cada um de nós tiver nascido com o mesmo conjunto de arquétipos armazenados no inconsciente, então as Marcas Legendárias ativam os mitos guardados e propoem sugestões que levam a mente a compor uma narrativa da marca.

A Figura 3.4 ilustra como funciona esse modelo mental. Como os mitos que são referências para as Marcas Legendárias constituem uma parte do inconsciente coletivo, a finalidade principal de toda iniciativa de comunicação da marca consiste em ativar o mito associado à marca. Essa realização cria uma eficiência de marketing fenomenal. Uma vez que o mito de referência seja localizado no subconsciente pelo espectador, a marca pode restringir suas iniciativas à estética e ao conjunto de imagens. Em outras palavras, a marca é livre para focalizar a seqüência ou seqüências da narrativa.

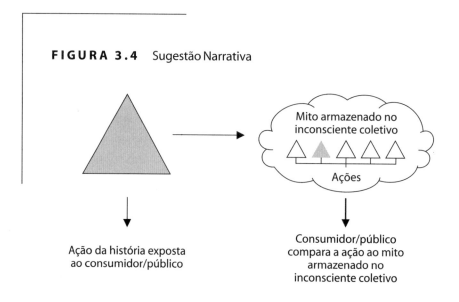

FIGURA 3.4 Sugestão Narrativa

Uma discussão a respeito da dependência da criação da marca em relação ao mito não seria completa sem uma reflexão sobre a Nike. O mito do esporte é um dos mais poderosos e envolventes de todos os tempos. A razão pela qual eventos como as Olimpíadas atraem uma atenção surpreendente origina-se em grande parte da reverência universal à competição atlética. O local da competição é a manifestação física perfeita da estrutura dramática. Somente um jogador ou um time pode ganhar. O conflito é certo. O final é previsto. Toda tradição narrativa mundial contém um mito que glorifica a excelência atlética e a incerteza, que somente podem ser reveladas por meio do ato esportivo. A competição atlética proporciona o mecanismo nivelador que distingue os homens comuns dos heróis. A Nike usa este mito para criar uma das poucas plataformas da marca que não precisa se esforçar para contar sua história.

Joseph Campbell identificou uma fórmula mítica, uma derivação da estrutura formada por situação–elaboração–resolução, que aparece em todos os grandes mitos da conquista heróica.

> Do mundo dos acontecimentos comuns, um herói se lança para uma região de fascínio sobrenatural: lá existem forças fabulosas e uma vitória decisiva é conquistada; o herói retorna da aventura misteriosa com o poder de conceder dádivas a seus semelhantes.[2]

Compreender essa estrutura é básico para entender o poder da Nike. O mito imemorial dos esportes sempre leva o herói a um conflito que resulta em uma vitória decisiva. De modo mais importante, a conquista do herói é profunda e significativa para a cultura que ele representa. A Nike tem seguido esta estrutura desde os seus primeiros anúncios, em alguns casos conduzindo a estrutura heróica à sua interpretação mais literal. Em um comercial de 1998, que foi ao ar durante a Copa do Mundo, a Nike mostrou um time formado pelos maiores jogadores de futebol do mundo enfrentando um time de demônios em um pátio interno sobrenatural, em chamas. Neste cenário, os atletas, pondo de lado as diferenças culturais e nacionais, salvaram toda a humanidade. O comercial alcançou popularidade no mundo todo. Foi menos visto nos Estados Unidos, por causa do uso um tanto controverso da violência explícita. A Nike, em um nível figurativo, muitas vezes manipulou a atração pela aventura e pela excelência que torna os atletas heróis amados. O caso de amor da Nike com Michael Jordan produziu alguns dos comerciais com maior carga emocional já transmitidos. Ao término da temporada triunfante de Jordan, que assegurou a vitória para o Chicago Bulls, em 1998, a Nike levou ao ar um comercial de 60 segundos que fazia um tributo à sua carreira fenomenal. De forma incomum e discreta, transmitia uma trilha sonora de piano solo, executando uma nostálgica melodia. Eram mostrados videoclipes do início da carreira de Jordan, ainda na escola secundária, chegando ao seu famoso salto de 5,80 metros até a tabela, e à sua explosão de lágrimas ao conquistar um novo título no campeonato. Este comercial incentivou o mito do esporte. O espectador juntou, no mesmo entendimento, o chamado de Jordan para a aventura, suas vitórias e triunfos decisivos, e sua significação cultural. Milhões de norte-americanos, particularmente aqueles de Chicago, foram os beneficiários de um grande orgulho e de uma intensa confiança, graças aos esforços heróicos de Michael Jordan. Por meio de seu apoio a Jordan, e por conta da parceria, a Nike uniu esse mito à sua marca. Os consumidores de produtos Nike são incentivados a aceitar o chamado para a aventura, a honrar as recompensas que tal aventura pode render para a humanidade, e a esforçar-se para chegar a seus limites máximos, a fim de voltar vitoriosos.

MITO E SIGNIFICADO: A alma da marca

O mito por trás de uma Marca Legendária é mais do que um ponto de referência. O mito proporciona à marca um contexto emocional. Considere-o como a narrativa da humanidade. É uma história contada por uma voz coletiva, e possui um ponto de vista compartilhado.

Quando éramos crianças, conhecemos muitos contos de fadas que terminavam transmitindo uma moral. Esta moral nos ensinava uma lição, usando a ação do conto de fadas como prova. Os mitos proporcionam o equivalente metafísico da moral do conto de fadas. Embora menos diretos, os mitos ensinam uma lição. Apreciamos este significado mais profundo, pela mesma razão que tentamos encontrar significado na vida. Os mitos nos ensinam a ser. Eles nos dão orientação. Oferecem exemplos. O significado contido nos mitos constitui o impulsionador vital do vínculo de uma Marca Legendária com o consumidor.

Os críticos literários têm se empenhado durante séculos para limitar o campo da narrativa e do mito a alguns poucos temas comuns. Eles argumentam que por trás de toda grande história existe um pequeno conjunto de lições imemoriais, e estas lições se diferenciam pelo seu significado para as diversas culturas humanas.

Em seu inspirador livro sobre mitologia, Phil Cousineau detalha seis mitos que denomina "mitos passados e futuros". São os seguintes:

1. O mito da luta criativa;
2. O mito do tempo;
3. O mito do poder mítico da atuação do mentor;
4. O mito da viagem;
5. O mito da cidade; e
6. O mito do esporte.

Valendo-se de uma narrativa fluente, que em si é um testemunho do poder da história, Cousineau argumenta que todas as grandes histórias, que sempre foram contadas, aproximam-se de um desses grandes mitos, pois todas são temas que nos sentimos compelidos a examinar repetidamente em nossa busca por maior significado.[3]

Não é de causar surpresa o fato de muitas Marcas Legendárias se apoiarem nessas seis bases míticas. Já vimos o mito do esporte e seu efeito sobre a marca Nike. Vamos agora examinar o mito do tempo. Inumeráveis histórias abordam o empenho do ser humano em controlar o tempo, embora seja algo além de nosso controle. O tempo passa por nós sem levar em consideração nossos sonhos e desejos, sendo compreensivo apenas para aqueles que não prestam atenção ao seu decorrer.

Cousineau reconta uma lenda dos índios que habitam certas regiões da América do Norte. Na história, Marta* furta um relógio de viajantes europeus que haviam acabado de visitar sua terra. Antes da chegada dos estrangeiros, o povo indígena não tinha idéia do tempo. Eles viviam, conforme disse Cousineau, "de acordo com o ritmo do Sol e da Lua, das estrelas e das marés, do dia e da noite, da luz e da escuridão".

Marta, contudo, deparou com os europeus e observou a reverência que tinham pelo relógio, um estranho objeto com ponteiros divertidos e sinais esquisitos. Ficou a tal ponto hipnotizada pelo relógio, que decidiu furtá-lo para conhecer melhor seus grandes poderes. Logo, porém, compreendeu que aquele instrumento mágico continha uma maldição. Começou a desperdiçar seu tempo observando o movimento dos ponteiros, quando deveria procurar comida. Antes de qualquer atividade, olhava primeiro o mostrador do relógio, para poder marcar o tempo. Sem contar que precisava ficar sempre atenta para lhe dar corda, caso contrário ele cessaria de registrar a passagem do tempo. Cousineau escreve:

> Surpreendentemente, conforme observou o comentarista esclarecido Joseph Bruchac, por causa de Marta haver furtado o tempo, o tempo

---

* N. do T.: Tradução do inglês *Mink,* animal do qual se faz a pele conhecida como vison.

agora a dominava, e também a seu povo. Tem sido sempre assim. O tempo nos possui, da mesma forma como possuíamos o Sol.

O mito do tempo proporciona significado mais profundo para muitas Marcas Legendárias. "Gerenciamento do tempo" é uma expressão plenamente integrada à linguagem empresarial. Em anos recentes tem surgido um número cada vez maior de programas de gerenciamento de tempo, dando origem a muitos livros, softwares e ao importantíssimo planejador diário. A marca que permanece no topo é Franklin Covey.

Franklin Covey entrou para o cenário nos primeiros anos da década de 80, formada por duas companhias independentes. Franklin era uma empresa localizada nos arredores de Salt Lake City, no Estado de Utah, que teve um enorme crescimento como resultado de seu bem-sucedido sistema de planejamento diário e gerenciamento de tempo. Este sistema, que ajudou muitas pessoas a priorizar os eventos de sua vida diária, ensinava que um gerenciamento eficaz do tempo era fundamental para uma vida mais significativa e produtiva.

Enquanto isso, em Provo, Utah, Steven Covey divulgava seu sistema de gerenciamento de tempo na contracapa de um livro que permaneceu na lista dos mais vendidos durante muitos anos. *Os Sete Hábitos das Pessoas Muito Eficazes* [The Seven Habits of Highly Effective People] revolucionou o modo como muitas pessoas conduziam suas vidas. Covey afirmava que a chave para viver uma vida mais eficaz consistia em "colocar as coisas importantes em primeiro lugar". Para isto, sugeriu um sistema semanal de gerenciamento de tempo que ajudava os usuários a situar suas prioridades no topo de sua lista de tarefas. Pouco tempo depois, Covey lançou seu livro *Organizador dos Sete Hábitos* [Seven Habits Organizer], que se tornou rapidamente o número dois no mercado de gerenciamento de tempo.

Em 1998, as duas companhias foram objeto de fusão e se tornaram Franklin Covey. Em 2001, a empresa contabilizou vendas superiores a US$ 500 milhões. Hoje, atende a mais de três quartos das empresas da lista da *Fortune 500,* e seus clientes pagam um preço superior a mais de 20%, comparado a produtos similares vendidos em redes tradicionais de suprimentos para escritórios. Apesar disto, os clientes Franklin Covey demonstram extrema lealdade, algumas vezes ardorosa. De modo análogo à índia Marta, essas pessoas são dominadas por seus planejadores. Raramente viajam para longe sem levá-los. Franklin Covey é uma Marca Legendária com um grupo apaixonado e fiel de seguidores. Eles acreditam no significado por trás da marca: Não permita que o tempo o controle – você precisa controlar o tempo. Um mito clássico, com um tema imemorial, ressurge na era moderna.

MITO *VERSUS* LUGAR-COMUM

As histórias narradas pelas Marcas Legendárias são bem conhecidas e têm sido contadas em diversas tradições diferentes, no entanto, não importa quantas vezes ouvimos estas histórias, elas continuam a nos sensibilizar. Quando buscamos uma história original, na realidade procuramos uma narrativa original. É verdade que estamos familiarizados com o mito básico, porém nunca nos cansamos de ouvir uma nova narrativa.

Os gregos antigos concediam as maiores honras aos dramaturgos e poetas que sabiam recontar, com talento, histórias conhecidas. Aqueles que escreveram obras "originais" estão agora esquecidos.

Embora apreciemos ouvir repetidamente os mesmos mitos por meio de narrativas diferentes, a maioria de nós possui pouca paciência com o lugar-comum, que é uma fotocópia da narrativa. Mito é uma história viva, que ressurge nas culturas do mundo por ser imemorial e possuir um conteúdo que reafirma a vida. O lugar-comum, por outro lado, é o resultado de esforços intencionais para reproduzir uma história.

As Marcas Legendárias sempre narram histórias que parecem novas, elaboradas recentemente, mas se baseiam em temas universais e em histórias conhecidas que soam como um eco de nosso passado original. Esta combinação lhes confere autenticidade. As marcas concorrentes muitas vezes tomam um caminho mais fácil e se valem do lugar-comum. Elaboram respostas de marketing facilmente previsíveis, que tentam abertamente reproduzir o sucesso do marketing das Marcas Legendárias. Para elas, tudo é apenas uma fórmula. Embora tais tentativas possam ter um sucesso inicial, a sustentabilidade em longo prazo de tais truques de marketing é passageira, pois, no final, os consumidores percebem a aparência enganadora. Os consumidores conhecem a diferença entre uma história original e uma cópia.

Suponha que os consumidores fossem aceitar, e mesmo admirar, o trabalho do plagiador. O plagiador tem por destino ser a segunda escolha do consumidor. Por quê? Os consumidores compararão o resultado da narrativa autêntica da marca com o resultado da imitação. Em essência, a imitação precisa basear-se, intencionalmente, no original.

Para exemplificar, considere a Marca Legendária da ESPN. Em 1978, Bill Rasmussen lançou um pequeno canal de televisão a cabo na modesta comunidade de Bristol, no Estado de Connecticut (região da Nova Inglaterra). Ele o denominou ESPN. O E significava *Entretenimento*, que Rasmussen planejava como parte da programação, embora tal conteúdo nunca viesse a se materializar. Bristol e as cidades vizinhas formavam um público fã dos esportes que ansiava por um conteúdo que fosse além da cobertura dos "grandes" jogos. Embora o canal tivesse um orçamento reduzido, conquistou rapidamente uma sólida audiência local por causa da cobertura dos eventos da NCAA*, da cobertura diferenciada das notícias ("SportsCenter") e da personalidade de seus locutores talentosos como Chris Berman e Dick Vitale.

O início da ESPN não foi como Marca Legendária. Era um canal pequeno, com poucos recursos financeiros e alcance limitado. No entanto, debaixo de seu exterior, feito de madeira compensada, estavam as raízes de uma verdadeira Marca Legendária. A ESPN era um canal para fãs de esportes administrado por fãs de esportes. Do topo ao escalão inferior, todo membro da equipe adorava esporte. O canal era impulsionado por este mito imemorial e pela tradição de tantos heróis que nos fazem deleitar ao longo da História. De uma perspectiva convencional, é um mito sempre abordado do ponto de vista do atleta. Isto não se aplica à marca ESPN. A ESPN adota o ponto de vista do fã, o que fica ainda mais evidente graças ao talento de seus locutores. Não estamos falando de uma rede de comentaristas altamente remunerados e de grande brilho. Os âncoras da ESPN são, até hoje, "sujeitos normais" que vivem e respiram esporte. Tais elementos, combinados com as origens históricas reais da rede, criaram uma narrativa poderosa. A ESPN narra a história dos fãs do esporte cobrindo o mundo dos esportes para os fãs do esporte. O canal o faz com irreverência, sinceridade e paixão.

Graças ao grande sucesso da televisão a cabo nos anos 80, e de uma indústria dos esportes em crescimento acelerado, a ESPN possui agora alcance internacional. Sem margem de dúvida, é uma Marca Legendária. Tanto, que toda rede de televisão a cabo nos Estados Unidos precisa ter ao menos um canal ESPN para permanecer competitiva e manter a satisfação de seus clientes. Os fãs da ESPN, quer conheçam ou não a história real, percebem, na marca, uma história muito similar à realidade. É a história de pessoas comuns (como os telespectadores) que acompanham e apóiam as tentativas e atribulações da competição atlética.

---

* N. do T.: Sigla da *National Collegiate Athletic Association*, entidade que patrocina campeonatos esportivos envolvendo equipes universitárias dos Estados Unidos.

Compare a ESPN com o FoxSports. O FoxSports nasceu do desordenado império de mídia News Corp. Rupert Murdoch, conhecido por seu conhecimento arguto da mídia de massa e por sua percepção acentuada da ação dos concorrentes, observou o fenômeno crescente que era a ESPN e vislumbrou uma excelente oportunidade de negócio. Lançando um canal de esportes próprio, ele poderia diminuir o poder comercial da ESPN em relação a suas emissoras de transmissão a cabo e por satélite. Ele sabia muito bem que toda categoria possui espaço para pelo menos dois concorrentes. Como não havia mais ninguém competindo com a ESPN, ele poderia facilmente entrar no mercado, o que fez em 1997.

O FoxSports é uma rede de esportes de qualidade. Atraiu grandes talentos desde o início, muitos deles procedentes da ESPN. A News Corp investiu milhões de dólares para adquirir os direitos exclusivos de transmissão de diversos eventos esportivos.

Mais importante ainda, tornou-se regional. O FoxSports estabeleceu um canal local em todo mercado importante e adquiriu os direitos para cobrir os esportes locais de cada mercado.

Apesar de sua qualidade e do seu alcance, eu diria que o FoxSports ainda não é uma Marca Legendária. Muitos espectadores do FoxSports confessam que assistem regularmente à ESPN. A maioria sintoniza o FoxSports quando não tem escolha. É que o FoxSports possui os direitos de cobertura dos jogos locais. Esses espectadores, no entanto, trocam de canal quando o jogo termina e voltam para a ESPN.

O FoxSports não se enquadra como Marca Legendária porque não possui uma história autêntica. Simplesmente imita a narrativa da marca ESPN e utiliza, para captar audiência, uma estratégia econômica engenhosa, não a estratégia da marca. Nasceu da indústria, não de inspiração. Nasceu do poder econômico e da mídia, não de uma relação com os fãs. A história do FoxSports é apenas um capítulo na história dos fãs do esporte.

CAPÍTULO 4

MARCAS LEGENDÁRIAS E NARRATIVA PESSOAL

VIDA SEM HISTÓRIA

Imagine a vida sem histórias. Você nunca iria ao cinema. Clássicos respeitados do cinema como *Casablanca, Guerra nas Estrelas* ou *...E o Vento Levou* não seriam parte de seu patrimônio cultural. A ópera e o teatro não existiriam. A televisão, esse novo passatempo, pareceria pedante. Esqueça todo o conteúdo da televisão: comédias envolvendo situações comuns, dramas com duração de uma hora, novelas, minisséries e filmes. A televisão transmitiria um conjunto de fatos, apenas fatos, em vez dos noticiários superficiais em formato de revista, que atualmente preferimos.

Você até pode acreditar que a vida seria melhor sem a distração proporcionada pela televisão, pelo cinema e por outras programações de entretenimento. Imagine, porém, uma vida sem literatura. Hemmingway, Chaucer, nem mesmo Stephen King existiriam. Também não existiriam as histórias encantadas de Esopo ou dos Irmãos Grimm, aquelas fábulas adoráveis que conhecemos desde a infância, que dão sabor ao nosso tom coloquial e se unem a nosso conhecimento proverbial.

Embora nossa busca por significado nos levasse, provavelmente, a apoiar a religião organizada, nossa experiência religiosa não teria os versos iluminados, muitas vezes poéticos, associados à Bíblia, ao Torá, ao Corão ou ao Sthaviravada.

As escrituras sagradas pareceriam uma série de eventos históricos registrados aleatoriamente, em vez de ser o drama épico surgindo do conflito entre o céu e o inferno, a ignorância e o conhecimento.

Ainda assim apreciaríamos a música, mas praticamente nenhuma canção, pois as letras geralmente contam uma história. Você nunca se renderia a "Margaritaville", nem sentiria o tom nostálgico de "Garota de Ipanema" ou demonstraria grande paixão pelos versos do "Voi Che Sapete", de Mozart.

A conclusão é a seguinte: apreciamos a narração de histórias. É um bem de consumo popular com características de forte demanda, tão forte que, se as histórias desaparecessem amanhã, perderíamos grande parte de nosso tempo livre, pois as histórias nos ocupam durante horas a cada dia.

Histórias como mecanismos de compreensão

A vida sem a narração de histórias parece realmente triste, mas sequer chegamos a arranhar a superfície de seu impacto sobre a cultura humana. As histórias nos atendem muito além da mera diversão. Sem história, perderíamos nossa experiência de vida.

Sem histórias, você nunca apreciaria aqueles momentos pessoais de afeto que ocorrem durante uma reflexão sobre a experiência passada. Lembre-se de um momento no qual você partilhou uma experiência com amigos e riu tanto a ponto de ter dor de estômago. Tudo teria sido tão alegre se não existisse a narração em forma de história? Pense naqueles momentos preciosos de sua vida, quando você aprendeu como seus pais se conheceram, ou quando sua mãe lhe contou a respeito do dia em que você nasceu, ou quando descobriu a coragem de seu avô na guerra. Raramente estes fatos são revelados em uma lista de pontos específicos ou com a descrição objetiva e explanatória do dicionário. Caso fossem, não teriam o mesmo efeito. Poderia parecer inútil relembrá-los.

A estrutura de causa e efeito da narração da história em três atos, que examinamos no Capítulo 3, espelha o modo pelo qual a mente ordena e enquadra a experiência de vida. Sem a forma da história, teríamos muita dificuldade para reconsiderar essa experiência ou partilhá-la com outros. Por onde você iniciaria? Onde terminaria? Como você estabeleceria a seqüência dos eventos, para que outros pudessem compreender?

A história não é somente um mecanismo para pôr ordem nas experiências e relembrá-las, mas também um meio importante para obtenção e interpretação de informações. A história é o recurso lógico mais empregado por nossas faculdades cognitivas. Mesmo em nossos primeiros tempos de aprendizado, as lições freqüentemente eram transmitidas sob a forma de histórias. Lemos livros. Aprendemos rimas na infância. Assistimos a programas infantis na televisão. Nossos professores incluíram histórias nas lições, como problemas de matemática, grandes eventos reais e histórias inventadas nos primeiros livros de leitura.

Resultado: a história desempenha um papel importante na experiência humana. De fato, muitos especialistas argumentariam que sem histórias não adquirimos experiência. A história torna coerentes os eventos que de outro modo seriam aleatórios. É o principal meio pelo qual obtemos e partilhamos nossa compreensão do mundo. Sem histórias teríamos dificuldade para lidar com a vida e a experiência de viver.

Além do divertimento e da experiência

Hoje a história exerce uma influência exagerada em nossas vidas – uma influência sem precedentes, nunca antes registrada. Nossa cultura exige uma história de todo objeto, de todo lugar, de toda instituição e de todo ser humano. Este fenômeno tem levado muitos críticos sociais a se referir à era atual como a era do entretenimento. É um período no qual atribuímos valor a tudo que nos rodeia baseando-nos na narrativa. Atribuímos méritos e procuramos sentir como as celebridades, não por causa de sua personalidade, mas sim das histórias divulgadas a seu respeito. Afluímos a restaurantes temáticos, parques temáticos e outros espaços públicos mundanos (por exemplo, shopping centers) que estão plenos de uma vida narrada, mas muitas vezes sem base na verdade. Moramos em casas novas, habitadas por uma única família, com área construída cada vez menor, porém com características de estilo que transmitem a narrativa do sonho norte-americano – uma casa própria. Localizam-se em comunidades planejadas sobre terrenos anteriormente improdutivos, em uma tentativa de vivenciar a variação moderna da narrativa norte-americana, sempre popular, da "Rua Principal, Estados Unidos".

Mesmo as marcas de produtos de consumo são julgadas pelo seu valor de entretenimento. Conforme vimos no último capítulo, as marcas que nos contam uma história conquistam nossa lealdade. Aquelas que falham em alcançar este objetivo desaparecem na obscuridade ou se tornam meras commodities. Os anunciantes, defrontados com tais ameaças, estão forjando laços mais íntimos com Hollywood e a indústria de entretenimento, incentivando maior participação no divertimento sob a forma de co-promoção, inserção do produto e patrocínio. Algumas marcas buscam agora ter e produzir entretenimento. Conforme um executivo de propaganda explicou recentemente, os anunciantes "desejam marcas integradas a enredos"[1].

A demanda que os anunciantes percebem em relação ao valor do entretenimento é, na realidade, derivativo de um movimento mais amplo dos consumidores. Eles desejam integrar suas vidas a enredos – a narrativas, para ser mais preciso. O atual consumidor molda sua identidade de acordo com uma narrativa percebida que atua como um roteiro para o drama da vida. Os consumidores vivem no âmbito daquilo que o autor Neal Gabler se referiu como "filme da vida". Gabler e muitos outros críticos culturais acreditam que nossa demanda por entretenimento cruzou uma linha. O entretenimento tem buscado uma abordagem mais real (por exemplo, a abundância de programas de televisão baseados na "realidade"), enquanto a vida real tem se tornado mais voltada ao entretenimento (por exemplo, NikeTown e muitos outros empreendimentos de varejo convertidos em entretenimento). A linha que no passado separava estes dois aspectos ficou turva de modo significativo, a ponto de se revelar praticamente inexistente.[2]

Shakespeare afirmava que "todo o mundo é um palco e todos os homens e mulheres, simples atores". Isto nunca foi mais verdadeiro do que nos dias atuais. A noção de que fingimos ser alguém diferente todos os dias parece ser um tanto superficial. Na realidade, no entanto, trata-se de um efeito natural causado por mudanças impetuosas em nossa cultura. Em épocas anteriores, concentrávamos nossas energias na produção. Havia pouco tempo para "representar". Nosso personagem surgia interiormente a partir de nosso foco na contribuição individual para a sociedade. É difícil acompanhar as transformações rápidas advindas da tecnologia e das descobertas. De fato, produzimos mais do que podemos consumir, uma circunstância que causa menos ênfase social na produtividade e mais ênfase no consumo. Neste contexto, o sociólogo David Riesman afirma que agora somos "orientados pelos outros". Nossa produtividade e contribuição são menos significativas para nosso autovalor. Nosso caráter é influenciado pelo modo como os demais nos consideram. O *feedback* que recebemos de nossa família, de nossos colegas e da mídia determinam os parâmetros para nosso sentido de identidade e comportamento social.[3]

Quando a sociedade atribui um valor menor àquilo que você produz, e maior valor a como você se apresenta, para onde você se volta para construir seu personagem? Voltamo-nos cada vez mais ao entretenimento e à mídia. Acima de qualquer boa qualidade do entretenimento, a narrativa constitui seu fundamento. Todos nós elaboramos um roteiro oculto que orienta nossas ações, o diálogo que mantemos e nosso comportamento. Trata-se de uma narrativa armazenada no interior de nosso subconsciente e que evolui constantemente. Esta narrativa é tão maleável que a maioria de nós continuará a refiná-la, até o dia de agradecer pela última vez no palco global de Shakespeare. Mais provocante é o fato de muitos de nós agirmos com base em mais de uma narrativa. A identidade de nossa narrativa muitas vezes se desloca, dependendo da audiência. Em casa, com nossa família, um roteiro está sendo seguido. No escritório, com nossos colegas, pode acontecer outro roteiro. Portanto, o consumidor pós-moderno rivaliza atualmente com os atores lendários naquilo que diz respeito à sua habilidade para apresentar, de modo impecável, diversas caracterizações ao público.

Como consumidores, freqüentemente chegamos a extremos, a fim de apresentar bem nossas narrativas. Para assegurar que nossa imagem se enquadre no personagem, muitas vezes esculpimos nossos corpos utilizando regimes, *personal trainers* e até mesmo procedimentos médicos onerosos. Para tornar perfeita a percepção de nossa personalidade, muitas vezes procuramos fazer terapia, buscamos orientação e adotamos programas de auto-ajuda que nos preparam mentalmente e nos ajudam a "assumir o personagem". Por último, mas igualmente importante, para dar a conotação de autenticidade a nossas atividades, consumimos e usamos bens e serviços que tornam nosso personagem mais realista – para os outros e para nós mesmos. Usamos o vestuário adequado, adquirindo apenas os estilos de moda e as marcas certas para o personagem. Preferimos os apetrechos mais autênticos, seja de modo ornamental ou funcional, para permitir as ações do personagem. Chegamos até a nos posicionar nos cenários corretos, decorando nossos lares para que se adequem ao hábitat do personagem, ou passando férias em locais apropriados para a identidade de nossa narrativa. De fato, os locais de férias estão se tornando cada vez mais focalizados na criação de uma experiência de fuga por meio da qual o consumidor pode transformar sua narrativa em vida real.

É nesse contexto que as Marcas Legendárias desempenham um papel vital. Como os consumidores baseiam suas vidas nas narrativas, e as marcas tentam se tornar parte de narrativas, o entretenimento e o consumo se fundem. As Marcas Legendárias precisam ativar uma história para acompanhar o ritmo da demanda insaciável do consumidor de entretenimento. Embora as Marcas Legendárias tornem o ato de consumo um entretenimento para o consumidor, elas também permitem ao consumidor apresentar a identidade da narrativa. As Marcas Legendárias participam ativamente da vida narrativa dos consumidores. Outras marcas não.

MARCAS LEGENDÁRIAS E IDENTIDADE DA NARRATIVA

A Figura 4.1 fornece um modelo conceitual para a relação entre Marcas Legendárias e narrativa pessoal. Cada dimensão da relação é aqui apresentada em uma seqüência linear relacionada ao desempenho da identidade da narrativa.

Durante o pré-desempenho, nos preparamos para os papéis que desempenharemos. De uma perspectiva da marca, é neste ponto que selecionamos as marcas que serão associadas à nossa identidade. É neste ponto que definimos nossas preferências de marca. Selecionamos apenas as marcas que complementam nossa identidade da narrativa ou a tornam mais autêntica. Conforme vimos no Capítulo 2, as crenças sagradas constituem a chave para o relacionamento marca/identidade. Procuramos alinhar o tema da marca com o tema de nossa narrativa pessoal.

O próximo, na seqüência, é o desempenho efetivo. Quando passamos ao desempenho, colocamos em movimento três elementos narrativos: trama, personagem e estética. Aristóteles afirmava que sem uma trama não poderia haver história. Caso não exista uma trama em nossa narrativa pessoal, nada temos a fazer. A trama define nossas ações e nos proporciona a coesão resultante da experiência. Conforme veremos, as Marcas Legendárias são importantes para que surja a trama. Elas raramente são auxiliares, mas ativas participantes.

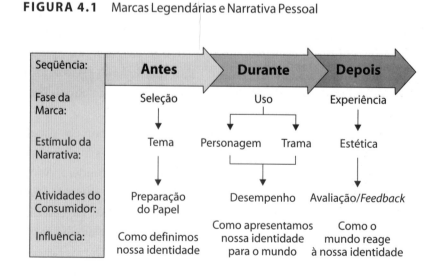

FIGURA 4.1 Marcas Legendárias e Narrativa Pessoal

Os personagens determinam como a trama se desenvolve. Existe um duplo entendimento associado ao papel das Marcas Legendárias no desempenho da narrativa pessoal. Por um lado, as Marcas Legendárias fazem parte de nossa caracterização. A marca nos torna mais autênticos, quando assumimos o personagem. Ela nos dá confiança ou nos prepara melhor para o papel. Por outro lado, as Marcas Legendárias atuam também como personagens. Muitas vezes a marca age como mentor, aliado e, ocasionalmente, como antagonista dos objetivos de nosso personagem.

As Marcas Legendárias ainda contribuem esteticamente para o nosso desempenho. Sua presença torna autêntico o desempenho. Elas atuam como objetos, fantasias, cenários e outros dispositivos que geram um sentido de realismo. Embora seja um papel estático, o impacto estético das Marcas Legendárias no desempenho de nossa narrativa não deveria ser subestimado.

Finalmente, na fase após o desempenho, reservamos tempo para refletir sobre a experiência do desempenho e o papel da marca no âmbito desta experiência. O *feedback* que recebemos pode ser direto, quando as outras pessoas reagem às marcas adotadas em nosso desempenho, ou pode ser indireto, que é como as marcas nos fazem sentir durante o desempenho. Marcas Legendárias influenciam nossas percepções de muitas maneiras.

Este breve resumo tem por finalidade uma visão de conjunto, para familiarizá-lo com o modelo conceitual que será ampliado logo mais. Uma cautela é necessária, antes de prosseguir. A construção linear deste modelo é realizada somente como um instrumento de aprendizagem. Na realidade, as três fases ocorrem simultaneamente. Desempenhamos o papel, enquanto nos preparamos para ele, porque a narrativa é a nossa identidade. Portanto, mesmo quando estamos avaliando marcas e pensando em sua eficácia potencial, permanecemos mais ou menos como no foco de uma câmera. Enquanto isso, durante nosso desempenho, recebemos do ambiente um *feedback* sutil, que altera esse desempenho. A reflexão pós-desempenho, sobre esse *feedback*, ocorre enquanto selecionamos simultaneamente novas marcas ou alteramos as preferências de marca, o que, por sua vez, afeta nosso desempenho e assim por diante. A identidade da narrativa é complexa, e a relação entre o uso da marca e o desempenho da narrativa é de dependência. É mais fácil estudar o modelo congelando o tempo por um momento e atribuindo a ele um formato linear. Neste formato, podemos compreender melhor as relações de causa e efeito. Contudo, na realidade, o modelo nunca é linear.

PREPARAÇÃO PARA O PAPEL DE UMA EXISTÊNCIA

Em que você acredita? Qual é o significado de sua vida? Você consegue responder a estas perguntas de modo articulado ou está em busca das palavras certas? Você, em alguma ocasião, reflete muito a respeito de tais perguntas ou as considera total perda de tempo? Independentemente de sua resposta, a maioria de nós acredita em algo, embora possamos não refletir muito a respeito. Para cada um de nós, o comportamento é guiado por certos limites. Eles delineiam a diferença entre certo e errado, prazer e dor, amor e ódio. Em cada caso está em jogo o tema de nossa narrativa pessoal.

Até recentemente era mais fácil codificar o tema de nossa vida. Tradição, religião ou cultura proporcionavam o modelo, e tudo que fazíamos era acrescentar um toque colorido. Porém, em uma sociedade "direcionada ao outro", estes modelos são menos eficazes. Não temos definições claras para aquilo em que acreditamos. Estamos voltados para as novas influências: celebridades, mídia de massa e Marcas Legendárias.

De modo análogo aos mitos que apóiam uma narrativa de marca, nossas narrativas pessoais obtêm significado a partir do mesmo tema. Se você for o tipo de pessoa que tem pensado sobre o tema de sua vida, provavelmente seleciona as Marcas Legendárias com muito cuidado. Você escolhe as marcas a fim de assegurar que elas estejam de acordo com seus princípios e valores. Na outra ponta do espectro, se você raramente pensa em seu tema, provavelmente seleciona as Marcas Legendárias de modo intuitivo ou ao acaso. Embora suas seleções de marca possam parecer impulsivas ou arbitrárias, é possível que a marca transmita valores que encontrem ressonância em sua pessoa, mesmo que você não seja capaz de articular esses valores. A maioria dos consumidores posiciona-se em algum ponto entre esses dois extremos.

As marcas até mesmo sugerem um tema narrativo para o segmento de consumidores "antimarca". Estes consumidores dedicam total oposição a qualquer produto com marca. Ao evitar as Marcas Legendárias, ou todas as outras conhecidas, eles declaram aquilo em que acreditam. Ironicamente, um estudo recente publicado no *Journal of Consumer Research* constatou que, apesar de uma resistência apaixonada às Marcas Legendárias, muitas vezes estes consumidores investem tempo e recursos significativos na seleção de suas marcas. Este investimento acaba conduzindo o consumidor de volta às Marcas Legendárias, embora ele justifique sua lealdade alegando razões muito específicas – geralmente distantes da influência da cultura de massa. Ser um consumidor exigente proporciona significado à identidade de sua narrativa.[4]

Com a vida tão plena de consumo, em vez de produção, é fácil ver por que a seleção da marca pode exercer tal influência no tema de nossa narrativa pessoal. Marcas Legendárias atingem sua grandeza por causa daquilo que representam. Em contrapartida, atraem aqueles que possuem os mesmos princípios, valores e crenças sagradas. Alguns as selecionam conscientemente; outros o fazem por instinto.

O sorvete Ben & Jerry's possui apreciadores fiéis e entusiastas não só por seu excelente sabor e qualidade. Muitos consumidores pagam bem mais caro pelo sorvete Ben & Jerry's porque a marca apóia o tema de sua narrativa pessoal. Com sabores como "Cherry Garcia", que dedica um tributo ao falecido cantor Jerry Garcia, do grupo The Grateful Dead, por sua postura inspirada e de consciência social, ou "Dilema na Floresta Tropical", que usa ingredientes naturais e não causa dano a florestas tropicais intocadas, o sorvete Ben & Jerry's assume um posicionamento moral. Consumir o produto, e portanto a marca, constitui um meio de se reorientar por meio de crenças sagradas, apoiar uma causa ou associar-se a algo importante.

Por que alguém pagaria mais de mil dólares por uma obra de arte produzida em série? Milhares de pessoas pagam muito mais para ser proprietárias de um quadro de Thomas Kinkade. As pinturas de Kinkade têm início como originais feitos pelo artista. Depois, são reproduzidas mecanicamente para suprir mais de 300 galerias Kinkade em todo o mundo. Um artesão adiciona, a cada reprodução, toques sutis de coloração e sombra usando pincel e escova, o que dá à reprodução identidade própria e uma autenticidade artificial. A fórmula tem inspirado milhares de norte-americanos, que nunca antes haviam entrado em uma galeria, a gastar uma grande quantia de dinheiro em uma reprodução retocada. Por quê?

Thomas Kinkade é uma Marca Legendária que se comunica com sua base de clientes em um nível profundo. As pinturas de Kinkade possuem muitos temas, alguns inspirados na religião. Muitos destes consumidores adotam uma narrativa pessoal de equilíbrio, simplicidade e humildade. Eles olham uma obra de Kinkade e meditam sobre o cenário tranqüilo que ela mostra – uma simples casa de fazenda em um prado verde, um farol desafiando a maré costeira, ou um vilarejo sossegado ao lado de uma montanha. Embora esses consumidores precisem trabalhar com afinco para ganhar a vida, eles desejam um futuro de maior simplicidade e quietude. Sua identidade narrativa encontra eco nas palavras do antigo filósofo oriental Lao Tzu:

> Correr, perseguir, caçar
> torna as pessoas malucas.

Tentar ficar rico
ata as pessoas em nós.
Portanto, a alma sábia
observa com o olho
interior e não com o exterior,
deixando aquilo de lado,
conservando isto.[5]

Colocar uma pintura de Kinkade em casa ativa o tema de sua narrativa pessoal. Mesmo o ato de adquirir um quadro de Kinkade ativa o tema. Do mesmo modo que as pessoas religiosas encontram satisfação em contribuir com o dízimo e fazer doações à igreja, aqueles que adquirem as pinturas de Kinkade, muitos deles com recursos financeiros limitados, encaram sua compra como um investimento espiritual, sem levar em conta a geração de uma fortuna de milhões de dólares para o homem que assina os quadros.

No que diz respeito à natureza temática da narrativa pessoal e sua relação com as Marcas Legendárias, existe um aspecto final que justifica sua atenção. É muito raro que uma só marca atenda a todas as necessidades temáticas de um consumidor. Os consumidores pós-modernos são, literalmente, uma criação temática eclética e figurativa. Do ponto de vista figurativo, usamos várias marcas para codificar nossa visão de mundo. O respeito pelo domínio pessoal, que obtemos da Nike, poderia ser combinado com o empenho para ampliar os limites criativos proposto pela Apple. Em outras palavras, misturamos e combinamos os temas das várias Marcas Legendárias para criar nossa própria e única criação temática. Neste sentido, o consumidor pós-moderno é muito diferente dos consumidores do passado. Aqueles consumidores eram verdadeiramente parte de uma cultura de "massa". Eles se adaptavam. A seleção das marcas permanecia a mesma em uma ampla faixa de segmentos de consumidores. Ser único e autêntico era menos importante; na realidade, poderia ser uma desvantagem.

Em contraste, o consumidor pós-moderno seleciona marcas que encontram ressonância em âmbito pessoal. As seleções de marcas proporcionam um sentido de autenticidade. Ao posicionar as marcas selecionadas, uma sobre a outra, criamos aquilo que acreditamos ser um personagem "único". Isto nos permite desempenhar um personagem que é percebido como novo e genuíno, apesar de fundamentado em marcas bem conhecidas e consolidadas.

De um ponto de vista mais literal, a maioria entre nós possui mais de uma identidade da narrativa. Portanto, um conjunto de marcas pode personificar, no local de trabalho, aquilo em que acreditamos. Porém, outro conjunto de marcas pode ter relação com nosso tema na noite de sexta-feira, após o expediente. No ambiente de trabalho, podemos adotar o estilo prático de Brooks Brothers e seus princípios conservadores, ao passo que, durante o fim de semana, poderíamos preferir o tema de Dolce & Gabbana, ostentando um estilo provocador.

A ALEGRIA DO DESEMPENHO

Existe apenas uma palavra para descrever o impacto que uma Marca Legendária exerce sobre o desempenho da narrativa pessoal: *emoção*. Embora antes do desempenho apareça a reflexão, a fase do desempenho é ativa. As Marcas Legendárias "ativam" a experiência do desempenho. Apreciamos o desempenho. Adoramos aqueles momentos em que sentimos maior sintonia com a identidade de nossa narrativa. Marcas Legendárias ampliam o impacto emocional desses momentos. E agem de três maneiras.

Ativando a trama de nossa narrativa

Quando as Marcas Legendárias ativam a trama da narrativa pessoal, criam na realidade uma experiência alinhada com aquilo que desejamos em nossa vida. Muitas vezes, quando lidamos com a ativação da trama, falamos de *capacitação*, pois a Marca Legendária nos *capacita* a viver nossa identidade narrativa.

No Capítulo 2, discutimos o conceito de liminaridade. Recorde-se de que um estado liminar ocorre quando as pessoas se afastam de sua identidade anterior. Elas existem, durante um período temporário, em um estado "vazio". Depois emergem transformadas. A liminaridade é associada com mais freqüência ao ritual, mas também está ligada ao uso das Marcas Legendárias. Por meio do estado liminar, o consumidor se aproxima de sua identidade narrativa. É neste estado que as tramas se revelam na vida narrativa.

A trama é o começo, o meio e o fim de uma narrativa. É a arquitetura estrutural de uma história. Uma boa trama assegura que todo evento tenha sentido lógico e que as relações de causa e efeito sejam claras. Retire qualquer evento de uma trama bem construída e a história desaparece. A vida não é tão perfeita e ordenada.

Pode ser tudo, menos ordenada de acordo com uma criação de começo, meio e fim. O fator aleatório é um desvio de atenção sempre presente. Nossas experiências não são agrupadas naturalmente sob forma narrativa. Só quando nós as moldamos, ou isso é feito por outros elementos, nossa identidade narrativa aparece para a vida. As Marcas Legendárias ativam a trama de nossa narrativa pessoal proporcionando às experiências com a marca uma estrutura de história ordenada, compacta e coerente.

O principal exemplo desse conceito manifesta-se na marca Harley-Davidson. Embora já tenhamos discutido essa Marca Legendária, vale a pena retomá-la por causa do efeito poderoso que pode exercer como um ativador da trama.

A marca Harley-Davidson transmite uma narrativa de rudeza. A maioria dos consumidores a associam aos Hell's Angels (Anjos do Inferno) e às estradas livres de tráfego dos desertos da Região Sudoeste dos Estados Unidos. É uma narrativa que atende igualmente a marginais e homens honrados. Um denominador comum se destaca: a marca Harley-Davidson é imponente. Ela sugere que todos devem tratar seu usuário com muito respeito e certo receio.

A Harley-Davidson possui um relacionamento peculiar com os consumidores que parecem não se ajustar ao público-alvo da marca, como os executivos que estudaram em faculdades da *Ivy League** e moram em casas tranqüilas nos Berkshires. Comenta-se, por exemplo, que C. Michael Armstrong, o carismático e poderoso CEO da AT&T, pilota uma Harley-Davidson nos fins de semana. Ele é um entre muitos que se associam a uma marca que parece totalmente à parte de suas vidas diárias. No entanto, é a habilidade da Harley-Davidson para ativar a trama das narrativas pessoais desses consumidores que explica tal afinidade.

Esses homens e mulheres adotam pelo menos uma narrativa pessoal que premia a rebelião. Eles constroem uma parte de sua vida em torno de uma história que os define como verdadeiros, autênticos e plenamente liberados. São o equivalente moderno daquele grande patriota norte-americano, Patrick Henry, que exclamou para o mundo: "Dê-me a liberdade ou dê-me a morte". Infelizmente, na vida diária como advogados, contadores e gerentes graduados, eles não obtêm integralmente a oportunidade de trazer esta narrativa para a vida. De fato, a identidade narrativa que buscam é interrompida e deslocada por atividades e eventos que muitas vezes atuam contra seu desempenho.

---

* N. do T.: Uma associação que reúne oito universidades e faculdades localizadas no Nordeste dos Estados Unidos (Brown, Columbia, Cornell, Dartmouth, Harvard, Princeton, University of Pennsylvania e Yale) conhecidas pelo seu elevado padrão de ensino.

MARCAS LENDÁRIAS E NARRATIVA PESSOAL

Uma Harley não é uma motocicleta tranqüila. Ela grita ao mundo com uma voz gutural e premonitória que aqueles que tentam colocar-se em seu caminho arcarão com as conseqüências. Quando os usuários da Harley acionam o pedal de partida e sentem o ruído profundo e instantâneo emanando das mais de 1.400 cilindradas de puro poder norte-americano, inicia-se verdadeiramente a narrativa e surge a trama da história. O uso da marca Haley-Davidson proporciona um apoio significativo para a experiência narrativa. Ela assegura que a história seja completa. A narrativa termina quando se interrompe o uso da marca. Desse modo o consumidor é capaz de vivenciar a narrativa somente por meio do uso da Marca Legendária. A Marca Legendária torna a experiência da narrativa ordenada e coerente.

Ativando nosso personagem

Pouquíssimas tramas têm sucesso sem a ação dos personagens. Os grandes dramas de todos os tempos apresentam personagens dinâmicos uns contra os outros. A trama se preocupa com a ação, e o personagem focaliza o efeito que a ação terá. A relação é análoga à química. A ação consiste em misturar dois produtos químicos, porém os efeitos variam grandemente em função dos produtos usados. Se você misturar hidrogênio e oxigênio, obterá água. Se misturar hidrogênio e cloro, obterá um ácido tóxico.

As Marcas Legendárias ativam o personagem de dois modos distintos. Primeiro, atuam como uma muleta. As marcas de moda freqüentemente atendem a esta finalidade. J. Crew é um exemplo. Transmite uma narrativa associada de perto a um estilo de vida costeiro e estudantil da região Leste. Seus catálogos de produtos e lojas de varejo personificam pessoas que adotam um estilo informal no contexto de narrativas envolvendo jovialidade e ação. Certa ocasião, a marca alinhou-se à série de televisão *Dawson's Creek*, para alinhar-se com tais personagens. Usar o vestuário J. Crew ativa o personagem que muitos de seus consumidores desejam personificar. Revela o jovem estudante no interior da pessoa. Traz o personagem à vida por meio do conjunto de imagens que transmite e pelo modo como faz o consumidor se sentir. O termo operativo aqui é *sentir*. São os sentimentos que o uso da marca evoca para o consumidor, durante o desempenho, que os tornam essenciais para a experiência narrativa.

O segundo modo pela qual as Marcas Legendárias ativam a narrativa é um pouco abstrato. As histórias geralmente possuem mais de um personagem. Em sua narrativa pessoal sempre existe pelo menos um personagem – você. Há, no entanto, outros personagens em sua vida: sua esposa, sua amante, os pais, as crianças, os amigos, os inimigos, os colegas e muitos outros. Em alguns casos, uma Marca Legendária também pode ser um personagem de sua narrativa pessoal. Este aspecto une-se intimamente ao conceito de agente da marca, que discutimos no Capítulo 2. Agentes da marca, você se recordará, representam um conjunto de crenças sagradas e fornecem provas para aquilo em que acreditamos.

Para compreender como uma marca pode ser um personagem em sua vida, você precisa pensar por um momento nas pessoas que você conheceu e que não estão mais ativamente presentes em sua narrativa pessoal. Embora possam não interagir com você em base diária, muitas vezes continuam a influenciar quem você é e aquilo que você faz. Pode ser um ente querido que faleceu, ou um amigo que não está tão próximo. Independentemente das razões da inacessibilidade que possuem, essas pessoas projetam uma sombra em sua identidade e em sua experiência.

As Marcas Legendárias também podem ser espíritos na sala. Os personagens que elas representam são imaginários, mas influenciam nosso comportamento. São modelos, instigadores, mentores e aliados. Em várias ocasiões você pode ter-se perguntado: "O que meu mentor faria?". De modo idêntico, muitos consumidores imaginam como o personagem da marca lidaria com determinada situação. Outro modo de encará-lo consiste em perguntar "qual o modo da marca _____ lidar com a situação?". Escolha uma Marca Legendária para preencher o espaço em branco e você vislumbrará um modo de agir. Não causa surpresa o fato de as Marcas Legendárias muitas vezes serem designadas pelos consumidores e anunciantes como "amigos confiáveis" e "companheiros fiéis".

Na maioria dos casos, uma marca torna-se um personagem da narrativa pessoal, quando vinculada a um agente humano. Martha Stewart é uma pessoa e uma marca. Consumidores fiéis à sua linha de produtos trazem um pouco de Martha para suas vidas. O mesmo pode ser afirmado a respeito de Oprah Winfrey e Rosie O'Donnell. Muitas mulheres sentem possuir uma relação pessoal com tais celebridades. Elas julgam que conhecem essas mulheres, embora nunca as tenham encontrado. Neste contexto, consideram essas mulheres como modelos de comportamento, conselheiras e confidentes.

As Marcas Legendárias não exigem um agente humano da marca para assumir o papel de um personagem em sua narrativa pessoal. Mountain Dew é uma Marca Legendária que tem dominado a categoria de bebidas no âmbito da cultura "inovadora". Mountain Dew investe quantias consideráveis para associar-se a esportes radicais e a um estilo de vida de alto risco. Emboras algumas pessoas possam argumentar que atualmente esse procedimento é tão adotado que está perdendo influência, a propaganda e as atividades culturais do Dew permanecem irreverentes e joviais, com um sabor decididamente contracultural. Os consumidores que procuram viver uma identidade narrativa similar são influenciados pelas mensagens transmitidas por essa propaganda e pela marca. A marca literalmente pode assumir a forma de um personagem – aliado ou amigo – que influencia decisões e comportamento. Permanecendo nervosamente à beira de uma pista de *skateboarding*, o Mountain Dew é o instigador que o incentiva a saltar com seu skate e tentar a sorte.

Ativando a estética

Algumas vezes, uma Marca Legendária ativa uma narrativa pessoal somente por estar presente. Quando age deste modo, está atuando sobre a estética da narrativa. Fantasias, cenários e objetos são extremamente importantes para a qualidade de uma história. O filme *Casablanca* teria sido tão romântico e pleno de interesse se a ação se desenrolasse em Akron, Ohio? *Little Women* teria sido tão encantador caso se passasse na Região Central Sul de Los Angeles? *Tom Sawyer* teria atraído nossa fantasia latente da infância caso seu cenário fosse a Antártida?

Aristóteles incluiu o *espetáculo* em seus elementos precedentes para uma boa história. Os aspectos descritivos que giram em torno de nossas histórias mais apreciadas são quase tão importantes quanto a ação. Porém, o cenário não é o único elemento que enriquece uma história, especialmente quando ela é internalizada como narrativa pessoal. Possuímos cinco sentidos e não apenas dois. Nunca subestime seus poderes individuais. Não são necessários somente palavras e imagens para ativar a narrativa pessoal. O estímulo mais sutil dos sentidos pode ativá-la: a fragrância evanescente de uma flor desabrochando, o toque libertador do vento em sua face, o gosto sensual do vinho, o som de um contrabaixista dedilhando notas de jazz à meia-noite ou a visão espiritualizada de cortinas de linho branco ondulando em uma brisa de primavera.

As Marcas Legendárias conduzem a narrativa pessoal agindo nos pontos de contato sensoriais. Sua presença torna a história mais real, assim como um substituto causaria o efeito contrário. Por exemplo, se sua narrativa pessoal girar em torno de você possuir gosto refinado, então certamente não serviria vinho Gallo em sua próxima festa. Embora Gallo seja o maior produtor e distribuidor de vinho dos Estados Unidos, é sinônimo de "vinho em jarra". Você estaria mais inclinado a servir Kistler ou Screaming Eagle. Estas Marcas Legendárias do mundo viticultor são elementos esperados no cenário de sua narrativa. Tudo que seja inferior contrapõe-se à história.

Inversamente, se sua narrativa pessoal estiver alicerçada em trabalho árduo e em valores norte-americanos, você não dirigiria um Honda nem beberia água mineral Perrier, assim como não ouviria os álbuns de Edith Piaf nem usaria um Swatch. Cada um destes pontos sensoriais age contra sua narrativa. Os cenários e os objetos com mais possibilidade de conduzir sua narrativa para a vida são um carro Dodge, uma lata de Coca-Cola, um CD de Bruce Springsteen e um relógio Timex. Estes são realmente estereótipos, porém eu os emprego para focalizar um aspecto. Equipes de locação, diretores de produção, diretores de cena e editores de som da indústria cinematográfica prestam muita atenção a cada detalhe apresentado na tela, a fim de assegurar que a realidade ficcional mostrada interrompa temporariamente sua incredulidade e o faça participar da história. As Marcas Legendárias atendem aos mesmos propósitos nas realidades narrativas do consumidor. Neste caso, não importa o que a marca faz, ou qual sentimento desperta em você, mas sim a autenticidade percebida que atribui ao momento.

A qualidade estética das Marcas Legendárias influencia dois públicos. Primeiro, exerce um impacto externo. Se você estiver agindo para os outros, então a autenticidade de seu desempenho é importante para convencê-los de quem você é e de quem pretende ser. Se você deseja apresentar-se como uma pessoa que está a par de todas as tendências que ocorrem na cidade, não convencerá seu público se você vive em uma tradicional casa colonial de Nantucket. Marcas Legendárias possuem valor cultural, e a participação delas em seu desempenho sinaliza ao público que seu personagem é coerente.

Segundo, as Marcas Legendárias exercem um impacto no próprio fundamento interno de seu personagem. Os atores que seguem um método, muitas vezes buscam objetos e fantasias autênticos. Um ator que interpreta um mendigo poderia visitar um abrigo e obter vestimentas reais para ativar seu desempenho. As Marcas Legendárias têm a mesma finalidade para os consumidores. Possuir estas marcas significa tornar mais fácil para o consumidor acreditar em seu desempenho.

RESPONDENDO AOS CRÍTICOS

Quando atores representam, no palco ou na tela, seu trabalho é avaliado por terceiros: público e críticos. Se falharem em convencer qualquer uma das partes, sofrem consequências sérias. Seu trabalho é interrompido ou diminui sua habilidade para obter a atenção dessas audiências.

Nós, consumidores, nos defrontamos com uma pressão similar. Precisamos convencer outras pessoas – colegas, família, companheiros de trabalho. Falhar nessa tarefa invalida nossa identidade. Felizmente, as Marcas Legendárias provocam reação e vinculam os consumidores bem-sucedidos a seus públicos, mais um fator que as distingue das outras marcas.

Lembre-se de que sem narrativa não temos como definir nossa experiência. É por meio do ordenamento dos eventos e das informações que nos tornamos capazes de refletir sobre aquilo que aconteceu conosco e partilhar nossos sentimentos. As Marcas Legendárias, de alguma forma, encontram um modo de fazer parte desse ordenamento. Elas se tornam marcos e indicadores de distâncias percorridas, que facilitam a interpretação e a memória. Também atuam como veículos de comunicação, para que os outros comentem nosso desempenho.

Experiências comprovam que as Marcas Legendárias utilizadas pelo narrador geralmente são percebidas. Alguém pode se lembrar dos calçados Prada ou do Apple Macintosh ou do BMW série 700 desempenhando um papel na narrativa. À primeira vista parece simples, mas leve em conta o fato de que as Marcas Legendárias lembradas muitas vezes são apresentadas ao público junto com um grande número de outras marcas durante a mesma experiência. Somente as Marcas Legendárias sobrevivem e forjam uma impressão indelével em nossa memória. Isto se deve em grande parte ao seu significado compartilhado e à clareza do sinal que transmitem.

Algumas vezes as Marcas Legendárias geram uma resposta direta – uma reação imediata observável no público, durante o desempenho narrativo. Por exemplo, quando uma mulher interage com outras, elas podem ser atraídas pela sua nova bolsa Kate Spade. Tais reações interrompem o discurso narrativo e geralmente conduzem a uma nova trajetória. Quando ocorre, o consumidor que faz a narrativa recebe um sinal imediato do público. Este sinal exerce, por sua vez, um impacto sobre a personificação e a trama.

As Marcas Legendárias também atraem a resposta do público de maneira mais prolongada e sutil. As experiências narrativas mais significativas ocorrem com as pessoas que conhecemos bem e com quem interagimos freqüentemente. Quando estas pessoas mudam de marca ou adotam nossas preferências, recebemos um sinal de que nossas opções estão ativando nossa identidade narrativa. Por exemplo, alguns consumidores orgulham-se muito de usar determinada marca. Adoram ser conhecidos como uma garota Coach ou um rapaz Abercrombie & Fitch. Estas marcas exercem tal impacto que os observadores associam o consumidor à marca e a marca ao consumidor.

Quando colegas experimentam ou adotam as mesmas marcas, o consumidor acredita que sua identidade narrativa é eficaz. Acredita que está exercendo uma influência, seja como orientador de tendência ou como modelo de comportamento. É o mesmo que influir de modo opinativo, seja sobre política, culinária, criação de filhos ou qualquer outro assunto. Quando nossos colegas variam suas preferências de marca como resultado de nossa seleção de marcas, nossa identidade narrativa é validada.

A maneira pela qual as Marcas Legendárias se tornam parte da experiência pós-desempenho é sutil, porém o fato de simplesmente estarem presentes as destaca das demais marcas.

A PARTÍCULA INFINITESIMAL DO MARKETING DA MARCA

Pesquisadores estão investigando a Física para descobrir a partícula infinitesimal. Quando for descoberta, os cientistas possuirão a menor parte da matéria que não pode mais ser dividida em componentes. Será menor que um átomo, menor que um elétron e menor que um quark*. Muitos cientistas acreditam que quando finalmente isolarem este minúsculo bloco formador de nossa existência, obterão informações sobre a origem do universo. Por isso ela é conhecida como a *partícula infinitesimal*.

A narrativa pessoal do consumidor é a partícula infinitesimal do marketing da marca. Toda pessoa que acreditar que a narrativa é mais bem realizada pelos boêmios e ignorantes de Hollywood deixa de compreender a importância que ela desempenha no comportamento do consumidor. Ela é uma parte fundamental de nossa psique e nos auxilia a compreender o mundo e a nós mesmos. Sem ela, nosso mundo e nossa experiência não existiriam.

As histórias que sua marca conta complementam essa narrativa pessoal. Elas se entrelaçam com as narrativas que os consumidores criam para orientar seu comportamento e seu sentido de identidade. Tudo aquilo que você faz com sua marca deve focalizar esta criação narrativa. A maneira como você ativa a narrativa pessoal vai determinar seu elo definitivo com o consumidor.

---

* N. do T.: Qualquer uma de um grupo de seis partículas elementares que possuem carga elétrica correspondente a um terço ou dois terços da carga do elétron.

PARTE DOIS

A Parte Um o introduziu na teoria que embasa as Marcas Legendárias. Agora voltamos nossa atenção ao modo de administrá-las. A literatura de marketing possui muitos trabalhos sobre gerenciamento de marca e aplicações efetivadas, porém administrar as Marcas Legendárias exige um método específico, diferente do conhecimento convencional sobre marcas. Requer uma ênfase na história.

A ausência de uma fórmula é um tema familiar que você conhecerá nos capítulos seguintes. Seria realmente uma grande conquista oferecer uma fórmula abrangente, detalhando como criar ou implementar a narrativa vencedora para determinada marca. Infelizmente as narrativas não são criadas com tanta facilidade. Elas resistem à fórmula e, de modo idêntico, aos consumidores. Se a criação de grandes narrativas fosse tão fácil como alinhar x com y, então praticamente todo filme seria um tremendo sucesso. Na realidade, menos de 10% dos filmes lançados a cada ano conseguem 80% da receita pela venda de ingressos – um testemunho da dificuldade de criar uma história que encontre eco no público.

A elaboração de uma narrativa é uma criação. Criações requerem prática, paciência e persistência. Criar a narrativa da marca envolve quatro atividades críticas.

1. *Ouvir.* O Capítulo 5 examina a necessidade crítica de os gerentes de Marcas Legendárias ouvirem seus públicos. A melhor maneira de ouvir um público formado por consumidores é por meio da pesquisa de mercado. Você conhecerá o papel da pesquisa no processo do desenvolvimento narrativo, e as metodologias e técnicas específicas de pesquisa mais bem adaptadas para a tarefa.
2. *Criar.* O Capítulo 6 examina a criação do narrador. Discutimos, especificamente, a necessidade de os gerentes de marca desenvolverem uma bíblia da marca, um instrumento que mantenha a coerência e descreva todas as partes importantes da sua narrativa de marca.
3. *Contar.* O Capítulo 7 focaliza o uso dos meios de comunicação eficazes para comunicar a narrativa da marca. Estudamos os instrumentos tradicionais: propaganda na televisão, mídia impressa e outros meios de divulgação. Também examinamos o papel emergente da mídia e do entretenimento.
4. *Incentivar.* O Capítulo 8 discute a tarefa muitas vezes esquecida de incentivar a cultura da marca. Não é suficiente criar e contar uma grande história. A história torna-se um agente de vendas quando é internalizada pelos consumidores e passa a afetar seu comportamento. No Capítulo 8, você aprenderá de que modo os consumidores se tornam uma parte da cultura da marca, verá o agrupamento de consumidores em segmentos culturais por meio da aceitação da narrativa, e conhecerá as atividades que os gerentes da marca podem realizar para incentivar tal envolvimento.

UMA OBSERVAÇÃO SOBRE ÉTICA

Os profissionais de marketing têm a *obrigação* de compreender a enorme influência que podem exercer sobre os consumidores. Esta influência, se for abusiva, tem o poder de enganar e trair os consumidores, até mesmo lhes causar danos. Quando isto ocorre, os profissionais de marketing merecem a crítica e o desprezo que recebem com tanta freqüência. De modo idêntico, quando este material for usado indevidamente, pode custar dinheiro à empresa. Os consumidores sabem como punir as empresas pela deturpação.

Os profissionais de marketing precisam tomar muitas decisões éticas durante a elaboração de sua narrativa. Existe um equilíbrio para as Marcas Legendárias, representado por um mercado eficiente, e os consumidores estão muito mais conscientes do metacomportamento do que imaginamos. Quando percebem que uma marca os está enganando, o mercado perde o equilíbrio e a marca recebe aquilo que merece. A maré do consumismo proporciona à sua marca, atualmente, um significado mais profundo, o que exige de você maior padrão de responsabilidade.

RELACIONANDO O MATERIAL À ESTRATÉGIA

Finalmente, para o convicto aluno de marketing, proporciono a tabela de referência a seguir. Ela é direcionada àqueles que foram formados em função do legado convencional do marketing de marca. Conforme você pode observar, o que proponho é diretamente proporcional ao ciclo de marketing normal. Acredito que o material apresentado na Parte Dois não seja diferente daquilo que já foi exposto antes. Ele simplesmente é apresentado de maneira ligeiramente diferente – mais adequada para o narrador da história.

**Comparação do Marketing de Marca Tradicional
com o Método da Narrativa Aplicado ao Marketing de Marca**

Método Narrativo	*Método Tradicional*
Ouvir	Coleta de dados
Criar	Planejamento estratégico
Contar	Planejamentos das comunicações
Incentivar	Atendimento

CAPÍTULO 5

INVESTIGANDO A NARRATIVA DA MARCA

Se você estiver gerenciando uma respeitável Marca Legendária ou tramando a criação de uma nova, uma pesquisa eficaz, com o consumidor, exercerá um papel vital para o seu sucesso. As Marcas Legendárias são sustentadas por diálogos constantes com o consumidor. Os diálogos exigem que você ouça, no mínimo, com a mesma freqüência com que fala. As Marcas Legendárias, para serem eficazes, precisam observar a reação do público às histórias que relatam, e conhecer como a narrativa o afetou. A pesquisa com o consumidor é o principal meio para se chegar a este fim.

De que modo você emprega a pesquisa para gerenciar uma marca? Profissionais de marketing experimentados ridicularizam esta pergunta, resmungam a respeito da pontuação atingida pelas respostas e enfatizam o último estudo sobre o valor da marca. Muitos destes profissionais de marketing encomendam regularmente uma pesquisa para medir o vigor de sua marca, mas poucos entre eles realmente usam a pesquisa para alterar sua estratégia. Parte do problema é que a pesquisa freqüentemente é encomendada por razões erradas, que incluem interesses de autopreservação, exigências táticas e a sensação de conforto que resulta da conversa com os consumidores. Um problema mais significativo, no entanto, é que a iniciativa da pesquisa foi mal planejada ou executada, em grande parte porque o profissional de marketing não estuda a relação de causa e efeito entre a narrativa da marca e o comportamento do consumidor.

Nosso estudo de pesquisa neste capítulo é limitado. Estamos interessados somente na pesquisa com o consumidor em primeira mão. Esta forma de pesquisa exige profissionais aptos para se encontrar com os consumidores, conversar com eles e gerar dados de campo. Ela deveria ser um terreno familiar para a maioria dos profissionais de marketing. Trata-se de uma técnica comum, bem documentada, usada para determinar sensibilidade ao preço, conhecimento da marca e eficácia de iniciativas específicas de propaganda e promoção.

Usar a pesquisa com o consumidor para explorar as dimensões da narrativa da marca não é, no entanto, tão familiar. Embora a narrativa seja percebida pelos consumidores, trata-se de um conceito difícil de ser compreendido e discutido pela maioria deles. A realização da pesquisa exige que o profissional de marketing seja flexível, criativo e intuitivo. Quando você a tem em mente, suas primeiras idéias se voltam para a discussão em grupo e para as pesquisas quantitativas. Embora sejam os instrumentos mais difundidos atualmente, as Marcas Legendárias requerem que você pense com mais abrangência. Embora a discussão em grupo e as pesquisas possuam valor definido, você deve considerar o espectro total das ferramentas de pesquisa disponíveis, para dialogar eficazmente com o público de sua marca e medir as dimensões de sua narrativa. A finalidade deste capítulo é ajudá-lo a estruturar um exercício de escuta permanente, por meio da pesquisa com o consumidor. O capítulo examina as limitações da pesquisa, métodos para planejá-la e executá-la, e metodologias alternativas que podem ser particularmente úteis.

O PRISIONEIRO E O DRAMATURGO

A maioria de nós considera a pesquisa algo interessante. Ela pode ser um aspecto alegre e atraente do gerenciamento da marca. No decorrer de nosso entusiasmo pelos projetos de pesquisa, fica fácil perder de vista suas limitações. Uma limitação significativa é que os resultados da pesquisa com o consumidor não são dados perfeitos. Outra limitação é que o retorno chega de forma subjetiva e nem sempre deve ser interpretado literalmente. Vou descrever duas analogias para provar essas limitações.

O dilema do prisioneiro

Imagine que você seja prisioneiro em um país estrangeiro. Você é colocado na solitária. Por trás de duas paredes que limitam sua cela estão outros prisioneiros, mas a terceira faz divisa com o alojamento do guarda. Você não tem idéia de qual parede corresponde a cada vizinho. Um dia, imagina uma forma de escapar. Acontece que você precisa da ajuda de um outro prisioneiro e tem apenas 24 horas para executar seu plano.

Seu primeiro desafio consiste em escolher uma parede. Duas fazem fronteira com outros prisioneiros, porém uma vai levar ao guarda. Qual você escolhe? Você não dispõe de tempo nem tem como se comunicar. Só sabe que uma das paredes deve ser evitada. Este é o desafio do pesquisador que tenta selecionar o grupo certo de consumidores para interrogar. Você sabe que nem todos os consumidores são representativos do público de sua marca, mas você tem pouca informação disponível para separar o bom do ruim.

Tendo escolhido a parede, seu próximo desafio consiste em ultrapassar a barreira da comunicação – a parede de concreto. Ela limita severamente sua habilidade para comunicar-se claramente ou de perto. Você terá de ser criativo. Este é o mesmo desafio enfrentado pelo pesquisador. Podemos não nos defrontar com paredes de tijolo, porém enfrentamos barreiras significativas. A princípio, as pessoas nem sempre dizem aquilo que realmente sentem. Não é que elas estejam retendo informações intencionalmente. Apenas não falam exatamente aquilo que pensam. "Todo pensamento específico, em sua mente, abarca um grande volume de informações. Porém, quando se trata de comunicar uma idéia a alguém, os períodos de atenção são curtos e a expressão é lenta."[1] Isto é o que afirma o cientista cognitivo Steven Pinker. Por mais que queiramos abrir a cabeça de nosso público consumidor e olhar seus pensamentos, infelizmente temos de depender daquilo que eles nos relatam ou nos mostram. Muitos consumidores consideram difícil transformar em palavras aquilo que pensam ou sentem, e, portanto, você precisa selecionar métodos de pesquisa que os ajudem.

Supondo que você encontre uma forma de se comunicar com o prisioneiro de uma cela adjacente, pode ser que ele não fale sua língua. Você resolveu o problema de como fazer sua comunicação, mas não possui solução para os erros de interpretação. O mesmo desafio você encontra quando pesquisa consumidores. Eles normalmente usam linguagem local, vocabulário especial, dialeto e coloquialismos que podem não ser familiares para você ou talvez tenham significados diferentes. Você precisa compreender esta linguagem especial para realizar uma boa pesquisa com o consumidor.

Finalmente, supondo que você seja capaz de se comunicar e de falar (mais ou menos) a mesma linguagem, ainda tem de avaliar a confiabilidade das informações. Como você sabe que a pessoa do outro lado da parede não o denunciará ou o matará logo que você escapar? Além disso, quando você encontrar uma bifurcação no túnel de fuga e seu companheiro de prisão lhe assegurar que o caminho para a liberdade fica à direita, como você sabe que é verdade? Consumidores que participam de projetos de pesquisa geralmente têm boas intenções. Na realidade, suas intenções, algumas vezes, são muito boas. Têm tanta vontade de ajudar, a ponto de sua boa disposição distorcer as informações que proporcionam. Aquilo que eles lhe dizem pode ser muito diferente do que realmente sentem, e sua atitude pode ser oposta à forma como agiriam fora do ambiente de pesquisa. Em alguns casos, os consumidores enganam os profissionais de marketing deliberadamente. Portanto, sua tarefa consiste também em avaliar a precisão das informações que você recebe.

Descrevo esta analogia, adaptada do famoso exercício Dilema do Prisioneiro, usado na teoria dos jogos, como um exemplo acautelador. Muitos desafios o impedem de obter dados perfeitos. Sua meta consiste em conhecer o máximo que puder de seu público consumidor. Você deseja assegurar que sua marca não esteja falando para si mesma, que esteja provocando um impacto nos consumidores. Porém, você não deve considerar os dados como definitivos. No final, você precisa confiar em seu instinto tanto quanto em suas descobertas. Isto significa observar mais o que as pessoas dizem. Você precisa saber quando desprezar os dados.

O prazer do dramaturgo

Feche os olhos e imagine que você está sentado na platéia de um teatro escuro, no meio da apresentação de uma peça. Se você fosse o autor, não precisaria fazer uma pesquisa com o público para conhecer a opinião da audiência sobre a peça. Ali, sentado, você teria informações em primeira mão a respeito do poder de sua prosa. Para medir o valor dos elementos cômicos, ouviria as risadas. A piada foi tão feliz que os atores tiveram de fazer uma pausa para a gargalhada parar, ou simplesmente houve alguns risos discretos? Quando a mocinha morreu tuberculosa nos braços do amante atormentado, o público procurou um lenço ou tirou do bolso do paletó o comprovante de estacionamento?

Os dramaturgos encontram facilidade para se comunicar com seu público. Podem observá-lo em primeira mão. Já os profissionais de marcas não têm como fazer tais observações sem realizar uma pesquisa com o consumidor. Embora uma análise de vendas possa indicar que as iniciativas de marketing estão dando certo, o gerente de marca tem pouca idéia do motivo desse sucesso. Foi o último anúncio da campanha de propaganda que conduziu a narrativa da marca a um novo conflito, ou foram os outdoors que ressaltaram imagens seqüenciais da história do ano passado? Sua história é capaz de atrair um novo segmento de consumidores com uma narrativa pessoal latente, intimamente associada à sua marca, ou seu principal segmento está se sentindo mais vinculado à marca do que em qualquer outra ocasião anterior? As respostas a estas perguntas muitas vezes surgem de uma pesquisa com o consumidor.

A analogia com o teatro pode ser levada um passo adiante para exemplificar as limitações da pesquisa, particularmente se ela se relacionar ao desenvolvimento da marca (lançamento de marca nova ou relançamento de marca com nova narrativa). Um dramaturgo não se senta com o público antes de escrever uma nova peça – não no sentido literal. Grande parte do retorno que obtém é a reação à peça, o que significa que ela precisa ser escrita primeiro. Alguns dramaturgos bem-sucedidos, dos quais talvez o comediante Neil Simon seja o mais famoso, realizam muitas observações antes de escrever. Observam pessoas e situações que inspiram seu ato de criação, mas não conduzem discussão em grupo nem perguntam às pessoas o que elas desejam ver no palco.

Quando você parte do zero para criar a narrativa da marca, o papel da pesquisa consiste principalmente em ajudá-lo a observar a vida de seu público. De modo análogo ao dramaturgo, é melhor criar primeiro a narrativa da marca e então refiná-la com base na reação do público. Inverter o processo conduz a criações absurdas que passam a agir como a história da marca. Estas histórias geradas pelo consumidor geralmente são evitadas pelo próprio público que declarou querer vê-las contadas. A pesquisa é como a risada e o aplauso. Ela permite saber se você está agradando. No entanto, se agradar os gostos mais comuns, você ouvirá os aplausos usuais como único som.

O AMBIENTE INFLUENCIA OS RESULTADOS

Preste muita atenção ao ambiente no qual você insere os consumidores para obter *feedback*. A narrativa da marca se oculta no subconsciente do consumidor. Ela representa uma relação íntima entre o consumidor e a marca. Muitas vezes, é vinculada à identidade, à emoção e à cosmologia – aspectos muito pessoais e íntimos.

Psicoterapeutas e antropólogos jamais pensariam em entrevistar e interagir com os consumidores em ambientes de pesquisa criados especialmente para esse fim. Eles sabem que determinados assuntos exigem revelações íntimas ou desagradáveis. Pesquisadores de mercado, no entanto, sempre colocam os pesquisados em tais ambientes e esperam que eles declarem informações muito pessoais. Alguns recintos reservados à pesquisa são os locais menos convidativos que existem, com excesso de luzes florescentes, mobília desconfortável e grandes espelhos que escondem observadores e equipamento de gravação. Nas discussões em grupo, os consumidores são rodeados por uma dúzia de estranhos que solicitam detalhes íntimos de suas vidas. Não há possibilidade de sucesso!

Se você deseja que os consumidores o informem sobre sua identidade narrativa, escolha um ambiente de pesquisa que lhes traga segurança. Para ir mais fundo, considere entrevistas individuais. Caso prefira uma situação de grupo, reúna pessoas que se conheçam. Entrevistas com um grupo de pesquisados que tenham uma relação estabelecida (familiares, amigos, colegas etc.) podem levar a informações muito úteis a respeito da narrativa de sua marca.

Os modernos locais de pesquisa são convenientes e fáceis para o pesquisador. As instalações estão equipadas com o que há de melhor para tornar práticas a observação e a gravação. Porém, mesmo beneficiando o pesquisador, podem ser desconfortáveis para o pesquisado. Pense como um terapeuta. Procure desenvolver ambientes mais interessantes. Em vez de uma grande mesa de conferências, ofereça sofás e móveis aconchegantes. Se você tem a sorte de poder organizar algo assim, saiba que a despesa adicional vale a pena.

Além disso, você simplesmente pode desconsiderar a utilização de um local artificial. Faça seu trabalho no ambiente de seus pesquisados – em suas casas, escritórios ou ambientes sociais. Um café pode ser o lugar perfeito, assim como um shopping center. Dependendo de seus objetivos de pesquisa, eles podem ser os melhores locais para se observar a narrativa da marca em ação.

PARTICIPE DO PROCESSO

Você pode não ser um pesquisador, mas tem obrigação de participar da pesquisa. Um número considerável de gerentes de marca aprovam formatos de pesquisa e esperam o pesquisador relatar o que constatou. É um erro. Sempre que possível, consiga tempo para observar a pesquisa em ação. É verdade que a maior parte dos estudos qualitativos são gravados em vídeo ou áudio, porém as gravações não captam muitas das nuanças percebidas pessoalmente. Quando está presente, você tem a oportunidade de corrigir o rumo da pesquisa. Você pode aconselhar os pesquisadores e orientá-los para mudar o direcionamento de suas indagações.

O ideal é que você mesmo conduza uma entrevista ou lidere uma iniciativa de campo. Nem todos possuem treinamento ou talento para tanto. Você, no entanto, tem a habilidade necessária para fazê-lo. A narrativa da marca está oculta sob a superfície do comportamento do consumidor. Você é um detetive buscando pistas que revelem a presença e o impacto deste comportamento. Ir a campo é a melhor maneira de compreendê-lo.

ADOTE A PESQUISA PARA ADMINISTRAR AS MARCAS LEGENDÁRIAS AO LONGO DO TEMPO

Pesquisar a narrativa da marca é um processo contínuo que responde a perguntas importantes a respeito da marca em diversas ocasiões ao longo do tempo. É importante conhecer quando, o que, quem e como pesquisar em cada estágio. Árvores de decisão constituem um método para mapear as perguntas críticas que os gerentes de marca precisam responder em cada estágio.

A árvore mostrada na Figura 5.1 é ilustrativa. Você pode estruturar a sua de um modo diferente e específico para o estágio de desenvolvimento particular de sua marca. A única regra que se aplica ao projeto de sua estrutura é você exigir a lógica binária em cada ramo. Em outras palavras, cada nó de sua árvore deve formular uma pergunta que somente pode ser respondida por meio de um sim ou de um não. Embora este método possa parecer limitante, ele evita que você se perca em considerações qualitativas. Neste caso, antes de perceber, você estará tão confuso a ponto de ter esquecido aquilo que estava tentando pesquisar inicialmente.

Explorando a presença da narrativa

Comecei minha árvore formulando uma pergunta: "Os consumidores percebem uma narrativa da marca?". Se a narrativa for a chave para as Marcas Legendárias, então a primeira tarefa de qualquer estudo consiste em determinar se os consumidores percebem uma narrativa.

FIGURA 5.1 Uma Árvore de Decisão

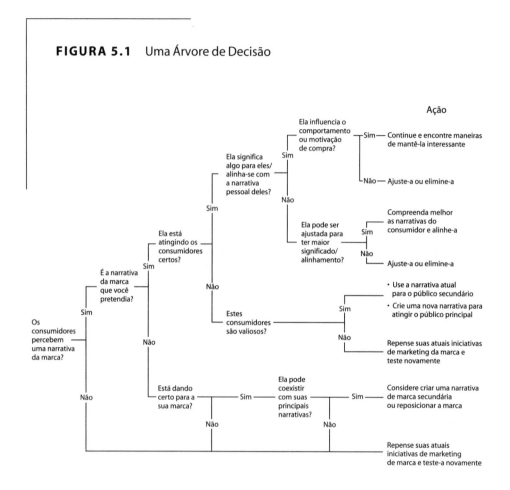

Estudos de presença são projetos de pesquisa que examinam a percepção de uma narrativa por parte dos consumidores. Eles exigem projetos exploratórios e amplos. A meta consiste em compreender a vinculação do consumidor à marca e constatar se ela possui alguma raiz na identidade narrativa. Você quer saber se a marca está narrando histórias para os consumidores. Por esta razão, você emprega um estudo de presença supondo que não exista narrativa.

Persuasão da narrativa

De que modo você faz com que os consumidores revelem a narrativa da marca, caso ela exista? Se você lhes pedir para dizerem que história a marca conta, provavelmente notará um olhar vazio. Embora cada um de nós seja, de acordo com nossa maneira de ser, um narrador de histórias, poucos entre nós possuem o domínio da narração de histórias. Um número ainda menor é formado por aqueles que podem falar criticamente sobre a narração de histórias.

A primeira tarefa consiste em obter histórias dos pesquisados, a partir da experiência de vida de cada um. As pessoas adoram falar a respeito de si mesmas, particularmente quando você lhes pede para recontar experiências extremas ou emocionais. Preste especial atenção às palavras que elas escolhem e ao modo como estruturam a seqüência de eventos. Eles podem ser bons pontos de comparação quando você for agrupar posteriormente os consumidores e os componentes da narrativa.

Gradualmente, sua tarefa consiste em conduzir o consumidor a experimentar a marca. Aplique a velha máxima da pesquisa – é como descascar uma cebola. Caso vá analisar a dimensão narrativa pessoal de uma marca de motocicleta, você pode começar discutindo viagens. Procure compreender como os pesquisados se sentem a respeito de viagens. Faça com que lhe contem uma viagem memorável. Observe novamente como enquadram a experiência, e fique atento às palavras que escolhem para descrevê-la. Você pode então levantar a questão de viagens por rodovias, viagens em veículos. Gradualmente você os conduz ao tópico que interessa: as motocicletas. Pergunte se já viajaram para algum lugar em uma motocicleta. Explore a experiência. Se acontecer de serem entusiasmados por motocicletas, sua próxima tarefa será examinar por que apreciam pilotá-las. Você pode solicitar que descrevam uma ocasião específica, quando tiveram este sentido de gratificação. O processo continua até você chegar ao nível da marca.

A palavra operativa nesse exercício é *experiência*. Lembre-se de que, sem história, não temos experiência. Quando você incentiva os consumidores a descreverem eventos de seu passado, eles são forçados a lhe contar histórias. Elas podem não ser muito boas, porém, de modo subconsciente, o consumidor se encaminha para um estado de espírito narrativo. Conduzi-los a este estado de espírito o ajuda a (1) compreender a excelência da narrativa do pesquisado, (2) chegar às raízes da narrativa da marca e (3) identificar temas comuns aos pesquisados.

Independentemente da metodologia de pesquisa que você empregar, um estudo de presença tenta identificar temas comuns e experiências com arquétipos. No exemplo anterior, você pode ter observado que diversos pesquisados combinaram um tema de aventura *versus* estagnação, quando descreveram a viagem e sua afinidade com a motocicleta. Este padrão pode conduzir a um tema da marca. Além disso, se você observar que diversos pesquisados descreveram uma experiência similar e reveladora, você pode ter descoberto parte da narrativa real da marca. Usando o exemplo da motocicleta, você poderia ouvir diversos pesquisados descreverem um *test drive* do mesmo modo. Cada um poderia ter apresentado dúvidas iniciais a respeito de possuir uma motocicleta, mas, após fazer o *test drive* no concessionário, eles sabiam que teriam de possuir uma. Esta experiência fundamental pode muito bem ser uma seqüência na narrativa da marca. Explore-a.

MÉTODOS DE EXPLORAÇÃO

As discussões em grupo e as pesquisas quantitativas são, de longe, as metodologias de pesquisa mais freqüentes adotadas atualmente. As discussões em grupo são relativamente baratas, fáceis de criar e executar, e reveladoras do ponto de vista qualitativo. A pesquisa, por outro lado, muitas vezes é mais precisa e estatisticamente significativa. As discussões em grupo são melhores para avaliar a profundidade das informações, ao passo que a pesquisa é melhor para medir a especificidade.

Cada metodologia também possui suas limitações. As discussões em grupo são tão eficazes quanto o moderador que as conduz e aqueles que fazem a seleção dos pesquisados. Os instrumentos de pesquisa são tão eficazes quanto o conteúdo do questionário.

O uso de discussão em grupo e pesquisas é bastante difundido. Você já deve ter usado um destes instrumentos ou participado de uma utilização feita por outra pessoa. Por esta razão limitaremos nossa discussão a outros formatos – usados menos freqüentemente, mas que possuem grande valor potencial para o encarregado de zelar por uma Marca Legendária. Saiba que as discussões em grupo e as pesquisas são ferramentas viáveis que você deve usar na pesquisa da narrativa da marca. Sua ampla adoção pelo marketing as tornam recursos eficazes. A pesquisa, em particular, é uma ferramenta valiosa que você empregará quando estiver medindo os efeitos que a narrativa de sua marca exerce sobre o comportamento de compra.

Conforme discutimos anteriormente, a pesquisa da narrativa da marca é difícil porque as pessoas não falam necessariamente aquilo que pensam. Além disso, podem ter dificuldade para expressar aquilo que sentem a respeito das marcas, e uma dificuldade ainda maior para articular as histórias que captam a respeito da marca. As técnicas que se seguem justificam sua atenção, pois tornam mais fácil aos consumidores revelar como percebem a marca.

Técnicas verbais detalhadas: A entrevista longa

Talvez o resultado mais valioso e desprezado da pesquisa de marketing seja a entrevista longa ou pessoal. Em anos recentes, muitas agências de propaganda e empresas de pesquisa ampliaram a utilização de entrevistas longas, porém o nível de adoção não cresceu no meio corporativo. Normalmente os gerentes de marketing receiam que o pequeno tamanho da amostra, associado à técnica, não forneça dados que representem verdadeiramente o mercado.

Em termos estatísticos, as amostras da maioria das entrevistas longas não são significativas. Elas não têm a validade estatística de uma pesquisa de grande porte especificamente direcionada. Por ser muitas vezes mais oneroso implementar um estudo de entrevistas longas que inclua um número apropriado de pesquisados, a fim de ser estatisticamente significativa, esta metodologia invariavelmente é negligenciada. É uma pena, especialmente porque, com o profissional certo, os resultados da entrevista longa muitas vezes são reveladores e representativos do segmento consumidor mais amplo, mesmo em pequenas amostras.

A entrevista longa é exatamente aquilo que a denomina: uma entrevista longa. Seleciona-se antecipadamente uma amostra de consumidores, de acordo com o projeto da pesquisa. Então, um pesquisador se reúne com cada consumidor, individualmente, para discutir um tópico. Algumas entrevistas duram apenas 20 minutos, enquanto outras levam horas, e mesmo diversos dias.

Na pesquisa das Marcas Legendárias, o posicionamento da entrevista longa é importante, especialmente quando você procura compreender o papel da marca na identidade narrativa do consumidor. O processo é semelhante à psicoterapia. O relacionamento pessoal proporciona um diálogo mais íntimo e aumenta o nível de conforto do pesquisado.

Duas variáveis determinam a qualidade da pesquisa: a habilidade do pesquisador e o conteúdo do questionário. As duas se inter-relacionam. Quando você usa o método da entrevista longa, o pesquisador é o instrumento da pesquisa. Ao contrário de uma pesquisa de grande porte, ele não pode se limitar ao roteiro e formular apressadamente uma bateria de perguntas. A entrevista longa é verdadeiramente um diálogo, e o entrevistador precisa ouvir cuidadosamente e obter sugestões dos comentários feitos pelo pesquisado. Isto não significa que tais entrevistas devam ser conduzidas sem um questionário. O questionário é importante, pois se torna o guia a partir do qual o pesquisador conduz o diálogo, demonstrando aptidão.

A publicação mais completa sobre a técnica é a obra *The Long Interview*, de Grant McCracken. O autor oferece uma técnica particularmente confiável para analisar os dados após o término das entrevistas, a partir de uma alteração que tem a finalidade de estudar a narrativa da marca.[2] A análise deve ocorrer em cinco estágios. No primeiro, você simplesmente observa aquilo que é falado na entrevista. Anota observações e pontos de discussão interessantes, porém não leva em conta seu relacionamento com outros aspectos. Por exemplo, você observa que o Consumidor A citou uma preferência por filmes policiais. O Consumidor B mencionou apreciar rock. O Consumidor C gosta de esportes radicais. Cada uma destas observações pode ou não estar relacionada, porém não é sua preocupação nesse estágio. Você está simplesmente observando pontos de interesse.

No segundo estágio, você desenvolve suas observações de três maneiras: (1) descobrindo o que as observações podem significar individualmente, (2) comparando as observações com outras obtidas no restante da entrevista e (3) comparando a observação com fontes secundárias ou outros estudos. Por exemplo, você pode acreditar que os comentários do Consumidor A (gostar de filmes policiais) relativos ao restante da entrevista demonstram uma necessidade de suspense e medo. Uma análise de outros estudos conduzidos em relação à categoria da marca pode validar sua hipótese.

No terceiro estágio, você esboça um perfil do consumidor. Examina suas observações de forma mais abstrata e tenta agrupá-las para criar um arquétipo, ou pelo menos uma caracterização que tenha a possibilidade de ser relevante para a narrativa da marca. Por exemplo, suas observações anteriores (juntamente com outras que não apresentamos) podem conduzi-lo à criação de uma identidade narrativa vinculada a um grande heroísmo. Nesse estágio, você pode relacionar as observações a mitos, a lendas significativas, do ponto de vista cultural, ou a outras narrativas comparativas. Você também começa a posicionar sua marca em relação ao perfil do consumidor. Onde a marca se enquadra no interior da narrativa? Neste caso você pode constatar que a narrativa do consumidor se compara ao herói de uma série constante nas revistas em quadrinhos – com inimigos em duas dimensões e situações dramáticas extremas. A marca poderia ocupar uma posição de capacitação do herói. Se sua marca fosse Mountain Dew, por exemplo, você poderia aceitar a hipótese de que a marca, de algum modo, amplia ou ativa esse heroísmo extremo.

No quarto estágio, você testa suas hipóteses. As relações que você criou durante suas observações descrevem precisamente a identidade narrativa do pesquisado com base nos dados coletados na entrevista? Existem outras soluções? Por exemplo, é possível que o Consumidor A aprecie filmes policiais porque realmente gosta de ver violência? Talvez o consumidor tenha tendência para a violência e esses filmes são uma forma de examinar com segurança tais pensamentos. Neste contexto, talvez o Mountain Dew desempenhe o papel de rebelde da contracultura – um cúmplice de um crime envolvendo a percepção. O quarto estágio constitui uma oportunidade para refletir e se assegurar de que você fez sua lição de casa e não foi enganado pelas observações iniciais.

Finalmente, no quinto estágio, você busca o padrão notado nas entrevistas. É neste estágio que você define a narrativa da marca, relacionando-a à posição da marca no âmbito dos perfis dos personagens observados. Sua tarefa consiste em definir arquétipos, temas, gênero e/ou modelos de narrativa. Por exemplo, você pode determinar que um tema da narrativa da marca Mountain Dew é o aspecto heróico *versus* a morte. O modelo da narrativa gira em torno de um herói extremado sendo convocado para desafios potencialmente fatais, uma aceitação do desafio seguida por uma transformação assustadora, porém que reafirma a vida.

O processo acima é ilustrativo, mas os cinco estágios de McCracken proporcionam uma metodologia completa capaz de traduzir, para a narrativa da marca, o material detalhado das entrevistas. Sendo você o pesquisador, ou o analista que precisa examinar o trabalho do pesquisador, é vantajoso aplicar este rigor à sua análise.

Técnicas de observação: Investigação da narrativa

Na Física, a maior parte das teorias são provadas por meio da observação. Os profissionais de marketing são menos predispostos a confiar em observações. Como alternativa, quase sempre buscam dados para analisar. No entanto, algumas vezes, a melhor maneira de examinar a narrativa da marca é observá-la em ação. A investigação da narrativa é uma técnica que lhe permite fazer isto.

A investigação da narrativa não é uma metodologia de pesquisa padronizada. Na realidade, a definição da técnica varia amplamente. Para as finalidades a que nos propomos, trata-se do estudo do modo como as pessoas narram, significando que o foco reside no discurso. Quando você utiliza um estudo de investigação da narrativa, seu objetivo consiste em observar como os consumidores recontam suas experiências, incluindo a seleção de palavras, a construção da frase, a seqüência de eventos e a conclusão.

A forma mais simples de investigação da narrativa consiste em examinar materiais escritos. O consumidor recebe uma tarefa, como um longo questionário no estilo de um ensaio, ou lhe é feita uma pergunta simples para ser respondida em poucos parágrafos. O pesquisador estuda então o material, para compreender aquilo que os consumidores disseram e de que forma.

Por exemplo, suponha que você seja o gerente de uma marca de hardware. Você deseja determinar se a narrativa da marca é significativa para os consumidores. Pede a eles que escrevam um ensaio de 500 palavras a respeito da experiência mais significativa que já tiveram com o computador. Vinte e cinco consumidores respondem à sua indagação. Você observa que mais da metade optou por falar da primeira experiência de comunicação com outra pessoa pela Internet. Estes consumidores atribuem a conectividade a seu computador. Um consumidor diz: "Quando recebi uma mensagem dizendo que eu tinha um e-mail, fiquei muito excitado. Foi tão fácil e eu pensava que não seria. Se um tolo como eu consegue, qualquer um pode!" A partir desta observação, e de outras parecidas, você pode obter muitas informações sobre narrativa pessoal. Inicialmente, podemos concluir que o consumidor considera complexa a maior parte da tecnologia ("... pensava que não seria..."), mas também que uma inabilidade para aprender rapidamente a usar a tecnologia o faz sentir-se inadequado (o denominar-se um "tolo"). A partir do texto, você pode perceber a excitação causada pela marca (ficar "excitado", usar um ponto de exclamação e o tom geral).

As limitações dessa técnica são óbvias. O domínio da gramática varia muito entre os pesquisados. Alguns não escrevem da forma como falam. E escrever proporciona a oportunidade de rever e editar aquilo que não reflita o pensamento original.

Apesar dessas deficiências, uma investigação por escrito não deve ser desprezada. Em sua análise, você precisa determinar explicitamente as limitações, porém dados como esses podem ser um complemento importante para sua outra pesquisa. Um estudo da narrativa escrita também pode ser combinado perfeitamente com programas promocionais, embora você deva considerar as distorções resultantes da auto-seleção.

O segundo método de investigação da narrativa é mais difícil de ser implementado porque exige pesquisadores muito preparados, mas produz resultados fascinantes. Estes estudos analisam entrevistas pessoais com os pesquisados, usualmente em pares ou pequenos grupos de pessoas que se conhecem. Os pesquisados são orientados por meio de um diálogo a respeito de experiências de vida relacionadas à marca. Após o término da entrevista, o pesquisador analisa o diálogo para examinar o modo como os pesquisados interagiram e criaram suas narrativas pessoais. Por exemplo, quando um pesquisado interrompe repetidamente um outro ou completa as sentenças de outro, pode ser uma indicação de co-narração. Em seu livro *Living Narrative*, Elinor Ochs e Lisa Capps explicam que a co-narração possui aspectos positivos e negativos. Como aspectos negativos, citam que níveis elevados de co-narração podem distorcer a lembrança da narrativa ou asfixiar a expressão narrativa. Por outro lado, a co-narração pode criar, entre os pesquisados, um debate a respeito do que realmente aconteceu na experiência passada da marca. Isto proporciona ao pesquisador a oportunidade de observar o conflito e seu relacionamento com a marca. Ele também gera mais detalhes, porque um pesquisado elabora em função dos componentes de outro, lembrando-se de informações que de outro modo poderiam ser omitidas. Finalmente, a ação recíproca observada proporciona ao pesquisador informações sobre o consumidor além daquilo que é falado. Por exemplo, suponha que um pesquisado interrompa outro freqüentemente e o corrija em seu estudo. Suponha também que a pessoa que interrompe seja um usuário leal da marca. Este domínio do diálogo, ou a busca de precisão, pode lhe dizer algo a respeito de seus consumidores, particularmente se você observar este padrão de comportamento em outras entrevistas.[3]

Tais estudos de investigação da narrativa representam grande valor potencial para o pesquisador da narrativa da marca. Complementam bem a tradicional discussão em grupo e os estudos qualitativos, e proporcionam equilíbrio estrutural para a narrativa. Combinam particularmente bem com os estudos criados para obter um perfil de seus segmentos de consumidores – as pessoas que vivenciam as narrativas que sua marca ativa. A ação recíproca entre os pesquisados também permite ao pesquisador delinear a identidade criada pelo narrador e a percepção desta identidade pelo companheiro.

Técnicas não-verbais: ZMET

Talvez a melhor metodologia para a sua pesquisa seja uma que simplesmente não use palavras. As evidências sugerem que as pessoas não pensam por meio de palavras. Transformar pensamentos em palavras constitui um processo de tradução. Por esta razão, as metodologias de pesquisa que usam mecanismos de respostas não-verbais muitas vezes são valiosas, particularmente em estudos de narrativa da marca. Algumas destas metodologias incluem solicitar aos pesquisados que façam desenhos de uma experiência da marca, que forneçam um título às ilustrações relacionadas a uma experiência de uso da marca, que disponham ou arranjem fotografias e outras imagens associadas a uma marca ou interpretem uma cena de uma experiência da marca. Cada uma destas técnicas permite ao pesquisado comunicar-se por meio de algo além da linguagem. O problema com essas técnicas é que elas se sujeitam à interpretação. Dependem também das aptidões do pesquisado.

Uma técnica que tem conquistado muita atenção é a Zaltman Metaphor Elicitation Technique (Técnica Zaltman de Evocação da Metáfora) conhecida por sua sigla ZMET. Desenvolvida pelo professor da Universidade de Harvard, Gerald Zaltman, a ZMET é uma metodologia de pesquisa que capta o pensamento não-verbal por meio da criação de metáforas visuais pelos pesquisados. Os participantes são solicitados a tirar fotografias ou agrupar imagens de várias fontes que expressem significado de determinado tópico. Normalmente são reservados diversos dias para que a tarefa seja completada. A técnica conduz então a um processo em oito etapas, que inclui narração de uma história, colaboração e manipulação de imagens. O resultado final é uma metáfora visual, com os correspondentes dados da entrevista, que articula os pensamentos do consumidor a respeito do assunto.[4]

A ZMET está conquistando adeptos na comunidade de marketing por causa de seu rigor analítico e da incorporação de respostas não-verbais. Seu uso potencial, no estudo da narrativa da marca, é promissor porque permite que você estude as representações metafóricas da marca e porque usa a narrativa da marca para atingir um fim. A técnica é patenteada e executada somente por empresas licenciadas, tornando-a mais difícil e onerosa. Apesar disto, à medida que continuar crescendo em popularidade e credibilidade, a ZMET se tornará uma das novas metodologias de pesquisa mais adequadas para as Marcas Legendárias, pois atinge o nível subconsciente que oculta a narrativa da marca.

UMA ENTREVISTA COM LIN MACMASTER: CEO do Strategic Partners Group

Lin MacMaster é fundadora e CEO do Strategic Partners Group, empresa de pesquisa e estratégia de marketing sediada em McLean, Virgínia. O Strategic Partners Group proporcionou informações pioneiras para clientes de marcas líderes como AOL, Coca-Cola, Disney e Kodak. Sua empresa detém a patente de uma metodologia de pesquisa do lado direito do cérebro, que é bem adequada para o conhecimento da narrativa da marca.

Larry: O que é metodologia de pesquisa do lado direito do cérebro?

Lin: A metodologia de pesquisa do lado direito do cérebro fundamenta-se na metodologia da psicologia cognitiva. É empregada para descobrir impulsos racionais e emocionais, e também para determinar a motivação dos consumidores para as decisões que tomam e as ações que empreendem. Foi praticada inicialmente pelo Dr. Richard Maddock, apoiada em 25 anos de experiência psiquiátrica. Sua base é a crença de que existem cinco motivos principais que determinam 70% das decisões que os consumidores tomam. Os outros 30% correspondem ao comportamento racional e lógico. Os cinco motivos principais são os seguintes:

1. Motivos de sobrevivência (espiritual, física, espacial e sexual).
2. Motivos de orientação (pessoa, local, tempo e circunstância).
3. Motivo de expectativa (confiança, esperança, convicção, futuro, final feliz e resolução).
4. Motivo de adaptação (desejo de adaptar-se e ser como os outros).
5. Motivo de diversão (alegria e criatividade).

Larry: Como é conduzida a metodologia de pesquisa do lado direito do cérebro?

Lin: Ela é conduzida por meio de entrevista pessoal, com duração de uma hora a uma hora e meia. Adota o relaxamento e a repetição, de tal forma que seria como permanecer em um estado hipnótico. Quando os consumidores estão totalmente relaxados, temos a habilidade de conduzi-los de volta a momentos, no tempo, quando tomaram uma decisão sobre uma marca específica. Somos capazes de conhecer todo o conteúdo emocional daquela ocasião e como o indivíduo racionaliza o evento.

Durante a entrevista, o pesquisado "fornece" ao entrevistador sugestões subliminares. Quase todas as sugestões são desenvolvidas na infância, portanto, quando conduzimos os indivíduos de volta à sua primeira experiência, eles, na maioria das vezes, recordarão sua infância.

Larry: Você pode dar alguns exemplos?

Lin: Algumas pessoas recordaram suas primeiras impressões do Madison Square Garden, e como ele foi um rito de passagem. Pela primeira vez, elas podiam ir a algum lugar desacompanhadas dos pais. Foi uma sensação de liberdade, momentos definidores da vida. Também se lembraram de estar com a família, quando eram crianças, e de todas as sensações positivas que surgiram a partir desta experiência.

Em cada caso, as experiências foram recontadas com sugestões específicas em termos de "me senti como se eu tivesse chegado", "eu era alguém especial", "não havia outro lugar como esse". Todas essas sugestões alinham-se a um motivo específico.

Larry: O que torna a metodologia de pesquisa do lado direito do cérebro eficaz nos estudos de narrativa da marca?

Lin: A narração de uma história é uma forma de personalização. Histórias ajudam os consumidores a processarem suas vidas. David Wolfe disse: "todo bom narrador de histórias sabe que o modo de conquistar o interesse das pessoas consiste em tocar seus corações antes de sensibilizar as mentes". O marketing tem mais a ver com os sonhos, as fantasias e os sentimentos das pessoas que se relacionam, com quem elas são e onde querem estar. Trata-se de personalização.

Portanto, se fôssemos examinar as marcas, de que modo elas ajudam as pessoas a processar suas vidas? Como esta marca cria significado para mim em minha vida? É por meio da personalização. A metodologia de pesquisa do lado direito do cérebro analisa todas as racionalizações que um consumidor faz a respeito do produto ou serviço e atinge os impulsos emocionais e racionais que definem como os consumidores processam suas vidas e como os produtos e serviços se enquadram nelas. A entrevista tem uma base emocional, e a afinidade se revela por meio da emoção. Os pesquisados narram suas histórias durante o processo.

Larry: Quando deve ser usada a metodologia de pesquisa do lado direito do cérebro?

Lin: A metodologia de pesquisa do lado direito do cérebro é mais bem empregada para compreender o relacionamento dos consumidores com as marcas, especialmente as necessidades relacionadas ao desenvolvimento de uma oferta ou mensagem de comunicação específica. É um excelente meio para descobrir necessidades e motivações ocultas para uso do produto.

CAPÍTULO 6

CRIANDO A NARRATIVA DA MARCA

> ... um cenário com luz evanescente, uma trama ativa, personagens interessantes, mudança de ritmo e alegria deveriam *todos estar presentes no plano*. Não inclua dois deles e sua história torna-se mais fraca, não inclua três ou quatro e você estará administrando uma loja de departamento com apenas metade dos balcões funcionando.
>
> **F. Scott Fitzgerald**
> em uma carta para John Peale Bishop. *Cartas* (1935)

História é estratégia. Sob muitos aspectos, os dois conceitos são idênticos. Uma estratégia é uma seqüência de eventos criada de modo cuidadoso. Ocorre o mesmo com uma história. As estratégias são o resultado da lógica e do pensamento rigorosos, porém as melhores entre elas também são inspiradas pela imaginação e pela criatividade. O mesmo ocorre com as histórias.

Sendo o responsável por uma Marca Legendária, você precisa aprender a confiar na história como sua estratégia. Quando os gerentes de marca medíocres desprezam a narrativa da marca e criam a estratégia com a linguagem do banqueiro ou do diretor financeiro da corporação, o poder da marca desaparece. Sim, a narrativa da marca precisa traduzir-se em resultados financeiros, porém a expressão que lhe dá estrutura e permanência deve ser a do narrador da história.

Criar uma narrativa da marca, e mantê-la ao longo do tempo, constitui sua tarefa mais importante. Você pode não se considerar um narrador de histórias, porém você é. Norman Lear, o veterano produtor de televisão, afirma que contar uma história "é um dom que todos possuímos". Ele cita as crianças como o exemplo mais nítido de nossos dons narrativos naturais. "Crianças têm histórias para contar todos os dias de suas vidas." Grande parte de nossa habilidade para contar histórias do dia-a-dia resulta do instinto, porém a criação da narrativa pode ser aprendida e aplicada.

Neste capítulo, você verá como criar uma bíblia da marca. A bíblia da marca regula os aspectos sagrados e profanos da marca. *Bíblia* também possui um significado secundário. Na indústria do entretenimento, os produtos de televisão criam bíblias de séries para orientar o desenvolvimento dos programas de televisão. Uma bíblia de série relata todas as variantes dramáticas de uma série, de seu piloto ao momento presente. Também proporciona material básico a respeito dos personagens e de partes superficiais da história.

Criar uma bíblia de série não é uma ciência exata. Trata-se de um processo criativo que exige a interpretação única de um tema para lhe dar vida. Pense em si mesmo como um *chef* estudando as artes culinárias. Os *chefs* não impressionam seus clientes seguindo receitas. Como alternativa, dominam as ferramentas do ofício e as utilizam para explorar os próprios conhecimentos e a imaginação, combinando ingredientes para criar um prato exclusivo. O que segue é uma referência do *chef* para o narrador da história. Você não precisa usar todas as técnicas. Cada uma atende a uma finalidade ligeiramente diferente, porém todas as idéias e os métodos apresentados podem ajudá-lo a definir e a deixar gravada na memória sua narrativa da marca.

UM CRÍTICO COMO GUIA

O melhor arcabouço para estruturar o pensamento narrativo foi escrito há três mil anos por Aristóteles, o filósofo grego e crítico de teatro em tempo parcial. Seu ensaio, *Poética*, ainda permanece amplamente utilizado por autores, do redator ao roteirista. Aristóteles escreveu seu texto como contra-argumento a um ataque à poesia feito por Platão. Não existe indicação de que chegasse a pretender que a obra fosse um livro de regras para os dramaturgos, porém sua análise crítica daquilo que torna excelentes o grande drama e a poesia permanece tão relevante hoje como nos tempos antigos. Ele deduziu que uma boa história pode ser decomposta em seis partes:

1. Trama
2. Personagem
3. Fundamentação (tema)
4. Espetáculo
5. Canção
6. Dicção

Para fins de criação de uma narrativa de marca, agrupei estas seis partes em apenas quatro: trama, personagem, tema e estética. A estética inclui qualquer parte da marca que estimule um dos cinco sentidos. Espetáculo (aquilo que você vê), canção (a música que você ouve) e dicção (como as palavras são comunicadas para transmitir significado) são elementos importantes para as artes visuais e cênicas. As marcas, no entanto, também podem estimular o paladar e o tato, e estes podem ser poderosos instrumentos de narrativa. Por exemplo, o sabor de um Mondavi Cabernet Sauvignon é tão importante para a narrativa da marca quanto o design do rótulo da vinícola, ou talvez ainda mais.

A Figura 6.1 mostra os quatro elementos que podemos considerar quando pensamos sobre a narrativa da marca. A maior parte das Marcas Legendárias possui

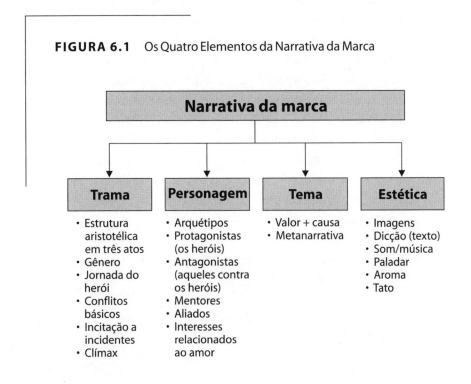

FIGURA 6.1 Os Quatro Elementos da Narrativa da Marca

vigor em cada uma dessas dimensões, porém qualquer uma delas pode ser isolada para criar uma narrativa. Dependendo do modo como sua mente opera, uma dessas dimensões pode ativar sua criatividade mais do que as outras. Por exemplo, ao focalizar a estética, você inadvertidamente pode definir sua trama ou vice-versa.

Diversas outras partes da *Poética* muitas vezes serão sua referência neste capítulo e nos outros que se seguirão. Além dos quatro elementos da história, citados anteriormente, também retomaremos a estrutura em três atos, o papel da ação e a importância dos arquétipos e dos mitos. Estes foram apresentados inicialmente no Capítulo 3, mas serão aplicados em grande escala ao material aqui descrito.

CRIAÇÃO DE MATERIAL PARA UMA BÍBLIA DA MARCA

Uma bíblia da marca é o equivalente, em marketing, a um álbum de recordações, um álbum de família e um diário pessoal combinados. Ela pode assumir muitas formas. Algumas bíblias da marca são volumosas e encadernadas, ao passo que outras são concisas e montadas em cartões revestidos de espuma. Algumas são digitais e existem como arquivo do PowerPoint. Outras preenchem toda uma sala com objetos, desenhos e outras parafernálias. Você pode desejar usar os quatro elementos da história como "capítulos" de sua bíblia, porém muitas bíblias da marca nunca se referem a eles explicitamente. Algumas bíblias da marca incluem uma declaração da missão, uma declaração de finalidade, um credo, uma canção ou um conjunto de princípios. Outras possuem poucas palavras, estão plenas de fotografias e parecem um catálogo de uma exibição em uma galeria de arte. Independentemente das escolhas que você faz sobre a forma e o conteúdo de sua bíblia da marca, sua finalidade permanece a mesma: uma bíblia da marca deve ser o manual básico da equipe da marca. Não se preocupe em fazê-la volumosa para ser útil a terceiros ou ao alto escalão administrativo. Esta não é a finalidade de uma bíblia da marca. Embora possa conter partes selecionadas contendo informações para estas pessoas, a bíblia da marca é um recurso para a equipe e está direcionada à longevidade da marca.

O primeiro passo do processo de criação consiste em pensar a respeito de sua marca e decidir o que é necessário para compreender, definir e comunicar a narrativa da marca. Formule perguntas do tipo:

- Quais são as formas de comunicação às quais as pessoas em minha empresa melhor reagirão?

- Que formas de comunicação se adaptam ao estilo e à personalidade de minha marca?
- O que ajudará a mim e minha equipe a obtermos informações básicas sobre a história da marca?
- Se minha equipe desaparecesse amanhã e tudo que restasse fosse essa bíblia da marca, o que ela conteria para ajudar a nova equipe a manter a história da marca?

Se tudo o mais falhar, formule as perguntas clássicas que os jornalistas usam diariamente:

- *Quem* lerá a bíblia da marca?
- *Por que* darão importância a seu conteúdo?
- *O que* ela precisa incluir para resolver as necessidades?
- *Onde* ficará?
- *Quando* os usuários mais provavelmente a usarão?
- *Como* ela será mais freqüentemente usada?

A caixa

A maioria dos escritores, inclusive eu, receia somente uma coisa: uma folha de papel em branco. Embora uma folha de papel em branco prometa inúmeras possibilidades, também nada oferece. Utensílios vazios liberam e confinam simultaneamente. Para marcas estabelecidas, a narrativa da marca já existe, mas se oculta nas sombras. Sua tarefa consiste em defini-la. Isto normalmente é mais fácil do que lançar uma nova marca e iniciar literalmente com uma folha em branco. Em ambos os casos você pode, inicialmente, observar um cursor piscante ou uma tela de computador vazia. Seja criando uma narrativa para uma marca estabelecida, ou definindo a narrativa para uma marca consolidada, *a caixa* aliviará a tensão que você poderia sentir inicialmente em relação a começar do nada.

A caixa é um conceito que impõe limitações à paisagem da narrativa. É uma idéia simples. Desenhe uma caixa em uma folha de papel. Tudo dentro da caixa faz parte de sua narrativa da marca. Tudo fora da caixa não faz parte. Por exemplo, "bonito e benéfico" está dentro da caixa para o Neutrogena. Todos os produtos de beleza ou de saúde que não ressaltam a beleza natural do corpo, ou que potencialmente possam causar dano (tais como os cosméticos que obstruem os poros) ficam fora da caixa. Caso fosse definir a paisagem da narrativa do Neutrogena, você estaria limitado por "bonito e benéfico" como um critério para colocar algo dentro da caixa. A estrutura narrativa requer uma ênfase na existência conjunta de saúde e beleza – não em "maquiagem para o rosto" e "adstringente". Você provavelmente não usaria a história de Cleópatra como um arquétipo narrativo para o Neutrogena. Nossa imagem arquetípica de Cleópatra envolve o uso liberal de sombra e cosméticos artificiais (algumas ilustrações a mostram com maquiagem dourada). É do conhecimento geral que o uso de tais cosméticos prejudica a pele. Portanto, Cleópatra provavelmente fica fora da caixa para a narrativa da marca do Neutrogena.

Ao limitar aquilo que não existe no interior da narrativa de sua marca, você define a própria narrativa da marca. As limitações o desafiam igualmente. Algumas das maiores obras de arte e de engenharia resultaram da imposição de limitações. Quando nos são impostas fronteiras nítidas, nossos instintos naturais nos levam a afastá-las. Quando procedemos assim, o resultado natural é ultrapassá-las. As obras do pintor Pablo Picasso, do arquiteto Frank Lloyd Wright e do cineasta George Lucas constituem apenas alguns exemplos de artistas que mudaram o mundo indo além das fronteiras de seu meio.

Um fator importante que impulsionou a recuperação da Apple resultou do modo ousado pelo qual o novo produto e sua propaganda pressionaram as fronteiras estabelecidas que confinavam a Apple. Quando os concorrentes estavam participando e ganhando um jogo envolvendo custos reduzidos, a Apple reagiu com um apelo emocional à aspiração criativa existente em cada um de nós. A Apple redefiniu aquilo que um computador pessoal representava em nossa vida – ele pode ser usado para tocar e combinar músicas, editar um vídeo feito em casa ou criar álbuns de fotografia da família. A Apple afirmou que os computadores podem até ser bonitos. Eles não precisam parecer obtusos e cinzentos. Podem ter cor.

À medida que você usar a caixa, pense nos diversos fatores, não apenas em um. Que elementos estéticos (palheta de cores, design visual etc.) estão na caixa da sua narrativa da marca? Que temas estão na caixa? Que arquétipos de personagens desempenham um papel importante e em quais tipos de estruturas de tramas? Empregue a mesma duração de tempo definindo aquilo que permanece fora da caixa. Esta estrutura simples o orientará integralmente.

Personagens: A influência viva da marca

As narrativas são mais envolventes quando o público pode acompanhar personagens convincentes suplantando grandes obstáculos. Interessamo-nos pelas histórias primeiramente porque nos preocupamos com as pessoas que participam delas. Histórias que deixam de nos apresentar personagens com os quais nos preocupamos normalmente fracassam.

Os personagens da narrativa da marca existem em três dimensões distintas, mas inter-relacionadas. A primeira dimensão é uma abstração. Ela considera a marca como um personagem em uma narrativa mítica. Usualmente realiza isto representando a marca como um arquétipo. A segunda dimensão é literal. Considera o consumidor e o personagem (ou os personagens) que desempenham sua narrativa pessoal. Finalmente, a terceira dimensão considera os agentes da marca e seu relacionamento com os consumidores e a marca.

Considerar a narrativa da marca a partir dessas três dimensões cria um sistema de freios e contrapesos. Pensar no consumidor como um personagem assegura que você atende às necessidades narrativas de seus segmentos de consumidores, de modo que sua marca possa desempenhar um papel significativo na vida diária, e seus agentes da marca sejam relevantes. Focalizar a dimensão do personagem arquetípico assegura que você não tenta ser tudo ao mesmo tempo para o consumidor, preservando o ponto de vista e a personalidade únicos da marca. Focalizar os agentes da marca assegura que você criou o elo narrativo entre a marca e as crenças sagradas.

A marca como personagem arquetípico. "Do inconsciente emanam influências determinantes que, independentemente da tradição, produzem em toda pessoa uma similaridade e até uma coincidência de experiências que têm a ver com o modo como são representadas na imaginação."[1] O famoso psicólogo Carl Jung asseverou que existe enraizado no interior de todos nós um arquétipo, uma máscara comum que é imediatamente reconhecida pelos outros, e que dirige nosso comportamento e nossa personalidade. Embora cada indivíduo vista a máscara de modo diferente, Jung acreditava que os traços de personalidade comuns entre aqueles que vestem a mesma máscara eram especialmente assustadores.

Atualmente, a teoria de Jung exerce um impacto importante no marketing. O livro de Margaret Mark e Carol S. Pearson, *The Hero and the Outlaw*, afirma, bem na tradição junguiana, que marcas como Harley-Davidson são imediatamente reconhecíveis como "fora-da-lei", incitando a rebelião ou sugerindo a vida selvagem, ao passo que marcas como Calvin Klein podem desempenhar o papel do "amante", seduzindo outras pessoas e vivendo para a glória do prazer sensual.[2]

Mark e Pearson identificaram 12 arquétipos distintos aplicáveis a marcas de produtos de consumo. Embora não se refira a marcas, Joseph Campbell definiu um número menor de arquétipos, focalizando grande parte de sua atenção no Herói, mas também identificando o Mentor, o Guardião do Umbral, o Esperto e a Sombra. O próprio Jung foi até mais vago, direcionando muita atenção a alguns poucos arquétipos que ele acreditava possuírem o maior valor psicanalítico, especificamente, a Mãe, a Criança e o Pai. Deixou muito espaço não-preenchido, para que outros definissem arquétipos mais limitados.

Não importa que estrutura você escolha. Arquétipos são um meio conveniente para se alcançar um fim. Ao definir o arquétipo associado à sua marca, você revela indícios da narrativa. Por exemplo, a MTV tem definido a cultura jovem por mais de 20 anos. Ela não conquistou esse feito com tranqüilidade. A MTV reinventa-se todos os anos e cada vez perturba e choca. Foi na MTV que perguntaram ao presidente Clinton se ele vestia cueca ou sunga. Um exame da história da MTV, de seu ambiente estético, de sua programação e de seu relacionamento com a audiência revela rapidamente que a emissora incorpora a personalidade arquetípica do Rebelde, do Marginal ou do Esperto – escolha a designação. É o equivalente para a marca do iconoclasta presunçoso do ensino médio que se senta na última fileira da sala de aula e faz gozações e brincadeiras. É uma marca que não pretende infligir um dano sério, mas sempre será inovadora. Ela é séria a respeito de certos assuntos ("A MTV Agita o Voto", uma campanha que incentiva o registro dos eleitores e defende a participação dos votantes), enquanto permanece irreverentemente apática a respeito de outros ("Os Prêmios de Cinema MTV", que ridicularizam Hollywood tanto quanto enaltecem). Pensar a MTV como o arquétipo do Rebelde torna muito fácil considerar a narrativa da marca. As histórias que envolvem este tipo de rebelde emergem de um modo sereno, e, caso isto não ocorra, você tem uma infinidade de materiais básicos para aproveitar como seu modelo. Você pode reler *O Apanhador no Campo de Centeio* ou *A Separate Peace* ou *The Outsiders*, para citar alguns livros.

Jung desenvolveu sua análise de arquétipos como um instrumento para compreender os padrões de comportamento de seus pacientes. Identificar o modelo arquetípico poderia ajudá-lo, e a seus pacientes, a sanar aspectos negativos da personalidade e problemas comportamentais. Seu uso de arquétipos proporciona uma finalidade similar. Tornar uma Marca Legendária um arquétipo representa criar um modelo de personalidade que deveria orientar o comportamento da marca. Após identificar o arquétipo, sua próxima tarefa consiste em codificá-lo em sua bíblia da marca. Você deveria responder a perguntas do tipo:

- O que motiva este arquétipo?
- O que conduz este arquétipo a um confronto? Que tipos de conflitos você provavelmente associaria a este arquétipo?

- Como ele interage com outros arquétipos? Por exemplo, ele está mais disposto a fraternizar com outros rebeldes? Trata-se de uma marca solitária ou se mistura com arquétipos do tipo "sujeito médio"?
- Em que ambientes você identificaria este arquétipo? Por exemplo, ele comeria em uma *delicatessen*, em um restaurante *fast-food* ou no lugar da moda indicado pelo Guia Zagat?

Existem muitas outras perguntas que você pode fazer. Sua finalidade consiste em atribuir à marca uma descrição do personagem. Você não precisa ser preciso e dar ao personagem um nome e uma história específica, pois o arquétipo não é um personagem, mas uma representação de um tipo de personagem comumente encontrado. O Romeu de Shakespeare, o Tom Jones de Henry Fielding e o Alvy Singer de Woody Allen (de *Annie Hall*) são todos arquétipos do Amante, porém muito diferentes como personagens reais. Dar vida ao personagem específico da marca é uma tarefa que você assumirá no processo de comunicação, quando criar sua campanha da marca. De modo idêntico à sua campanha, as especificidades do personagem da marca podem se alterar muitas vezes durante o desenrolar da história, porém o arquétipo permanece o mesmo.

Sua bíblia da marca pode codificar o arquétipo de muitas maneiras. Use fotos para mostrar os tipos de pessoas que se enquadram no cenário do arquétipo. Prepare uma lista de leituras e identifique o personagem em cada uma das obras que representam a marca na história. Folheie catálogos e indique o vestuário ou a mercadoria que o arquétipo preferiria. Tudo isto o ajudará mais tarde a posicionar a marca no interior da narrativa.

Entenda também que poucas marcas possuem somente uma dimensão arquetípica. Muitas vezes uma marca pode ser determinado arquétipo ou outro diferente. Algumas vezes pode ser ambos. Romeu é um Rebelde e um Amante. De modo similar, a Apple é uma Rebelde e uma Criadora. Assegure-se de examinar os diferentes arquétipos que os consumidores poderiam perceber em sua marca e dê a devida consideração às formas arquetípicas híbridas que sua marca poderia assumir.

Consumidores como personagens. Sem dúvida, o consumidor é o personagem mais importante em sua narrativa da marca. Os consumidores estão ali, presentes no cenário, mas também integram sua marca como personagem ou elemento em sua narrativa pessoal, ou no filme sobre a vida. Existe uma relação simbiótica que exige sua compreensão, pois trata-se de um relacionamento que fará parte integrante de seu planejamento de marketing.

Em seu livro *Aspects of the Novel*, E. M. Forster delineou a diferença entre biografia e personalização. Forster argumentou que as obras literárias que nada mais fazem além de recontar as ações de uma pessoa têm uma natureza histórica ou biográfica. Desse modo, um livro que narre as ações da rainha Vitória seria uma obra de História, pois não permite ao leitor penetrar na mente da Rainha para compreender seus pensamentos. Forster alegou que uma obra deste tipo seria totalmente diferente de um livro que revelasse como a Rainha sentia e pensava. Somente um dispositivo de narração, argumentou, poderia fazer tais revelações.[3]

O problema com a maior parte dos planos de marketing é que eles limitam seu alcance à primeira das afirmativas de Forster. As estratégias identificam aquilo que os consumidores fazem, porém não levam em conta como eles sentem ou pensam. Por exemplo, um plano de marketing poderia indicar que o consumidor médio pertence a uma faixa etária entre 24 e 40 anos, sendo 60% mulheres, com renda familiar anual média de US$ 45 mil. Alguns planos poderiam fornecer maiores detalhes, acrescentando que esta consumidora "média" aprecia a renovação da residência, adquire cosméticos Mary Kay, e vota no Partido Democrático. Embora todos estes fatos observáveis sejam interessantes, não revelam como a consumidora pensa ou sente.

Os consumidores precisam ser um elemento importante incluído em sua bíblia da marca. Dedique tempo para esboçar biografias dos consumidores que permitam à equipe penetrar na imaginação de seus principais representantes. Para criar tais biografias, use várias formas, incluindo dados de compra, dados demográficos e de análise psicológica. Use as metodologias de pesquisa descritas no Capítulo 5, entre outras, para obter melhor entendimento dos aspectos cognitivos e emocionais de seus consumidores. Suas biografias precisam revelar mais do que estes consumidores fazem. Precisam auxiliar a equipe a compreender por que os personagens representados pelo consumidor se comportam daquele modo.

Ao contrário do modelo do arquétipo, as biografias dos consumidores não deveriam ser muito abstratas. Na realidade, a especificidade gera os melhores resultados. Agrupe seus consumidores de acordo com as narrativas pessoais comuns e/ou o modo pelo qual a marca participa de sua narrativa de vida (o Capítulo 8 contém mais informações sobre o assunto). Atribua um nome a cada personagem, tomando cuidado para escolher nomes que gerem conotações arquetípicas instantâneas. Dê uma imagem fotográfica ao personagem, atribuindo-lhe o papel. Se você não fizer mais nada, dar um rosto e um nome ao personagem muitas vezes constitui o mais forte instrumento de representação para transmitir significado. Embora eles não detalhem especificamente sentimentos ou processos de pensamento, a inclinação de cada um de nós vai completar o perfil.

Evidentemente você deveria ir mais além com as biografias de seus consumidores. Responda, especificamente, às seguintes perguntas:

- *Um dia na vida...* Como é um dia típico do personagem deste consumidor? Seja criativo e descreva um dia completo, desde o soar do despertador na manhã, até ele chegar em casa à noite. Na realidade você pode ir um passo adiante e descrever o que ele sonha. Ajude sua equipe a conhecer a fundo o que o personagem faz durante o dia.
- *Percepção da marca.* Se você fosse pedir ao personagem do consumidor para definir a marca como um personagem arquetípico, como ele o descreveria? Se você definiu mais de um arquétipo para a sua marca, ou se existe uma composição de arquétipos, você pode descrever quais deles o consumidor perceberia?
- *Auto-imagem.* De que modo o personagem do consumidor se vê? Recorte fotos de revistas ou utilize outros recursos para criar uma imagem de como o personagem se imagina. Isto gera *insights* particularmente significativos, se a imagem que você escolheu para representar o personagem variar consideravelmente em relação às imagens que o personagem escolheria. Elas demonstram as aspirações ou desilusões dos consumidores! Você também deveria discutir as narrativas pessoais dos consumidores. Que roteiros controlam suas vidas? Talvez a personagem de seu consumidor possa ser percebida, quando ele estiver no trabalho, em uma narrativa do *Broadcast News*, e, quando estiver em casa, em uma narrativa de *Sexo, Mentiras e Videoteipe*. Como a marca se enquadra no interior destas narrativas? Que papel ela desempenha?
- *Comportamento da marca.* Que outras marcas são significativas para este consumidor? Indique todo o espectro, da fidelidade à marca, mas não pare aí. Explique por que estas marcas conquistam a lealdade do consumidor. O que há nelas que cria a afinidade? Existem padrões? Algum deles é aplicável à sua marca?

Além das descrições das narrativas, você pode usar escalas padronizadas para distinguir as diferenças entre os personagens de seu consumidor. A Figura 6.2 mostra um trecho de um estudo hipotético da personagem de uma consumidora. Observe que, além dos dados descritivos, este exemplo também incorpora uma escala que mostra quão esclarecida a personagem é a respeito de política e de outros critérios políticos.

FIGURA 6.2 Perfil de uma Personagem

Perfil da Personagem/Chris
28 anos

Características:

Conhecimento de Política ● ● ○ ○ ○
Participação nas Eleições ● ● ● ○ ○
Assiste à Televisão ● ● ● ● ○
Consciência Social ● ● ● ○ ○

- Uma democrata liberal que votou em Bill Clinton em 1992 e 1996
  - **Despreza os republicanos**, mas tem dificuldade para explicar os motivos
  - Acredita que o governo tem obrigação de proporcionar mais serviços sociais, particularmente às crianças que vivem na pobreza
- Conhece as manchetes políticas, mas com poucos detalhes
  - Conhece os escândalos mais recentes
  - Elimina muito daquilo que percebe ser "militância"
  - Acredita que a mídia **explora e distorce** os temas políticos
- Julga que a política se desenrola em nível municipal
  - "Muita atenção é dedicada a Washington, D.C."
  - "A diferença ocorre em sua cidade natal. Caso venha a envolver-se, será em nível local."

Perfil da Personagem/Chris
28 anos

Comportamento de Consumo:

- Adquire marcas que parecem ser jovens e "boas para ela"
- As compras são feitas em função do estilo
- Aprecia que suas compras denotem um sentido de divertimento, mas que também sejam práticas
- Aprecia indulgências como passar um dia no spa ou dar-se ao luxo de fazer compras quando desejar

Ela ouve...

Ela assiste...

Ela consome/usa...

(continua...)

FIGURA 6.2   Perfil de uma Personagem (*continuação*)

Perfil da Personagem/Chris
28 anos

Personalidade:

- Luta contra o envelhecimento e a perda de contato com aquilo que considerava importante quando jovem

- Deseja ser mais ativa socialmente e identificar uma causa

- Admira mulheres que conseguem ser **confiantes, fortes** e **sexys**

- Tem conflitos: aspira a uma vida mais simples apoiada em temas sociais, porém aprecia as superficialidades do consumo (e está ciente da contradição)

Heroínas e reflexos da auto-imagem:

Sarah Jessica Parker (e a persona que ela representa em "Sexo na Cidade")

Alanis Morissette

Jodi Foster

Agentes da marca como personagens.   A terceira e última abordagem dos personagens consiste em examinar seus agentes da marca. Podem estar incluídos aí seus empregados, o fundador, as celebridades associadas à marca e mesmo personagens de ficção. Toda entidade que você usou para representar sua marca é um agente adequado para o estudo do personagem. Caso sua marca ainda não tenha utilizado um agente da marca, imagine que você tem um orçamento ilimitado e selecione os agentes que considera mais apropriados.

Se você fosse criar uma bíblia da marca para a marca de entretenimento Warner Brothers, um personagem que valeria a pena descrever seria Bugs Bunny. Bugs é um agente da marca que desempenha um papel importante na narrativa da marca Warner Brothers. A biografia de Bugs, similar às biografias dos consumidores mencionadas anteriormente, deveria descrever o que ele faz, bem como o que sente e pensa. O que o torna tão malicioso? Sua biografia também deveria descrever como ele se enquadra na narrativa da marca Warner Brothers. Que papel ele desempenha? Por ser ele um agente da marca, e como os agentes da marca oferecem prova das crenças sagradas que os consumidores atribuem à marca, você também deveria descrever este relacionamento.

Pode parecer fácil realizar tal exercício para uma marca famosa como Warner Brothers, mas como fazê-lo para marcas com agentes menos óbvios? Suponha que sua marca seja muito nova e você não tenha um agente da marca. Pergunte a si mesmo: se fosse selecionar uma celebridade para ser meu porta-voz, quem seria e por quê? Celebridades são uma grande maneira para agregar personalidade à narrativa da marca, mesmo se você nunca concordar com elas. Afirmar que uma celebridade específica é o agente apropriado para a sua marca, e descrever por que isto acontece, ajuda grande parte de sua equipe (e seus consumidores, se você escolhesse utilizar a celebridade em sua comunicação de marketing) a alcançar o entendimento comum a respeito da narrativa da marca. Por exemplo, a Priceline.com evoluiu de uma marca sem expressão para uma marca com significado, após agregar William Shatner como agente da marca.

Trama: As partes móveis da história

Boas histórias apresentam tramas bem elaboradas. Embora tenhamos examinado algo sobre tramas nos capítulos 3 e 4, elas justificam um reexame. Um dos melhores resumos de uma "boa" trama pode ser encontrado no livro *The Tools of Screenwriting*, de autoria de David Howard e Edward Mabley.

1. A história é sobre *alguém* com quem temos alguma empatia. (Observe que este primeiro aspecto ressalta a importância do desenvolvimento de um personagem forte.)
2. Esse alguém deseja *algo* ardentemente.
3. Esse algo é *difícil,* mas possível de ser feito, obtido ou alcançado.
4. A história é contada para exercer um *impacto emocional* máximo e a máxima participação do público na condução.
5. A história precisa ter um *final satisfatório* (o que não significa necessariamente um final feliz).[4]

Baseando-se no gênero e no mito. Lembre-se do conceito da caixa. A caixa limitava nosso alcance, diferenciando o que era uma parte da narrativa da marca e o que não era. Quando você considerar a trama da narrativa de sua marca, use a caixa para limitar seu alcance. Pensar a respeito do gênero e do mito associados à sua marca constitui uma aplicação útil da caixa.

O mago das histórias Robert McKee[5] descreve alguns gêneros, subgêneros e gêneros híbridos que estão parcialmente apresentados e relacionados a certas Marcas Legendárias, na Figura 6.3.

FIGURA 6.3 Gênero e Narrativas da Marca

Gênero	Exemplo de Filme	Exemplo de Marca
Ação – Thriller *(os personagens se defrontam com inimigos sobrenaturais ou incomuns em uma luta mortal – o destino do mundo muitas vezes está em risco)*	*Aliens*	PlayStation
Épico Cultural Norte-Americano *(um personagem honrado empreende uma longa busca sob o pano de fundo da mudança cultural da vida norte-americana)*	*Forrest Gump*	Coca-Cola
Filme *(uma amizade duradoura se desenvolve por meio de uma série de incidentes cômicos – no final, ambos os personagens estão transformados para sempre)*	*Big Daddy*	Budweiser
Romance *(o hedonismo romântico de um casal é tentado pelo tabu e pelo perigo)*	*Eyes Wide Shut*	Calvin Klein
Trama Que Instrui *(o personagem principal empreende uma mudança profunda em sua vida – de negativa a positiva – e conhece um princípio imemorial)*	*Jerry Maguire*	MasterCard
Filme para a Família *(uma família se depara com um evento que altera a vida de todos – muitas vezes entremeado com aspectos cômicos –, mas no final os torna mais próximos)*	*Father of the Bride*	Kodak

(continua...)

FIGURA 6.3 Gênero e Narrativas da Marca (*continuação*)

Gênero	Exemplo de Filme	Exemplo de Marca
Grande Aventura (ação explosiva, heróis rudes e locais exóticos)	*Raiders of the Lost Ark*	Jeep
Trama Voltada à Maturidade (a história do crescimento, na qual o personagem principal amadurece)	*Almost Famous*	MTV
Comédia Romântica Metropolitana (pessoas ficam íntimas e se apaixonam em meio à loucura da grande cidade)	*When Harry Met Sally*	Pottery Barn
Épico Moderno (David Golias; a pessoa contra o Estado ou o poder dos que têm dinheiro)	*Tucker*	Apple
Musical (realidade de uma comédia ou de um drama representado por meio da inflexão do tom do canto e/ou da dança)	*Grease*	Gap
Trama Voltada à Punição (o personagem principal consegue o sucesso, mas é punido)	*Wall Street*	Microsoft
Desafio do Esporte (um(a) atleta se defronta com seu desafio físico mais desencorajador, porém descobre que o verdadeiro teste é psicológico e contra ele(ela))	*Ali; Chariots of Fire*	Nike
Faroeste (caubóis em campo aberto, enfrentando estoicamente perigos ocultos)	*The Searchers*	Marlboro

A Figura 6.3 não indica que Marlboro é a representação da marca do filme *The Searchers* ou que Microsoft é a representação da marca do filme *Wall Street*.

Simplesmente identifica um gênero narrativo específico, demonstra como foi aplicado a um filme específico e como influencia a narrativa de determinada Marca Legendária.

Do mesmo modo que os arquétipos são um meio que ajuda a definir o personagem de sua marca, os gêneros proporcionam um meio útil para criar a trama da narrativa de sua marca. Ao selecionar um gênero apropriado, você define os parâmetros da caixa. Por exemplo, se determinar que sua narrativa da marca se enquadra no gênero do filme *noir*, então você deveria ter um entendimento muito claro daquilo que faz parte ou não de sua trama. Mistério e suspense serão muito importantes, ao passo que números musicais diferenciados provavelmente não serão relevantes. As tramas do filme *noir* normalmente giram em torno de personagens com uma formação um tanto obscura; algumas vezes são conhecidos como *anti-heróis*. O anti-herói de um filme *noir* muitas vezes reluta em aceitar o desafio apresentado pela narrativa. (Pense em todas as antigas histórias que mostram um detetive particular exausto, que recusa um trabalho e acaba se envolvendo por causa de sua participação em um assassinato.) As tramas estão plenas de subterfúgios, normalmente associados a um interesse amoroso sexual – sereias dos dias atuais causadoras de paixões luxuriantes que levam à morte. Se a narrativa de sua marca possui ligação com o filme *noir*, sua trama deve atender às convenções do gênero.

Sua bíblia da marca deve definir o gênero ou o subgênero relevante de sua marca. Fantasias visuais podem ser valiosas. Selecione imagens fixas de cenas de filmes, de programas de televisão ou de outras artes cênicas a fim de proporcionar sugestões visuais para o gênero. Faça uma descrição narrativa preliminar do gênero e de como ele se relaciona à marca. Cite exemplos de tramas apropriadas para o gênero que você selecionou.

Talvez o mito seja a associação mais valiosa para o gênero. Examinamos, no Capítulo 3, o relacionamento íntimo entre as Marcas Legendárias e os mitos clássicos. É nesta fase de sua criação que o mito deve ser um ponto focal importante. Tire a poeira de seu cartão de inscrição da biblioteca e leia as obras imemoriais da literatura ou da mitologia. Se você fosse o gerente de uma marca de cosméticos, poderia deparar-se com a lenda de Ponce de Leon e a busca da Fonte da Juventude. Poderia acreditar que este mito proporciona uma base inspiradora para a sua narrativa da marca. Talvez você aplique esta mitologia ao gênero da trama relacionada à educação. Seu arquétipo da marca é um Criador que anteriormente buscou na alquimia um meio para conseguir a beleza, mas aprendeu que a verdadeira beleza resulta do uso de ingredientes naturais que são seguros e extraídos em várias regiões do mundo. Sua marca conta a história da busca pela fonte da juventude que resultou na própria natureza. Realmente, esta é com precisão a narrativa da The Body Shop.

Considere uma estrutura em três atos. Examinamos, no Capítulo 3, o conceito da estrutura em três atos de Aristóteles. Lembre-se de que todas as histórias contêm ua situação (primeiro ato), uma elaboração (segundo ato) e a resolução (terceiro ato). A estrutura em três atos deveria ser familiar a toda pessoa que tenha trabalhado no setor de propaganda. Durante décadas, a propaganda se apoiou em uma fórmula em três atos com sucesso comprovado, similar à seguinte:

1. *Situação:* O consumidor tem uma necessidade urgente.
2. *Elaboração:* O consumidor escolhe a Marca X para atender à necessidade.
3. *Resolução:* A Marca X desempenha seu papel e o consumidor fica contente.

Essa fórmula, seja ela feita com efeitos criativos de primeira classe, ou de modo preciso, com valores produtivos um grau acima da televisão a cabo acessada pela comunidade, continua a ser adotada na propaganda transmitida. É a estrutura em três atos de Aristóteles reduzida a 30 segundos.

Uma forma de atingir o núcleo da narrativa de sua marca consiste em pensar em três atos. Descreva o perfil de seu(s) consumidor(es) antes que ocorra a interação com a marca. Este é o primeiro ato.

Em seguida, identifique as elaborações que causam a interação do consumidor com sua marca. As elaborações não precisam ter uma conotação negativa. Não suponha que a interação com a marca resulte de algo horrível que está pressionando o consumidor. Pode ser o caso, mas pode ser também que outros fatores provoquem a interação, como a vontade de sentir prazer, a necessidade de comunicar-se com os outros ou a oportunidade de ser útil à comunidade. Cada um destes fatores possui associações positivas e pode criar um tipo de elaboração que ative a interação com a marca.

Essa transição é conhecida como *incidência provocadora* ou o ponto do qual não há regresso. Ela une o primeiro e o segundo atos e posiciona seu personagem principal em uma jornada. Compreendê-la muitas vezes é a chave para entender como os consumidores se relacionam com sua marca, o que os motiva a preferir sua marca e quando têm ocasião de usá-la.

Do mesmo modo que você precisa saber o que a incidência provocadora representa para a sua narrativa da marca, você também precisa estar bem familiarizado com o clímax, a ponte entre o segundo e o terceiro atos, que faz seu conflito principal atingir o ponto culminante. De que modo sua pergunta dramática é respondida e qual é o estado alterado do consumidor? Esta compreensão é a chave para entender o que mantém o vínculo de sua marca com o consumidor ao longo do tempo.

Sua estrutura em três atos também deveria identificar as diversas ações da história ou as mudanças no estado do personagem. Recorde-se do Capítulo 3: a ação é uma mudança em um assunto, de um estado para o outro. Muitos formam uma história. Robert MacKee vai mais adiante neste conceito, com a analogia do *hiato*. Ele acredita que a "história surge naquele lugar onde os domínios do subjetivo e do objetivo se encontram"[6].

Para McKee, grandes histórias atraem nossa atenção porque os participantes se defrontam com uma série de escolhas que aumentam seu risco pessoal. Em outras palavras, intensificam o envolvimento com cada ato dos participantes. A cada escolha, o participante só pode conhecer algo limitado (o objetivo). Ele se defronta com uma decisão e a conseqüência é desconhecida (o subjetivo). Este precipício mental desperta nosso interesse e nos mantém atentos.

Preste atenção aos hiatos à medida que for criando a narrativa da marca. Em cada ponto de sua história, qual é o hiato com o qual o consumidor se depara entre o mundo objetivo e a realidade subjetiva? Se você for o gerente de uma Marca Legendária de automóvel, pode imaginar o que os consumidores pensam à medida que se aproximam de seus veículos. O hiato pode ser entre segurança (o mundo objetivo) e o risco de uma colisão (realidade subjetiva). Este hiato pode influenciar a preferência da marca pelo consumidor, o que a torna parte da narrativa. Por outro lado, o hiato pode ser entre a realidade comum (o mundo objetivo) e a oportunidade de experimentar velocidade e direção ágil (realidade subjetiva). Reporta-se a uma narrativa inteiramente diferente.

Você pode definir sua estrutura em três atos, literalmente, ou em termos metafóricos. Algumas vezes, pensar em abstrações resulta em uma narrativa da marca mais duradoura. Lembre-se de que você não está escrevendo comerciais. Você está escrevendo a história básica que apóia sua marca. Conserve-a simples. Imagine um ou diversos participantes. Identifique aquilo que provoca uma pergunta dramática para eles. Faça com que os participantes se esforcem para responder e inclua mais conflitos para eles. Responda à pergunta e identifique o resultado, ou seja, veja a mudança ocorrida com os participantes. Faça isto em cinco palavras ou em cinco frases curtas, sempre acompanhadas de um pequeno símbolo, ou em 50 páginas. A escolha é sua.

Deduza da jornada do herói. Os atuais narradores de histórias devem muito a Joseph Campbell. Este autor observou que todos os grandes mitos do mundo possuíam um tema comum – a busca realizada pelo herói. Campbell observou que este "monomito" universal seguia a estrutura de três atos de Aristóteles, que Campbell definiu como "afastamento–iniciação–retorno". Porém, Campbell não parou neste ponto. Em cada um dos atos ele definiu uma série comum de eventos ou incidentes que ocorriam repetidamente em inúmeras tradições culturais.

A jornada do herói arquetípico, ou "monomito", como Campbell a denominava, normalmente envolve um herói não aclamado que é chamado para participar de uma aventura. A convocação inicialmente é recusada, porém alguma força o lança em uma aventura com riscos muito elevados. Durante a aventura, o herói se defronta com a morte. Em alguns casos, realmente morre. Acontece que o personagem retorna do limiar da morte com um segredo ou uma dádiva especial (que Campbell denominava "o elixir"). O herói, ou a heroína, volta para casa com o segredo, a dádiva, e deixa sua marca na cultura.

O aspecto mais importante da jornada do herói é a descida – o herói defronta-se com a própria mortalidade. Mesmo nas histórias nas quais a morte física nunca constitui uma ameaça, o herói se vê ante uma morte figurativa – pode ser a perda da carreira, da criatividade, da família etc. De modo análogo à famosa história de Orfeu no mundo subterrâneo, é a jornada do herói em um inferno pessoal e o retorno com uma nova perspectiva que dão à história o seu poder.

As Marcas Legendárias usualmente estabelecem um elo com a jornada do herói, mais freqüentemente como um símbolo do triunfo sobre a morte. O movimento da Nike, acompanhado de um som ligeiro, é um símbolo significativo, pois representa um compromisso com o autodesafio. Os produtos da Nike representam o segredo/a dádiva conquistado(a) pelo herói. O mesmo pode ser dito do Macintosh da Apple, do café Starbucks e do Volkswagen Beetle.

Quando você estiver criando a trama de sua narrativa da marca, pense nos produtos de sua marca como um segredo ou uma dádiva conquistado(a) em uma aventura de alto risco. Qual era o conflito de vida e morte? O que o seu produto e a sua marca significam para o herói dessa jornada? De que modo ela é reveladora? Traçar esta rota muitas vezes ajuda a elaborar uma narrativa da marca.

Adote como referência as crenças sagradas e os agentes da marca conhecidos. Discutimos, no Capítulo 2, o ciclo de mitologia da marca e o elo entre uma visão de mundo das crenças sagradas e um agente da marca. Mostramos que a narrativa é o agente vinculador que junta as duas entidades. À medida que você elaborar sua narrativa da marca, um recurso muito poderoso a ser aproveitado reside nas crenças sagradas e nos agentes da marca conhecidos vinculados à sua marca.

Até hoje a Hewlett-Packard deve uma grande parte de sua narrativa da marca aos homens que lhe deram seu nome e à lendária garagem que possuíam. A narrativa da marca GE continua a ter algum elo com Thomas Edison e o homem que a reinventou, Jack Welch. Em ambos os casos, a história dos agentes da marca (os fundadores e o dirigente) constitui pelo menos uma das narrativas da marca.

Se um de seus agentes da marca é uma pessoa, não suponha que a narrativa da marca seja simplesmente a biografia da pessoa ou a *persona* pública. Olhe abaixo da superfície. Com que personagem mítico esta pessoa se parece? Ela é um Prometeu, comunicando ardilosamente os segredos dos deuses aos homens, ou é um Salomão, fazendo julgamentos plenos de sabedoria ao governar seu povo?

Examine o sistema de crenças que rodeia sua marca. A trama de uma narrativa centraliza-se em uma pergunta dramática. Esta pergunta muitas vezes possui raízes filosóficas. Vamos analisá-las melhor quando discutirmos o tema; no entanto, as crenças sagradas que possuem um elo com sua marca podem apontar para uma pergunta dramática, talvez um ponto de partida eficaz para a sua bíblia da marca.

Considere mais de uma narrativa. Muitas marcas possuem na realidade mais de uma narrativa. Em muitos casos, narrativas múltiplas se referem a um supermito, mas nem sempre. Nos estágios iniciais do desenvolvimento de sua bíblia da marca podem surgir algumas linhas narrativas. Examine todas elas ou as classifique, para que você possa prestar a devida atenção àquelas que parecem mais relevantes.

Se efetivamente existem diversas narrativas e elas são razoavelmente distintas, é provável que o tema desempenhe um papel dominante em sua abrangente narrativa da marca. Quando o tema desempenha um papel, sua narrativa é muito mais abstrata e ligada a questões filosóficas ou fenomenológicas. Esta condição é uma bênção e uma maldição. É uma bênção por lhe proporcionar a maior liberdade possível para analisar e desenvolver sua narrativa da marca. As possibilidades são ilimitadas, desde que você permaneça dentro das fronteiras de sua pergunta abrangente. No entanto, a liberdade excessiva pode ser uma maldição. Como sua paisagem parece mais com a Austrália do que com o Havaí, é mais difícil dominar o terreno. Sua narrativa da marca é mais suscetível ao desgaste, à irrelevância e à ubiqüidade sem diferenciação. Quando você tiver compreendido estes problemas, eles já podem ter alcançado um estado de crise, ao passo que uma marca com uma narrativa mais limitada geralmente compreenderá estes temas antes que fiquem fora de controle.

Tema: Uma razão para a marca

O tema é o *porquê* de sua marca. Ele confere significado à marca. Pode-se argumentar que somente as Marcas Legendárias oferecem um tema. Todas as demais não possuem este senso de significado, dependendo de outras qualidades para se diferenciar (por exemplo, qualidade, confiabilidade, custo). As Marcas Legendárias têm a conotação do significado, o qual conduz a narrativa. As histórias grandes e pequenas que as Marcas Legendárias contam servem para enfatizar o tema da marca.

Tema condutor. Qual é o tema condutor de sua marca? A resposta a esta pergunta provavelmente será uma afirmativa que defina a originalidade da marca. Você pode denominá-la declaração da missão, nível de atuação, uma tomada de posição ou um ponto de diferenciação. Faça sua declaração do tema concisa e memorável. Robert McKee refere-se ao tema como a idéia controladora. Ele diz: "uma idéia controladora pode ser expressa em uma única sentença descrevendo como e por que a vida está sujeita a mudanças de uma condição de existência no princípio a uma outra no final"[7].

McKee define a idéia controladora como Valor mais Causa. O Valor expressa aquilo que muda. Por exemplo, na peça *Romeu e Julieta*, o amor que enaltece a vida conduz à morte – *o amor mata*. A mudança de valor é da vida para a morte. A Causa expressa o que ocasionou a mudança de valor. Em *Romeu e Julieta*, a causa é o preconceito e o ódio provenientes de uma antiga rivalidade entre duas famílias. Isto nos proporciona uma idéia controladora completa: o amor que enaltece a vida conduz à morte quando permitimos que o preconceito e o ódio dirijam nossas ações.

O tema dominante do MasterCard é tão poderoso a ponto de ser efetivamente mencionado em sua propaganda: "Existem algumas coisas na vida que o dinheiro não compra. Para todas as outras existe o MasterCard". Se fôssemos expressar isto sob a forma de uma idéia controladora, diríamos: "A vida é gratificante (Valor) porque o MasterCard nos permite focalizar aquilo que é mais importante (Causa)". A mudança de valor é de vazio para gratificante. Aqueles que pensam apenas no dinheiro têm por destino uma vida vazia. O MasterCard é responsável pela mudança de vazio para gratificante porque nos permite enxergar os momentos "sem preço" que enriquecem nossas vidas e que nenhuma quantia poderia comprar.

Pode ser que leve um bom tempo para você definir o tema de sua marca. Você pode ter de dar substância a outros detalhes como os personagens e a trama, antes de o tema principal começar a emergir verdadeiramente. Muitas vezes é mais fácil definir o tema principal ou a idéia controladora após grande parte da narrativa estar definida. Após articular o tema principal, relembre-o com freqüência. Coloque-o na tela do computador. Plastifique-o e leve-o em sua carteira. Pinte-o nas paredes da sala de conferências da equipe. Esta é a declaração que servirá como seu teste de acidez para as iniciativas de marketing futuras.

Temas subordinados. Um tema pode não ser suficiente para a sua marca. Histórias excelentes freqüentemente possuem muitos temas. Além de seu tema controlador principal, a história de *Romeu e Julieta* descreve tematicamente o poder do amor verdadeiro. O tema principal do MasterCard domina sua propaganda da marca, mas também comunica um tema subordinado sutil – o dinheiro domina nossas vidas (Valor) quando não a administramos bem (Causa). MasterCard é uma marca que ressoa mais forte nos Estados Unidos das pessoas comuns. Muitos de seus usuários não vivenciam o que é preconizado pelo American Express nem se permitem certas indulgências, como é próprio do portador de um cartão Visa. Os clientes do MasterCard gerenciam bem seu dinheiro em função de suas finalidades, para que os problemas de crédito não afastem o foco das partes significativas de suas vidas. Um comercial do MasterCard foi direcionado a estudantes universitários. Ele não os incentivava a conseguir um cartão e a acumular um saldo com todas as compras de objetos de desejo que pudessem adquirir. De preferência, glorificava a liberdade conquistada ao obter um bom emprego e ser auto-suficiente. O comercial tinha ligação com um programa promocional para um estágio de muito destaque na indústria da música. O tema subordinado prevaleceu.

Estética: A narração por meio dos sentidos

A narrativa das Marcas Legendárias muitas vezes atinge com mais força o consumidor por meio de impulsos sensoriais. A narrativa da marca comunica-se com seu público de um modo que pode ser muito mais íntimo e sensual do que qualquer filme, peça teatral ou livro.

Starbucks é uma Marca Legendária que narra bem sua história cativando os sentidos. Todo Starbucks incorpora um conjunto único de imagens que transcende a mera colocação do logo conhecido. Geralmente uma pessoa entra em um Starbucks e reconhece instantaneamente que é um Starbucks e não outro estabelecimento do gênero. A história é comunicada pelo design, aquilo que vemos: materiais naturais, variedade de cores, estilo eclético internacional.

O Starbucks não pára nesse ponto. O olfato é despertado imediatamente. Quando perguntados se lembram de uma experiência no Starbucks, poucos consumidores se esqueceriam de mencionar o odor do café moído sendo preparado na máquina em meio a água escaldante.

O Starbucks agrada aos ouvidos. Você pode ouvir o som sibilante das máquinas de café expresso em qualquer café médio, porém quantos entre eles possuem a trilha sonora eclética transmitida em um Starbucks? Estas seleções musicais unem-se intimamente à narrativa da marca e são tão apreciadas que o Starbucks criou uma linha própria de CDs com sua marca.

O Starbucks também ativa o tato. O mobiliário é luxuoso e confortável – sofás de veludo com estofamento volumoso, balcões de café construídos em madeira maciça com ricas características de textura, e uma linha completa de mercadorias relacionadas ao café. Como todo varejista que possui um bom tema, o Starbucks proporciona uma excelente oportunidade para sentir a marca.

Por último, sem sombra de dúvida, o Starbucks agrada as glândulas salivares. Você pode experimentar a marca e, quando o fizer, atingirá os rincões longínquos da Sumatra, as florestas tropicais da Nova Guiné ou os trópicos quentes da Colômbia. Enquanto isso, você também experimentará a tradição francesa em torrefações, a mistura rigorosa de Seattle para a moagem e a reminiscência infantil confortadora do leite quente.

A narrativa da marca, muitas vezes, é transmitida com as ferramentas tradicionais da propaganda e da promoção. Estilo, conjunto de imagens, sugestões de sons e uso arguto da palavra falada se combinam para influenciar a associação narrativa. A eficácia de tais ferramentas explicam por que elas constituem a maior parte de um orçamento de marketing típico. No entanto, as Marcas Legendárias precisam explorar além dos recursos audiovisuais convencionais para se comunicar com seus clientes e narrar suas histórias.

Crie uma biblioteca de imagens. Talvez a parte mais fácil e muitas vezes mais agradável da elaboração de uma bíblia da marca seja o processo de criar uma biblioteca de imagens. Quando você a forma, sua meta consiste em agrupar o maior número de fotografias, ilustrações, desenhos e outros itens visuais que comunicam uma dimensão da marca. Um bom álbum de fotografias que contenha conceitos visuais dos atributos de sua narrativa da marca treinará um novo membro da equipe mais rapidamente do que qualquer relato criativo sucinto.

Procure em bibliotecas e pesquise recortes de revistas para formar o conjunto de imagens narrativas de sua marca. Com a expansão da Internet e o amplo acesso ao software, é muito fácil identificar, aumentar o número e apresentar imagens adequadas à sua narrativa da marca. Você pode buscar essas imagens com idéias preconcebidas. Você pode, algumas vezes, chocar-se com um trecho da narrativa da marca, procurando ao acaso em um banco de imagens. Para muitas pessoas, as imagens possuem um tipo de mágica. Às vezes elas exigem uma análise visual para conduzir a narrativa textual. Você pode não conhecer o que todas as diferentes imagens significam, porém, de algum modo, elas comunicam a marca. Use esse estímulo visual para gerar a narrativa, estudando atividades visíveis da trama (por exemplo, imagens de pessoas correndo livremente em uma praia ou de uma mulher chorando no banco de um parque), biografias de personagens ou elementos temáticos.

Crie uma trilha sonora da marca. Pode parecer estranho de início, porém uma boa trilha sonora muitas vezes pode estimular seu pensamento. O Starbucks possui uma trilha sonora da marca. Por que sua marca também não poderia ter? Você pode não ser capaz de vendê-la aos consumidores do modo como o Starbucks faz, mas pode usá-la para motivar sua equipe ou reafirmar-se na narrativa sensorial da marca.

Instale uma "sala de guerra". Quem visitou recentemente uma agência de propaganda provavelmente deparou-se com a "sala de guerra" de um cliente. As salas de guerra têm estado em voga há algum tempo e por uma boa razão. Elas oferecem um espaço para a equipe de marketing desenvolver suas idéias em um ambiente não-estruturado. Provam ser um excelente local para a equipe se reunir, pois oferecem um ambiente onde se respira a marca.

Quando você inicia o processo de criação da bíblia da marca, sua primeira tarefa pode muito bem ser a criação de uma sala de guerra. O tamanho não importa. Ela pode ser na realidade um canto de seu escritório. O que importa é você demarcar o espaço exclusivamente para a narrativa da marca. Tudo com o que você se deparar, que pareça transmitir a narrativa, deve ser colocado na sala de guerra.

Algumas salas de guerra são muito estruturadas, com uma ordem muito linear. Outras se parecem com um dormitório de faculdade. Todas apresentam uma grande variedade de imagens, citações, recortes e objetos tridimensionais espalhados.

O único aspecto importante a respeito de uma sala de guerra é o fato de ela criar um ambiente que auxilia a equipe da marca a orientar-se por meio da narrativa da marca.

Outros exercícios sensoriais. Criar uma biblioteca de imagens, elaborar uma trilha sonora e demarcar uma sala de guerra estão entre as atividades mais úteis que você pode exercer para explorar os elementos estéticos da narrativa da marca; existem, porém, outros. Você pode explorar a estética utilizando as preferências que as pessoas têm pela marca ou buscar a descontração realizando um *happy hour* da marca (embora consciente de que tal exercício terá rendimentos de escala decrescentes). No parque temático Epcot, no Walt Disney World, a Coca-Cola patrocina uma mostra que permite aos clientes do parque experimentar bebidas servidas pelas máquinas e produzidas pela Coca-Cola ao redor do mundo. Seja o sabor de abacaxi, preferido na China, ou a variedade amarga, que faz sucesso na Itália, os clientes podem experimentar os diferentes sabores de Coca-Cola.

Você também pode escolher explorar a estética do tato. Sua narrativa da marca requer têxteis simples como o suede e a lã, ou exige a estabilidade refinada da seda e do cetim? Finalmente, você pode explorar o odor da marca. Após a obrigatória sessão de piadas com sua equipe de marca, você deve investigar se a sua marca evoca ou não o odor amadeirado da canela e da nogueira americana, ou a essência perfumada da baunilha e do *musk*. Nenhum destes exercícios representa experiências práticas que unem grupos; eles estimulam sua imaginação e conduzem à narrativa.

Outros componentes de uma bíblia da marca

Você deve adotar as sugestões expostas em cada um dos quatro aspectos descritos anteriormente, a fim de criar material para a sua bíblia da marca. A idéia não é de apenas conceber idéias, mas produzir materiais tangíveis que podem ser partilhados pela equipe da marca e usados para gerar verdadeiras extensões de marketing. Compete a você escolher o modo para registrar e gravar os resultados de cada um dos exercícios.

Cabe a você, então, incluir outros elementos que aprimorem o uso produtivo de sua bíblia.

Glossário. À medida que sua narrativa for surgindo, ela definirá termos próprios, seu jargão e sua linguagem. Algumas narrativas produzem uma terminologia extensa e elaborada, muito particular. Considere a exibição, no cinema e na televisão, do filme *Jornada nas Estrelas*. Você poderia preencher diversos volumes apenas com os termos e frases criados. Os fãs mais dedicados chegaram a aprender os idiomas ficcionais vinculados à narrativa.

Sua bíblia da marca deveria incluir um glossário para que você possa, enfim, definir as palavras, frases e outros jargões distintos que se originam de sua narrativa da marca.

História narrativa comentada. Embora a narrativa principal de sua marca devesse ser apoiada durante um longo período (a Coca-Cola conta hoje a mesma narrativa que contava há quase 100 anos), as variações do tema de sua narrativa mudarão com o tempo, o gosto dos consumidores e as iniciativas estratégicas de sua companhia. Poucas empresas mantêm um registro ativo dessas várias produções da narrativa. Quando o fazem, normalmente são administradas por um arquivista que não possui qualquer relação com a equipe da marca.

Pense a respeito. O gerente sênior de marca, de nível médio, possui uma expectativa de convivência de menos de 10 anos com a mesma marca. Marcas Legendárias como Coca-Cola, Kodak e GE existem há décadas. Durante sua existência, estas marcas sobreviveram a um grande número de graduados executivos de marketing, foram amadurecidas por inúmeras revisões feitas pelas agências, sofreram transferência de contas entre agências e acabaram relançadas com um posicionamento totalmente novo mais de uma vez. Sem a existência de um registro, o que apóia a continuidade da narrativa da marca durante cada uma dessas mudanças?

A bíblia das séries de televisão faz a crônica de todo desenvolvimento narrativo do programa. Quando os redatores buscam uma nova variante, muitas vezes consultam a bíblia para obter inspiração. Lá eles podem encontrar alguma trama não explorada, iniciada há muito tempo, mas nunca desenvolvida. Você não deveria fazer o mesmo para a sua marca? No mínimo, mantenha em um único lugar um registro de todas as campanhas de divulgação da marca e das iniciativas importantes que a envolveram.

O PROCESSAMENTO E O USO COMPARTILHADO DE SUA BÍBLIA DA MARCA

Método de baixo para cima ou método de cima para baixo

Existem basicamente duas maneiras de criar sua bíblia da marca. Você pode iniciar de cima para baixo, o que é mais estratégico e hierárquico, ou você pode criar de baixo para cima, o que é mais orgânico. A escolha depende do estilo e da capacitação que você e sua equipe possuem.

O método de cima para baixo atrai muitas pessoas, pois parece extremamente interessante na hora em que você o explica a seu chefe ou cliente. Para criar a bíblia de cima para baixo, você normalmente começa definindo o tema principal e então seleciona os arquétipos e gêneros paralelos. Usando este conceito de alto nível da narrativa da marca, você segue uma trajetória descendente para estabelecer os 12 estágios da estrutura em três atos e criar os elementos estéticos.

O método de cima para baixo é uma iniciativa viável e rigorosa. Quando dá certo, tende a produzir uma narrativa da marca que possui coerência lógica em todos os níveis. É isto que o torna tão atraente. O processo analítico usado para produzir o resultado final transfere-se muito bem para o processo convencional de criação da estratégia, deixando-a mais fácil de ser administrada pelo gerente sênior. Se estiver criando de cima para baixo, você pode explicar rapidamente todo o processo a seus superiores ou clientes e mantê-los a par de seu progresso, sem provocar surpresa ou causar algum mal-estar.

Infelizmente, é difícil criar de cima para baixo. O ato de criação exige que você defina logo de início muitos elementos que não se revelam até que você tenha conduzido uma análise aos níveis inferiores. Muitos narradores de histórias enfrentam dificuldade para redigir uma história a partir de um tema principal. Para estes narradores, o tema é efêmero, significando algo no Dia 1º, porém, outra idéia muito diferente no Dia 22. As duas versões permitem que o tema se defina pelo produto final.

Se você tem dificuldade para pensar dessa maneira, é perfeitamente aceitável começar de baixo e ir subindo. Quando emprega este método, você inicia como um explorador. Começa com exercícios estéticos, instala uma sala de guerra, pesquisa em uma biblioteca de imagens ou descreve o perfil de personagens específicos. A partir daí começam a surgir certos padrões que formam a espinha dorsal das narrativas de nível inferior, que são em certo sentido cenas da jornada do herói. Ao longo do tempo, elas se agregam e você tem condições de discernir o tema prinicipal e o mito arquetípico que dirigem sua narrativa.

O método de baixo para cima dá resultado, mas também apresenta algumas falhas. No início, pode ser demorado. Como você não sabe para onde está indo, pode escolher algumas trajetórias enganadoras e perder um tempo precioso. Segundo, este método nem sempre satisfaz o alto escalão. Se você trabalha em uma agência de propaganda ou faz parte de uma equipe interna, pode defrontar-se com alguma oposição quando disser a seu cliente que ainda não tem a estratégia, mas instalou uma sala de guerra realmente excelente. Finalmente, algumas pessoas não compreendem este método. Sua falta de estrutura pode ser um obstáculo. Você pensa que está indo na direção certa e acaba percebendo que não chegou a lugar algum. O método de baixo para cima exige autodisciplina, embora favoreça a criatividade de quem o executa.

Traduzindo as bíblias da marca para a estratégia corporativa formal

Sua bíblia de marca deve servir para algo no final do dia. Este não é um exercício de autoconhecimento e não pretende ser um ritual obrigatório para sua equipe. Este documento ou esta apresentação precisa conquistar uma longevidade útil – uma estratégia viva.

Certa ocasião, observei o diretor de marketing de uma empresa que fazia parte da lista *Fortune 100* apresentar sua proposta a um grupo de executivos criativos da Disney. Ele realizou algo absolutamente brilhante. Exibiu um livro de histórias em tamanho ampliado, que servia de modelo. Cada página do livro detalhava outro elemento de sua proposta, porém estava redigido em forma de história, ilustrado e diagramado como um conto de fadas. Falando a linguagem da Disney, ele vendeu sua proposta naquele dia. Teve sucesso em traduzir sua estratégia de marketing corporativo de uma forma que a Disney compreendia e reverenciava.

A não ser que você esteja trabalhando na Disney, há a possibilidade de que as pessoas a serem influenciadas por você não entendam a linguagem da narrativa da história. A narrativa da história é uma linguagem que ajudará você e sua equipe a gerenciar a marca, mas nem sempre o ajudará a lidar com seus superiores e o público externo. Sua bíblia da marca não é documento para ser exibido em reuniões do Conselho de Administração ou de análises financeiras. Ele é, contudo, o material básico que torna mais fácil sua preparação para estas reuniões.

APÊNDICE: Um processo de desenvolvimento ilustrativo da bíblia da marca

O ideal seria que este capítulo terminasse com o estudo de um caso de projeto real de desenvolvimento da bíblia da marca. Infelizmente, existem duas armadilhas neste tipo de exercício. Primeiro, bíblias da marca são o equivalente a planos estratégicos e, portanto, não representam o tipo de material que a maior parte das empresas deseja compartilhar com seus concorrentes. Segundo, cada projeto é único, com um conjunto próprio de temas e oportunidades. Por estas razões, procurei exemplificar o processo usando uma companhia fictícia e um trabalho hipotético. O formato me permite evitar a divulgação inadvertida de informações confidenciais, impede qualquer objeção que você possa ter em relação à estratégia de marketing de determinada companhia, e permite que examinemos uma gama mais ampla de exercícios relacionados ao processo de desenvolvimento da bíblia da marca.

Este trabalho hipotético será conduzido pelos membros de minha equipe no Cabana Group, minha agência de marketing. Embora seja fictício, envolverá técnicas muito similares àquelas utilizadas para trabalhos reais de clientes. Qualquer similaridade entre a companhia hipotética e meus clientes será mera coincidência. Este exemplo é realmente um amálgama de experiências passadas, com toques dramáticos ocasionais para mantê-lo interessado.

Uma narrativa para as comunicações

Nosso cliente é uma companhia de telecomunicações que adquiriu recentemente diversas empresas regionais para criar uma rede nacional de comunicação sem fio e com fio. Escolhi uma companhia de telecomunicações porque, após o desmembramento da AT&T, em 1984, nenhuma empresa de serviços de telecomunicações parece ter o *status* de Marca Legendária. Poucas marcas de telecomunicação significam algo para o consumidor, além de preço e qualidade de serviço. No entanto, a culpa não é inteiramente dos gerentes de marca da indústria. O serviço de telecomunicações proporciona valor intangível. Quando opera bem, é transparente, conforme deveria ser. A única ocasião em que os consumidores ficam conscientes da marca é quando têm um problema. Isto torna o *status* de Marca Legendária um desafio extraordinário.

Nossa companhia hipotética terá raízes históricas que foram bem divulgadas (para tornar o trabalho um pouco mais fácil). Ela também é capitalizada e o alto

CRIANDO A NARRATIVA DA MARCA

escalão da empresa acredita que um investimento na marca trará benefícios em longo prazo. Toda pessoa que já tenha trabalhado em uma companhia de telecomunicações sabe que estou entrando em pura ficção a respeito deste último aspecto, porém é mais fácil imaginar que os detentores da marca estão investindo em benefícios em longo prazo porque um orçamento limitado agregaria influências diferentes a nosso exemplo. A maioria dos gerentes de marca possui recursos limitados, o que exigiria uma classificação e outra prioridade para as idéias que desenvolveremos em nossa ilustração.

Dia 1º: Observando a narrativa com persistência

Nosso objetivo consiste em desenvolver a narrativa que deve orientar tudo o que a marca faz. Não é uma tarefa fácil. Nosso trabalho orientará a propaganda, a promoção, os patrocínios, a apresentação e as relações públicas da empresa. O diretor de marketing da companhia apresentou nossa equipe aos dirigentes de sua agência de propaganda que participarão do processo. Kay Walsop, a vice-presidente sênior de Gerenciamento da Marca, também será uma presença importante.

Uma conferência por telefone dá início ao trabalho. Nosso cliente trocou recentemente de agência e agora é representado por uma das agências mais criativas, que trouxe para a conferência Vijay Patel, vice-presidente e administrador da conta; Ian Forster, diretor de planejamento; e Ben Ford, o lendário diretor de criação. Kay lidera a discussão.

Somos informados de que a agência precisa entregar a primeira parte da nova propaganda da marca em três meses, ocasião em que a companhia planeja introduzir um novo serviço que utiliza novas tecnologias em colaboração.

Definida a programação, concordamos que nosso desenvolvimento da narrativa precisa estar pronto em três semanas. Discutimos alguns temas óbvios. Primeiro, julgamos que existe valor na história da companhia. Kay tem uma preocupação, a de que o foco na herança da marca pode torná-la "o Oldsmobile de seu pai". Nós lhe asseguramos que não planejamos imagens em tom sépia como um dos temas principais da narrativa da marca, porém levantamos a hipótese de que os consumidores terão uma forte lembrança (*recall*) das raízes históricas.

Também acreditamos na existência de uma narrativa que focaliza o valor das comunicações. Ben emite um som de desagrado e ressalta que criar um novo conjunto de comerciais com apelo sentimental, mostrando pessoas na Argentina comunicando-se com pessoas em New Jersey, não será bom para a marca. Nós concordamos. A mídia está abarrotada de marcas de telecom que prometem eliminar fronteiras nacionais e regionais. São produzidas imagens de pessoas de mãos dadas ao longo de fronteiras. Não há história aí. Além disso, a maioria dos usuários de telefones sem fio não deseja fazer chamadas para o exterior.

A conferência dura três horas. Parte dela dedicada a procedimentos, outra a um *brainstorming* narrativo. Encerramos a chamada um tanto derrotados. Não parece existir uma narrativa concreta para ser aproveitada. Nossa equipe se divide e vai à luta. Consultarei literatura específica, farei pesquisas secundárias e examinarei nossa biblioteca interna de mitos. Minha meta consiste em desenvolver algumas representações arquetípicas da marca e definir o gênero ou a mitologia orientadora. Meu principal planejador, Jim Sheehy, organizará uma primeira rodada de pesquisas e estudará as narrativas do consumidor, caso existam. Enquanto isto, Catherine Davie, nossa assistente de equipe, começará a coordenar as sessões com a agência e o cliente. Ela também agrupará todos os dados referentes ao passado da empresa e criará uma história narrativa, dedicando atenção especial à iniciativas anteriores de propaganda e design.

Dia 5: A sala de guerra é organizada

Passam-se muitos dias. É sexta-feira à tarde. Jim acaba de completar sua primeira rodada de entrevistas pessoais com consumidores. Ele tem mais duas rodadas programadas para a próxima semana. A primeira aconteceu em Los Angeles e arredores. Ele entrevistou um total de 20 pessoas e conduziu duas discussões em grupo. Os pesquisados incluíram aqueles que eram clientes atuais da marca, aqueles que usavam serviços de comunicação sem fio, porém não de nossa marca, e aqueles que pretendiam adquirir serviços de comunicação sem fio.

Jim emprega uma técnica engenhosa para chegar à narrativa. Ele inicia as sessões com diversos recortes e imagens sobre a mesa. As imagens incluem fotografias de pessoas utilizando telefones sem fio e também se comunicando de outras maneiras. Após alguns comentários introdutórios e perguntas de caráter geral, Jim pede ao grupo para descrever o que acham das fotos. A sessão começa de modo bem geral. Um pesquisado menciona que a mulher de uma fotografia parece "estressada". Jim aprofunda a observação e sugere que ela provavelmente está usando seu celular para explicar aos familiares por que está atrasada.

Jim utiliza o acontecimento como uma plataforma para incentivar o grupo a falar sobre o uso do telefone celular. Até agora a marca não foi mencionada, exceto

CRIANDO A NARRATIVA DA MARCA

por um pesquisado dizendo que era assinante da marca. Jim opta por não desenvolver ainda este reconhecimento da marca. Posteriormente, ele retorna ao tema quando o grupo volta sua atenção para as marcas de comunicação sem fio.

A primeira rodada das discussões em grupo e das entrevistas pessoais produz poucos resultados apreciáveis. Surgem observações esperadas, como afirmar que os mecanismos sem fio são um dispositivo "capacitador" e um instrumento para ajudar as pessoas a se "conectarem" e a serem mais "produtivas". Esperávamos comentários como estes. Eles não nos ajudam muito em termos de construir a narrativa da marca. Somente uma informação relevante acaba surgindo destas sessões. Uma pesquisada, durante entrevista pessoal, revelou que usa o telefone celular para planejar atividades clandestinas. Embora as comunicações sem fio sejam menos seguras, esta mulher confessou que usava seu celular para se comunicar com o antigo namorado. Procedia assim para que o atual namorado não descobrisse. Ela revelou também que só informava o número de seu telefone celular a um grupo cuidadosamente escolhido. O interessante, para nós, foi a insinuação de privacidade e exclusividade. Ela pode muito bem não estar incluída nas estatísticas, porém sua entrevista revelou a insinuação de conspiração e subterfúgio. Algo aí nos impressionou, pois poderia ser um componente potencial da narrativa da marca.

Participei em seguida. Meu primeiro exercício foi rever a literatura clássica e as obras de Bullfinch, Campbell e outras crônicas do mito. Decidi lidar com o óbvio, inicialmente, e pesquisar as narrativas de mensageiros e comunicadores míticos. A história óbvia era aquela de Hermes, o mensageiro dos deuses gregos. Considerei-a um pouco "precisa", porém existiam algumas sobreposições interessantes na pesquisa inicial de Jim. Em primeiro lugar, Hermes muitas vezes levava mensagens secretamente ou se transformava para ajudar Zeus a livrar-se de uma dificuldade. Achei que poderia estar alongando o tema, mas a equipe gostou da idéia.

Também revelei diversas outras lendas e histórias, e mitos clássicos relativos a mensageiros. Por exemplo, discuti o sistema de inteligência lendário arquitetado por Sir Francis Walsingham durante o reinado de Elizabeth I, que empregava um sistema intricado de espiões, crianças e encontros secretos para proteger a Coroa.

Analisamos cada uma dessas histórias por algum tempo. Outros membros da equipe contribuíram com recordação própria de histórias sobre o processo de comunicações. Catherine apresentou então o material que havia juntado a respeito da história narrativa real de nosso cliente. Kay também estava disponível para fazer comentários.

Acontece que os fundadores da principal empresa eram praticamente criminosos, nos tempos iniciais. Adotaram erroneamente o conceito do negócio, mediante o uso de tecnologia pirateada para fazer ligações gratuitas e não autorizadas. A maioria dos fundadores originais não trabalhava mais na companhia, porém um deles tinha assento no Conselho de Administração. Kay explicou que a herança da pirataria era história antiga e não podia ser utilizada. Para o restante de nós, era uma partícula infinitesimal da narrativa.

Ben e Vijay intermediaram. Argumentaram que não deveríamos enfatizar diretamente a história, ou vincular a marca à atividade criminosa. Exploraríamos, de preferência, a narrativa do pensamento inovador, da experimentação e da desobediência às regras – tudo em nome de aproximar as pessoas. A verdade é que não tínhamos muita certeza a respeito da última parte. Ian e eu ajudamos a moldar esta idéia em algo que Kay pudesse tolerar. Explicamos que o personagem arquetípico do Rebelde poderia ser o elo de ligação com as observações incomuns que Jim havia descoberto em sua pesquisa. A marca, não os fundadores, poderia ser vista como os rebeldes que proporcionavam o avanço da tecnologia de consumo. Ainda incerta, Kay permitiu que prosseguíssemos. Passamos a cuidar da história.

Catherine havia preparado, na parede da sala de guerra, uma história completa da companhia. Do final da década de 70, até cerca de 1996, a companhia teve um desenvolvimento razoavelmente linear. Veio então o período de aquisições e a narrativa tomou direções diferentes.

Sugeri que continuássemos com nossos *insights* principais: a verdadeira história dos fundadores, a narrativa de comunicações clandestinas revelada na pesquisa dos consumidores, o arquétipo do Rebelde e o mito de comunicação de Hermes e outros heróis. Também concordamos que precisávamos de um gênero bom e convincente para dar uma estrutura à narrativa. Ian e eu planejamos nos reunir no dia seguinte para discutir as implicações do gênero.

Dia 8: Surgem três narrativas

Jim telefonou de Paramus, New Jersey, onde havia terminado mais uma rodada de pesquisas. Ele empregou algumas técnicas experimentais, utilizando mais imagens para obter a narrativa dos pesquisados. Descobriu informações interessantes a respeito de como a marca de nosso cliente se posiciona em relação a outras narrativas da marca. Um dos concorrentes mais aguerridos de nosso cliente estava direcionado para uma narrativa de esperança e otimismo. A empresa era considerada a marca de comunicações "norte-americana". Isto não nos perturbou muito porque a narrativa de nosso cliente não proporcionava uma relação do tipo patriótico ou nacionalista e nem acreditávamos que tais associações a ajudariam.

Jim descobriu alguns novos exemplos da narrativa clandestina. Desta vez foi um executivo com cerca de 45 anos, que usou seu celular para contatar clientes potenciais que não eram aceitos pela sua diretoria. Jim também descobriu que muitos consumidores encaravam a marca como um pouco "subversiva". Esta percepção surgiu das descrições que ele fez das pessoas que poderiam usar a marca de nosso cliente no lugar de outras marcas. Jim colocou sobre a mesa fotografias de cinco diferentes clientes hipotéticos. Por exemplo, uma das fotografias mostrava um homem mais idoso com um sorriso amplo e acolhedor. Ele vestia uma camisa pólo e aparentava ter boa saúde para a sua idade. A maioria dos pesquisados o identificou como o tipo de consumidor que compraria a marca concorrente "norte-americana", mas escolheu um homem jovem, ligeiramente desalinhado, porém com aparência de inteligente, como sendo o consumidor com mais probabilidade de tornar-se usuário dos serviços de nosso cliente. Os pesquisados afirmaram que o homem jovem parecia solitário e provavelmente desejaria nossa marca porque ela significava o anticonformismo ou a antimarca. Suspeitamos que esta crença se originava de uma campanha de propaganda pela Internet que nosso cliente divulgara há alguns anos, porém os resultados da pesquisa não foram claros.

Ian e eu acreditávamos que o gênero apropriado para a marca era o "roubo". Este gênero é evidenciado em muitos filmes, como *Robin Hood, The Sting, Sneakers* e *Oceans 11*. Neste, um grupo formado em sua maioria por desajustados sociais, conspira para tirar algo de um "trouxa". Um "trouxa" geralmente é um personagem desprezível ou improvável, o que torna a ação dos desajustados aceitável para o público. Acreditávamos que o gênero era adequado para a marca do cliente porque a gigantesca indústria de telecomunicações representaria o autêntico trouxa que os consumidores adorariam ver roubado.

Enquanto isso, Catherine passou a juntar imagens que combinavam com alguns dos trechos da narrativa que Ian e eu formamos. Ela também se comunicava diariamente com Jim para começar a juntar imagens que descrevessem nossos grupos de clientes. Três arcos narrativos estavam se juntando.

1. *Inovadores desajustados.* Esta narrativa tinha a maior ligação com a história real do cliente. Era a história de cientistas e engenheiros que não se enquadravam em qualquer outra situação e então se juntaram para criar projetos que os atraíam. Durante o processo, depararam com inovações que beneficia-

riam a todos os consumidores. Como desconfiavam da autoridade, permaneciam em segundo plano na companhia. Quando você adquire o produto, na realidade apóia a causa deles.

2. *Mensageiros dos deuses... e outros heróis.* Esta narrativa focalizava a capacidade de conexão do cliente nos produtos e serviços. O personagem central era o consumidor que tinha informações importantes para transmitir. De modo idêntico a Hermes, que possuía asas em suas sandálias e o cetro com uma insígnia, nossos consumidores têm a tecnologia do cliente. As unidades da história desta narrativa certamente girariam em torno do poder de transmitir informações e influenciar eventos.

3. *Grupo exclusivo de comunicações.* Esta narrativa novamente considerava o consumidor como seu personagem principal – na realidade, um grupo exclusivo de consumidores. Fomos um pouco extremados com a narrativa clandestina. Imaginamos uma história em quadrinhos de pessoas "com informações secretas" unidas pela rede de comunicação de nosso cliente. Soava como no tempo dos fundadores agindo como piratas, porém assumiu a forma de uma história contínua de inovação que capacita as pessoas a se anteciparem às megacorporações capitalistas opressoras, impondo aos consumidores uma tecnologia de primeira geração.

Percebemos que essas três narrativas eram muito pouco entendidas pelos consumidores. Alguns sabiam a respeito dos fundadores, porém nenhum deles mencionou a atuação pirata. Alguns reconheceram o cliente como um inovador, mas foi somente um reconhecimento superficial. Os aspectos secretos da narrativa do grupo exclusivo surgiram em discussões com consumidores, porém não na extensão em que a criamos. Como todo bom escritor, precisávamos incorrer em uma licença poética para criar a narrativa da marca.

Dia 10: O primeiro esboço da bíblia da marca

Para ilustrar esses desdobramentos da narrativa, criamos uma apresentação PowerPoint para cada história. Contamos a história com imagens obtidas em bibliotecas. Para cada narrativa, descrevemos segmentos de consumidores que poderiam articular a narrativa ou que julgávamos pudessem aceitar a narrativa concluída. Também criamos uma trilha sonora que transmitimos, enquanto Kay e a equipe da agência assistiam à apresentação.

A equipe, de um modo geral, aceitou os conceitos e todos reconhecemos que existiam alguns temas comuns. Ben se preocupava com o fato de que a segunda narrativa poderia oferecer poucas oportunidades de divulgação. Não se tratava tanto de não existir histórias para contar, mas que a propaganda ficaria muito parecida com a de nossos concorrentes.

Kay estava entusiasmada com o trabalho, mas preocupada com a possibilidade de não ser bem aceita por seu chefe, o diretor de marketing da companhia. Ele havia programado para a próxima semana a análise do nosso trabalho. Ela julgava que precisávamos de um plano de apoio, no qual estávamos empenhados, embora sem tempo disponível. Vijay, Ian, Jim e eu defendemos separadamente o caminho que propúnhamos. Ela concordou em conceder-nos mais alguns dias.

Dias 11-13: Preparando-se para a grande persuasão

Novamente nos dividimos. Jim agrupou todos os dados da pesquisa e preparou cinco biografias de consumidores. Nós as incluímos no programa PowerPoint com quatro slides para cada consumidor arquetípico. O primeiro slide apresentava uma biografia geral dos consumidores: quem eram, o que faziam, que tipo de comportamento adotavam. O segundo slide descrevia a auto-imagem que possuíam. Usamos imagens de pessoas famosas, a fim de oferecer uma sugestão visual instantânea de como estes consumidores se julgavam. No terceiro slide mostramos os tipos de marcas que adquiriam. A descrição do comportamento de consumo nos deu a oportunidade de mostrar a nosso cliente o conjunto de marcas que acompanhava este comportamento. Finalmente, nosso último slide oferecia uma descrição resumida de como este consumidor arquetípico usava, considerava e tecia a marca em uma narrativa pessoal. Obviamente estávamos pensando no futuro. Em virtude de poucos consumidores poderem realmente articular uma narrativa da marca, criamos este último slide como se tivéssemos cumprido nossa missão.

Enquanto Jim cuidava do perfil dos consumidores, Catherine trabalhava com a agência de propaganda, a fim de criar um vídeo de curta duração para cada narrativa. Selecionamos música eletrônica e *house music** para a trilha sonora, atribuindo uma qualidade *high-tech* e *underground*. Acrescentamos imagens da biblioteca da agência, mostrando cenas da vida urbana e personagens astutos, porém

---

*   N. do T.: Estilo de música com sons graves acentuados, popularizado inicialmente em festas noturnas realizadas em armazéns abandonados.

não carismáticos. Complementamos tudo com um vídeo de duração similar, para criar um vídeo musical de dois minutos para cada narrativa. A idéia consistia em estabelecer o tom antes de apresentarmos ao diretor de marketing o quadro que detalhava o desenrolar da narrativa.

Enquanto isso, trabalhei nos quadros. Tomei como base a estrutura em três atos e a jornada do Herói. Descrevi o avanço substancial para cada uma das narrativas. Por exemplo, na narrativa do Grupo Exclusivo, a ação provocadora era sempre uma parte da informação que precisava ser transmitida. Os conflitos poderiam variar em qualquer parte da história, porém o incidente provocador sempre seria a aquisição de alguma inteligência importante.

Nessa mesma ocasião, examinamos todos os pontos de contato que nosso cliente possuía para contar a narrativa. Não tínhamos dúvidas de que a agência poderia elaborar uma grande campanha pela televisão e pela mídia impressa, para apoiar nossos temas, porém tínhamos dúvidas a respeito de algumas outras atividades.

As lojas do cliente (instalações de varejo com a marca do cliente, nas quais os planos de comunicação sem fio eram vendidos) tinham aparência tão comum quanto você possa imaginar. Para complicar o problema, muitas eram franquias ou operações licenciadas, sobre as quais o cliente não exercia o mínimo controle. Preparamos um esboço de estratégia, que descrevia como o cliente poderia levar a narrativa para o varejo. Incluía investimento em *displays* especiais e decoração de merchandising. Também julgamos que o cliente poderia criar um jogo de realidade oculta ficcional. Divulgaríamos informações por meio de várias mídias de propaganda, que conduziriam os consumidores a áreas ocultas no site do cliente e os levaria a visitar os *displays* nas lojas de varejo. O consumidor poderia pressionar uma tecla especial de um telefone exposto em uma loja e ouvir uma conversa secreta. Grande parte desse planejamento teria de esperar até que a agência de propaganda terminasse seu trabalho criativo, mas o julgamos um desdobramento interessante da narrativa.

Revisamos o portfólio de patrocínios do cliente. A maioria de seus investimentos se concentrava no esporte. Não fazia muito sentido para nós. Kay argumentou que a finalidade era obter benefícios amplos e de hospitalidade, porém argumentamos que a qualidade das impressões deixava a desejar. Compreendemos que poderia levar alguns anos para se livrar destes relacionamentos em longo prazo, porém incentivamos o cliente a considerar a transferência de parte do portfólio para patrocínios de entretenimento, de atividades e eventos "subversivos", porém apropriados, como clubes noturnos e experiências musicais.

Julgamos que uma área deveria ser examinada imediatamente pelo cliente: a apresentação do produto. Acreditávamos que o cliente deveria iniciar sua história inserindo estrategicamente seu produto em filmes, na televisão e em algumas outras mídias que combinavam com a narrativa da marca – programas como *The X Files*, *Alias* e *24 Hours*.

Dia 15: A grande persuasão

Kay acreditava piamente que conhecíamos a direção certa. Evidentemente fizemos um bom trabalho ao convencê-la a aceitar a marca. Ela conduziu a apresentação para Alan Jasper, o diretor financeiro do cliente. Mostrou-lhe a estratégia de alto nível da marca, incluindo os pontos de ativação por meio dos quais a narrativa influenciaria o comportamento. Entregou então o material para a agência de propaganda, que criou o vídeo com música. Em seguida, mostrei os quadros para Alan. Depois, Jim explicou-lhe a pesquisa dos consumidores, que apoiava nossas alegações.

Chegara o momento da verdade. Alan adorou a solução apresentada. Ele acreditava que daria à marca uma diferenciação e a essência para desenvolver muitas outras atividades de propaganda e promoção. Também acreditava que o CEO do cliente adotaria a idéia de "inovadores desajustados". Aparentemente, a companhia se defrontava com uma inércia interna após a série de aquisições. As equipes de engenharia e desenvolvimento estavam presas a uma rotina corporativa e o CEO defendera recentemente o conceito de desobediência às regras. Ele encarou a linha narrativa que criamos como um meio para motivar os que trabalhavam na companhia, e desejava que realizássemos algum trabalho de acompanhamento a fim de desenvolver uma campanha interna de fixação da marca.

UMA NARRATIVA IMPULSIONA O PROCESSO DE ESTRATÉGIA

Concordo que esse exemplo é inteiramente fictício, porém representa uma iniciativa para criar a bíblia da marca. Tivemos apresentações PowerPoint que foram impressas e arquivadas como um guia para a narrativa. Tivemos também elementos audiovisuais. Em um trabalho de acompanhamento, naturalmente combinaríamos esses elementos em uma apresentação que poderia ser usada para doutrinar novos empregados, agentes ou outras pessoas em relação à narrativa da marca.

Usando nosso modelo, as agências de propaganda e as correspondentes empresas de design se baseariam na narrativa da marca para identificar o modo de apresentação e o ambiente de design, sendo que todos estariam ligados à história oculta. A agência também adotaria a narrativa da marca como a estrutura de orientação para cada nova campanha. Embora a agência pudesse criar peças publicitárias diferentes para transmissão (rádio e televisão) e veiculação em jornais e revistas, cada nova campanha se enquadraria no modelo narrativo que criamos.

CAPÍTULO 7

COMUNICANDO A NARRATIVA DA MARCA

Na **prática, a maioria** dos responsáveis pela manutenção das Marcas Legendárias não pensa explicitamente sobre a narrativa da marca, a mitologia da marca ou as bíblias da marca. O fato de estas Marcas Legendárias realmente narrarem histórias é conseqüência de uma intuição aguçada e não de um planejamento consciente. Quando gerentes da marca ou anunciantes refletem sobre a estrutura narrativa das marcas, quase sempre voltam sua atenção para os efeitos gerados pela narrativa. Provavelmente você os ouvirá discutindo *um benefício importante, os espaços ocupados pela marca, o conjunto de imagens da marca, a proposta de valor ou o valor para o cliente.* Existem dezenas de outras designações para descrever os benefícios que a narrativa da marca gera para o consumidor. Estes benefícios podem ser mapeados analiticamente, usando-se uma variedade de estruturas. Porém, a narrativa da marca não é um benefício. É o propulsor, dentro da marca, que cria os benefícios.

As pessoas que estão mais próximas da narrativa da marca são aquelas que trabalham na agência de propaganda da marca. De modo análogo aos consumidores, as agências de propaganda percebem intuitivamente a presença de uma narrativa da marca. Ao contrário dos consumidores, elas conhecem de modo mais consciente a habilidade de uma marca para contar uma história, porém muitas vezes concentram sua atenção nas histórias narradas pela atual campanha publicitária.

Algumas vezes, dá resultado, mas a narrativa da marca normalmente é mais profunda do que a abrangência de uma campanha. Pode-se dizer que a narrativa adotada por uma campanha é semelhante a participar de uma escavação arqueológica e ficar maravilhado com a descoberta de uma estátua antiga que na realidade está no topo de um castelo de dez andares, ainda oculto pela próxima camada de sedimento. Agências de propaganda são muito eficientes para isolar uma parte do que os consumidores percebem de uma narrativa da marca e para gerar uma campanha de propaganda que a reflita. Porém, muitas vezes, os publicitários param neste ponto. Como resultado, a mitologia da marca é identificada acidentalmente, ou por meio de muito esforço envolvendo tentativa e erro. Quando a campanha se exaure, eles voltam ao ponto de partida.

No universo das agências, a adoção do planejamento da conta tem feito o processo de descoberta avançar consideravelmente. O planejamento da conta é uma disciplina orientada pela pesquisa nascida originalmente no Reino Unido e introduzida com grande estardalhaço nos Estados Unidos por Jay Chiat, da agência Chiat\Day, nos anos 80. O planejamento da conta combina a pesquisa do consumidor com o planejamento estratégico. A tarefa do planejador consiste em atuar como a "voz do consumidor" – um defensor, na agência, assegurando que a propaganda aborde as necessidades do consumidor. Supõe-se que os planejadores revelem *insights* do consumidor, que estão estruturados em um resumo criativo, cuja finalidade consiste em proporcionar à equipe de criação um ponto de partida. O planejamento tem por finalidade tornar a elaboração criativa mais eficiente. Em grande parte, é bem-sucedido. Porém, a maioria dos grupos de planejamento negligencia a narrativa da marca. Como resultado, até os melhores planejadores de contas admitirão que existem diversos casos em que o conteúdo criativo, que no final impulsiona a marca, tem pouca relação com os *insights* revelados no resumo criativo. Jon Steel, um dos planejadores de contas mais admirados, resumiu de forma exemplar este tema em seu excelente livro sobre o assunto, *Truth, Lies & Advertising*: "... a solução possui *maior probabilidade* de ser apresentada por uma pessoa criativa do que por um planejador ou alguém que atenda o cliente"[1]. Não é tanto porque o planejamento falha, mas porque os planejadores estudam os efeitos da marca no lugar da causa.

Historicamente, as Marcas Legendárias têm sido apoiadas pelo trabalho de profissionais criativos, que se destacam ao confiar no próprio instinto e ao utilizar aquilo que percebem, para criar uma propaganda que revela a narrativa da marca por meio de um conjunto de imagens relacionadas e ardis estéticos. Estes ardis estéticos tornam a narrativa reconhecível pelos consumidores. Em certo sentido, o resultado da criação proporciona vocabulário comum entre a marca e o consumidor. Do mesmo modo que as palavras, em seu vocabulário gramatical, não são seus pensamentos, mas dispositivos que você usa para transferir aquilo que pensa para o cérebro de outra pessoa, a produção criativa das agências são dispositivos que transmitem a narrativa da marca. Surpreendentemente, estes dispositivos são selecionados por instinto, experimentação ou pura sorte. Apesar de todo talento que podem demonstrar como narradoras de histórias, a maioria das agências de propaganda não define sistematicamente a narrativa da marca. Simplesmente a encontra por acaso.

A transformação é obrigatória. Hoje, existem mais marcas do que no passado e há um aumento particularmente rápido no surgimento de Marcas Legendárias. Os consumidores estão confusos, frustrados e exaustos pelo grande número de marcas clamando por sua atenção – todas elas afirmando que se dedicam aos melhores interesses do consumidor. Não causa surpresa o fato de inúmeros movimentos antimarcas se tornarem difundidos. Os consumidores se defrontam com um mercado revolto, ruidoso e superdesenvolvido. Sua reação consiste em rebelar-se ou retrair-se. Em tal ambiente, é muito mais difícil para um anunciante localizar um veio narrativo por meio de tentativa e erro.

A fusão entre marketing e entretenimento, que se desenvolve aceleradamente, é mais desafiadora. Nunca antes os dois mundos se relacionaram com tal compromisso, porém seu casamento faz com que os executivos, da Madison Avenue ao Wilshire Boulevard, fiquem em estado de previsão eufórica. As indústrias julgam que da junção entre marketing e entretenimento resultará um grande dote. Infelizmente as primeiras tentativas de união produziram somente mutações grosseiras. As audiências sofrem à medida que as marcas perdem cada vez mais tempo com o conteúdo dos filmes e dos programas de televisão. Transações envolvendo a colocação do produto, nas quais os anunciantes pagam ou fazem alguma outra concessão para ter sua marca exibida em posição de destaque nos cenários de ação dinâmica, estão se tornando tão predominantes, a ponto de originarem um novo jogo envolvendo marcas de bebida. O objetivo é contar o número de marcas que aparecem em um programa. Enquanto algumas dessas tentativas de integração da marca tiveram um pequeno sucesso, outras sofreram derrota retumbante. Por exemplo, o programa de televisão *Young Americans*, da rede WB, mostrou cenas com ângulos de visão injustificados, e muitas vezes inoportunos, só para que os produtos e as máquinas de refrigerantes com a marca Coke fossem mostrados em diversas cenas de cada episódio. Apesar do exagero e da promoção significativos, a série durou menos do que uma estação completa.

Muitas evidências sugerem que os profissionais de marketing estão corretos e que a fusão do entretenimento com o marketing é a próxima fronteira do desenvolvimento da marca. Porém, os métodos atuais de demarcação desta fronteira nunca terão sucesso. Marcas não são papel de parede. Os anunciantes estão se empenhando muito para fazer com que o conteúdo do entretenimento siga o método convencional de marketing. Eles querem uma exposição excessiva da marca, um posicionamento destacado e uma integração literal dos produtos com o enredo. Esta prática desrespeita o público e insulta a inteligência das pessoas. Públicos têm conhecimento da mídia e enxergam o abuso cometido pela licença editorial. Essa prática também negligencia de modo insensato o motivo que leva os anunciantes a participarem do conteúdo do entretenimento. O público adora o entretenimento porque anseia por uma boa história. Os anunciantes devem aprender que, para assumir um papel significativo no conteúdo do entretenimento, eles precisam dar em vez de receber. A narração de histórias é a vantagem que possuem. A marca deveria enfatizar sua experiência de narrar história e nunca se afastar dela. No mínimo, precisa ser transparente, porém a transparência pouco faz para cumprir os objetivos do anunciante. Em vez de exigir das audiências, as marcas podem contribuir para as histórias narradas pelas empresas de entretenimento. É a dimensão narrativa das Marcas Legendárias que permite maior integração com o conteúdo. Os anunciantes precisam pensar a partir de uma nova perspectiva – a perspectiva do narrador da história.

Este capítulo não lhe mostrará como criar uma boa propaganda. Ele não oferecerá uma fórmula de participação no conteúdo do entretenimento. A criação de programas de propaganda está além do escopo deste livro, e a integração do conteúdo raramente obtém sucesso a partir de uma fórmula. O objetivo deste capítulo é modificar a sua abordagem. Toda vez que sua marca sensibilizar um consumidor, ela precisa comunicar a narrativa da marca. Este capítulo lhe mostra como transferir este modo de pensar às tarefas diárias da administração de marketing.

O ABSTRATO E O LITERAL

O planejamento das comunicações, de acordo com uma narrativa da marca, não limita suas opções ou restringe sua criatividade. Ele não significa que sua propaganda precise ater-se a um modelo linear em todas as ocasiões. Se você escolher trabalhar deste modo, deve ter a expectativa de campanhas ultrapassadas e previsíveis, que se esgotam rapidamente.

A Figura 7.1 mostra uma categorização simples, para ajudá-lo a compreender as diferentes maneiras pelas quais a narrativa da marca se manifesta na propaganda. Observe, por razões de simplicidade, que minha utilização do termo *propaganda*, neste contexto, é feita de modo vago, a fim de incluir todas as formas de comunicação de marketing – do projeto da embalagem à transmissão da propaganda por rádio e televisão, e outros aspectos.

Abstrações

Um volume razoável de propaganda das Marcas Legendárias que você observa constitui uma abstração da narrativa da marca. *Abstrações* enfatizam elementos estéticos associados à narrativa: forma, diversidade, estilo, movimento, conflito ou tema. Um comercial sob forma de representação abstrata é como um quadro de Andy Warhol: isoladamente, o tema parece muito unidimensional, porém a influência da narrativa, associada ao tema, lhe dá profundidade.

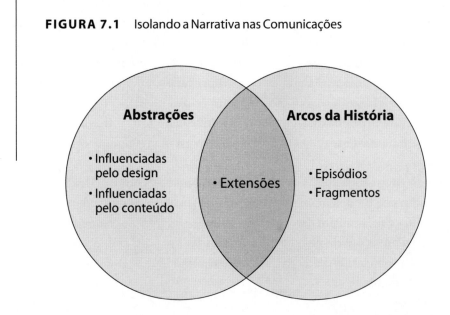

FIGURA 7.1   Isolando a Narrativa nas Comunicações

Algumas abstrações têm muito valor artístico e pouco conteúdo. As campanhas recentes do Target representam um exemplo ilustrativo. Os anúncios mostram diversos produtos vendidos nas lojas Target, que apresentam uma variedade comum de cores. Os comerciais giram em torno desta variedade, de modo estilizado: pessoas dançando com fantasias coloridas e o rosto pintado, imagens frenéticas do produto, líquido colorido no cenário, coloração animada do logo. A narrativa da marca Target faz um tributo às marcas de uso diário – as que não são tão legendárias. O Target se posiciona como o lugar acessível, porém dentro da moda, para se adquirir essas marcas. Portanto, sua narrativa gira em torno de um local onde ocorre uma ação dramática, como os *drive-ins*, as lojas de discos e as máquinas de refrigerantes dos anos 50. A propaganda, em formato abstrato, transmite essa narrativa.

A propaganda abstrata também pode focalizar o conteúdo ou as características do produto. A Marca Legendária Southwest Airlines geralmente adota anúncios que ressaltam suas tarifas. Embora se concentrem no produto, os anúncios narram com muitos detalhes e humor. O objetivo da propaganda da Southwest consiste em incentivar as pessoas a gozar a vida integralmente, ser um espírito livre e percorrer o país, pois a Southwest torna as viagens acessíveis. A propaganda, por meio da abstração, é capaz de enfatizar este benefício sem perder de vista, ao mesmo tempo, sua narrativa da marca, que está intimamente ligada ao requinte e à personalidade de seu fundador Herb Kelleher (a foto oficial de Kelleher, no site da Southwest, o mostra com um traje no estilo de Elvis). Para cumprir esta meta, a Southwest se apóia em estilo, imagens e significado para relembrar aos consumidores a narrativa da marca. O ambiente escolhido atinge o objetivo da narrativa usando uma variedade de cores caprichosas, um arguto jogo de palavras e composição gráfica com estilo. Algumas das melhores propagandas da Southwest foram publicadas em jornais e revistas, mostrando um ambiente irreverente e um texto sagaz para unir a narrativa a mensagens de comunicação simples.

Em seu livro *Marketing Aesthetics*, os autores Bernd Schmitt e Alex Simonson comentam o uso de tais ambientes abstratos. Eles alegam que a identidade da marca muitas vezes contém *temas expressivos* que se referem ao conteúdo, ao significado ou às projeções da imagem.[2] Em outras palavras, o ambiente de design, associado à propaganda da marca, pode atuar como uma abstração poderosa da narrativa da marca.

Arcos da história

Examinamos, no Capítulo 3, as diversas partes da narração da história, da ação ao mito. Recorde-se de que uma ação é a menor parte de uma história, que continua a demonstrar uma relação de causa e efeito. As histórias são formadas por uma seqüência de ações que, juntas, formam uma ação coesa, compacta e lógica. Os anunciantes têm usado as ações durante anos para criar comunicações envolventes que apresentam relações de causa e efeito associadas ao produto ou à marca.

Um *arco de uma história* combina ações para apresentar somente uma parte de uma história. Muito parecido com uma cena ou ato de uma peça, ou capítulo de um livro, um arco raramente é uma história isolada completa. Um arco da história pode deixar o público sem resposta ou pode não proporcionar uma nova narrativa coesa e completa dos eventos, porém realça mais os detalhes do que a ação. Enquanto a ação mostra somente uma variação do estado, o arco da história mostra mais de uma variação. Como oferece mais detalhes, tem um relacionamento mais intenso com a história que apresenta.

Os arcos da história dão ao profissional de marketing liberdade para criar novas campanhas publicitárias sem contar de novo a mesma história e evitando, ao mesmo tempo, que ela se afaste do correspondente valor da marca. O profissional de marketing seleciona um arco da história a partir da narrativa da marca e a emprega como um modelo para o projeto de comunicação.

Episódios

Um *episódio* é um arco de história ostensivamente independente. Episódios possuem uma estrutura compacta, com começo, meio e fim, que lhes permite manter-se isolados, embora sejam, na realidade, componentes de um tecido narrativo maior. A propaganda em episódios repete a narrativa da marca em uma nova narração. Cada comercial transmite, assim, uma história que representa metaforicamente a marca.

Por exemplo, a ESPN e sua agência Wieden + Kennedy têm adotado essa forma de propaganda durante anos, para anunciar o SportsCenter, o popular programa de notícias da rede ESPN. A abrangente narrativa da marca do SportsCenter gira em torno da história da sala de notícias e sua relação com os grandes eventos esportivos. Supõe-se que os repórteres do SportsCenter sejam sujeitos "normais" imersos no mundo mítico dos esportes. Esta justaposição do homem comum entre os deuses e heróis dos esportes cria situações humorísticas. De que modo uma pessoa média se compara a um vencedor ou a alguém que recebe dezenas de milhões de dólares para fazer parte de um time?

O SportsCenter comunica esta narrativa da marca por meio de segmentos curtos e simples da história. Um comercial de televisão denominado "O Garoto" começa com o âncora Bob Ley contando como o SportsCenter se empenha em recrutar novos locutores talentosos. Ele apresenta um exemplo no qual o SportsCenter recrutou um "garoto novo" recém-formado. Fazendo uma sátira da história muito divulgada dos jogadores de beisebol que são afastados muito cedo das ligas secundárias, para fazer parte da liga principal, o comercial prossegue mostrando um adolescente chamado Seth Hays sentado à mesa do âncora. Ele interrompe o âncora Jack Keith e fala sobre o desempenho do jogador de beisebol Jimmy Key. O garoto diz: "Jimmy Key... ele tem 40 anos? Sou capaz de vencê-lo. Você viu o jogo na noite passada? Não foi horrível? Foi horrível!" O comercial termina com o garoto anunciando sua saída da emissora e Ley observando: "Ele saiu muito cedo da escola". A narrativa da marca do SportsCenter é transcrita por meio de um arco de história detalhado.

Em outro comercial intitulado "Conerman", o SportsCenter usou o rigor aplicado aos atletas no intervalo dos *rounds* de uma luta de boxe, fazendo uma comparação ao trabalho exaustivo dos âncoras atrás da mesa do SportsCenter. O comercial tem início com Rich Eisen sentado à mesa do âncora, dizendo à audiência que voltará após o intervalo comercial. Um sino toca e pessoas se aproximam como se ele fosse um lutador de boxe que se retira para o seu canto no intervalo da luta. Água é derramada sobre a cabeça de Eisen, enquanto seu rosto é untado com vaselina. Um treinador grosseirão, dos velhos tempos, aproxima-se do rosto de Eisen dando-lhe conselhos severos sobre seu desempenho. Eisen começa a queixar-se: "O *teleprompter* estava muito rápido. Estou perdendo a voz". Lou, o treinador, grita: "Tragam-lhe um pouco de chá!". Um auxiliar entra com uma xícara de porcelana. Eisen reclama, "Dispense-me, Lou", ao que Lou responde "Ora, não seja molenga". Outro sino toca, as pessoas se afastam e Eisen retoma seu lugar em frente à câmera, como âncora. Novamente a narrativa da marca é transmitida com o emprego dos arcos da história da narrativa da marca do SportsCenter e da mitologia do esporte.

Cada um desses episódios conta uma história que é um microcosmo da narrativa da marca ESPN, e que diferencia pessoas comuns e os heróis do esporte. Quando os âncoras são mostrados no mesmo contexto de um herói do esporte, a diferença é evidenciada para obter um efeito cômico.

Fragmentos

Fragmentos são arcos da história que se concentram em somente uma parte da narrativa da marca. Ao contrário de um episódio, que encurta toda a narrativa e a apresenta de forma concisa, um fragmento sacrifica a estrutura mais ampla da trama, para que possa mostrar maior profundidade em um conflito memorável ou em um ponto de inflexão – um momento na história que é importante para a substância da narrativa.

A Nike freqüentemente usa arcos para transmitir sua narrativa da marca. A Nike atende todos os atletas, amadores e profissionais, homens e mulheres, jovens e idosos. Embora tenha iniciado como marca para atletas de corrida, ela agora representa o futebol americano, o beisebol, o basquete, o futebol, o ciclismo e um conjunto de outras modalidades atléticas. A propaganda da Nike concentra-se em um estágio do mito único e o aplica ao contexto do anúncio. Isto proporciona um sentido de universalidade e mantém a coerência em todas as linhas de produto. Em um eficaz comercial transmitido pela televisão e intitulado "Se Você me Deixar Participar", a Nike mostrou algumas jovens descrevendo os benefícios que as competições atléticas lhes proporcionariam. Cada jovem acrescentava apenas algumas palavras ao texto, compondo coletivamente um poema persuasivo, com uma única voz:

> Se você me deixar participar,
> Se você me deixar participar das competições,
> Eu gostarei mais de mim;
> Eu terei mais autoconfiança.
> Se você me deixar participar,
> Se você me deixar participar das competições,
> Eu terei 60% menos chances de contrair câncer de mama;
> Eu sofrerei menos de depressão.
> Se você me deixar participar das competições,
> Eu saberei como evitar que um homem me agrida.
> Se você me deixar participar,
> Eu saberei evitar uma gravidez indesejada;
> Eu aprenderei o que significa ser forte, se você me deixar participar das competições.

Este comercial impressionante selecionou apenas um arco entre os muitos estágios da jornada do herói: a recusa do apelo. A heroína é a jovem disposta a aceitar o chamado para a competição, mas limitada por uma força externa. Em cada uma dessas jovens reside o poder de se tornar uma heroína. O poder desse comercial é que estamos assistindo a um arco de fragmento extraído do princípio de uma narrativa maior. Neste caso, o arco do fragmento é extraído de um dos maiores pontos de inflexão da narrativa, o ponto em que a heroína decide aceitar a convocação para a aventura e cruzar o primeiro limiar, aquele que testa sua resistência.

Extensões

Extensões constituem a forma menos estruturada da propaganda, que representa concretamente a narrativa. Extensões são primas das abstrações e dos fragmentos, e, no entanto, não possuem suas características. Não são uma abstração, pois se concentram nos elementos literais da narrativa da marca. Elas esclarecem um personagem específico ou uma localização específica, ou eventos secundários que se relacionam à narrativa. Algumas extensões criam uma história inteiramente diferente, que está isolada, porém ligada à narrativa, do mesmo modo que um programa novo pode relacionar-se a uma série já transmitida pela televisão. Extensões também não são fragmentos, pois seu foco é muito difuso para ser considerado uma história, ou a história que elas contam não possui relação com a narrativa principal.

A campanha da Coca-Cola, "A Vida Tem Bom Sabor", exibida na televisão, foi uma série de extensões. Um comercial mostra uma jovem sul-americana preparando-se para o casamento. Diversas mulheres estão em torno dela, ajustando seu vestido e penteando seu cabelo. Na sua frente, uma menina a olha embevecida e então lhe entrega cuidadosamente uma garrafa de Coke com um canudo recurvado. A noiva sorri e bebe.

Não existe muita história nesse comercial. Ele não apresenta um conflito convincente. No entanto, funciona, porque nos permite observar em detalhe determinado momento. É como um retrato animado. A maioria dos anunciantes se referiria a ele como propaganda do tipo "estilo de vida". Também é uma extensão narrativa.

ALINHANDO A FORMA À ESTRATÉGIA

O primeiro passo no planejamento de sua propaganda consiste em identificar seus objetivos de comunicação. Comece considerando o impacto que você quer exercer no comportamento do consumidor. O que você deseja que ele faça? Por exemplo, o objetivo comportamental de sua propaganda poderia ser aumentar as vendas de uma linha de produtos com fraco desempenho, talvez durante um período importante. Segundo, considere o impacto emocional que você deseja provocar no consumidor – como você quer que ele sinta? O objetivo emocional está ligado à narrativa pessoal do consumidor. Muitas vezes ele se efetiva com a ativação de uma parte dessa narrativa.

Apoiando-se nesses dois objetivos, você agora pode considerar que partes da narrativa se aplicam ao seu caso. Em seguida, pode decidir a forma de comunicar o fragmento da narrativa e em que mídia. O processo ideal é parecido com o que é apresentado na Figura 7.2.

Em uma análise posterior, se parece com a metodologia empregada em uma campanha recente da Gap. A narrativa da marca vigorosa da Gap dirige-se às origens pessoais da cultura de massa. A Gap cria e fabrica artigos de vestuário razoavelmente fáceis de serem encontrados: jeans, camisetas e roupas informais.

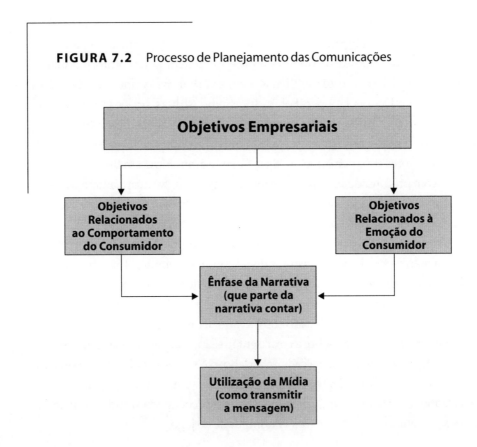

FIGURA 7.2   Processo de Planejamento das Comunicações

A narrativa da marca gira em torno de uma habilidade para demonstrar um estilo de moda personificado a partir de roupas práticas e clássicas. A Gap sempre vinculou sua narrativa à cultura, à música e à simplicidade. A narrativa da Gap glorifica o informal clássico, mostrado em uma variedade de contextos e de períodos históricos – ressaltando os modeladores da cultura popular. O tema subentendido é que não são as roupas que influenciam a moda e o estilo, mas as pessoas que as vestem, e o modo como as vestem.

No início de 2002, a Gap teve vendas menores nas principais categorias de produto: brim, cáqui e camisas brancas. Historicamente, eram linhas de produto que lideravam as vendas no varejo. A Gap lançou uma campanha de verão criada para cumprir dois objetivos empresariais:

1. *Objetivo Comportamental:* Estimular vendas de brim, camisas brancas e cáqui.
2. *Objetivo Emocional:* Apelar para a necessidade de ter um estilo.

Três filmes de propaganda foram lançados. A campanha valeu-se da narrativa principal da marca, combinando música, celebridades (particularmente aquelas que moldam as opiniões culturais) e design simples para refletir-se na cultura popular. O primeiro comercial foi intitulado "Duas Camisas Brancas" e mostrou os atores Christina Ricci e Dennis Hopper. Foram transmitidas duas versões diferentes do comercial, uma com trilha sonora instrumental executada pelos Beach Boys, e um filme idêntico, com um arranjo de "Eu Vejo a Chuva", criado por The Marmalade. Os veteranos diretores de cinema Joel e Ethan Coen usaram filme em branco e preto e fotografia com profundidade de foco, em tomada contínua, para captar uma sugestão interessante da história. O comercial começa lentamente com um close em Hopper usando óculos escuros e recostado em uma cadeira perto de uma piscina. Ele veste camisa branca com botões no colarinho e uma calça comum. À medida que a câmera se afasta, a mão de Ricci aparece segurando um copo de bebida gelada, que Hopper aceita de modo indiferente, e bebe despreocupadamente pelo canudo. Ricci, descalça, e vestida de modo simples com uma camisa de botões no colarinho e calça cáqui, olha para um tabuleiro de xadrez colocado entre a cadeira de Hopper e a sua. Ela pára por um momento, desliza a mão sobre a coxa e então se inclina para mover uma peça no tabuleiro. Depois se vira, senta na cadeira ao lado, coloca seus óculos escuros e cruza as pernas de modo informal. O comercial termina com uma tomada panorâmica das duas celebridades acomodadas, ambas olhando despreocupadamente o tabuleiro de xadrez, sem nenhuma pressa em dar continuidade ao jogo.

A campanha provocou controvérsias. Alguns críticos condenaram abertamente o que parecia ser um relacionamento do tipo Lolita. Como Hopper tem idade para ser avô de Ricci, a cena causou certa inquietação. Na verdade, os irmãos Coen nos deram apenas uma idéia da ação dramática e deixaram o restante para que concluíssemos. O comercial deu certo porque atendeu aos objetivos empresariais da Gap, aproveitando ao mesmo tempo sua narrativa. Ao mostrar celebridades como Ricci e Hopper vestindo roupas Gap, especialmente em um cenário tão informal, demonstrou que até os mais famosos e chiques usam Gap – e eles ficam ótimos. O comercial mostrou, especificamente, como uma simples camisa branca pode destacar alguém.

O comercial criou um momento de cartão postal para um romantismo peculiar, porém, ao fazê-lo, glorificou uma simples peça de vestuário. A nova campanha parece ter dado certo. Logo após seu lançamento, a Gap teve seu primeiro mês lucrativo após diversos meses de queda desapontadora nas vendas.

Marketing é uma arte e uma ciência. A inspiração para uma propaganda excelente nem sempre se origina de processos lineares mostrados no exemplo anterior. Algumas vezes uma idéia criativa – uma solução tática – lidera o processo. Quando isto ocorre, você terá de confiar em seus instintos e ser orientado pelas formas da narrativa que surgem durante a criação. Por este motivo é importante que você tenha uma compreensão aprofundada da mitologia de sua marca. Você pode agradar a todos com maior confiança, se compreender o alcance de sua narrativa da marca e o modo pelo qual pode se tornar uma abstração, um arco ou uma extensão.

No entanto, avance com cuidado. A série de campanhas da Gap que precedeu "Duas Camisas Brancas" foi influenciada excessivamente pela forma criativa. A Gap produziu dezenas de comerciais engenhosos, todos com muito estilo, porém a maioria deles não tinha qualquer relação com a narrativa da marca. Conforme um alto executivo da Gap reconheceu, "Praticamos sabotagem contra nós mesmos!". Após algum tempo, os consumidores perderam seu vínculo com a marca Gap. A nova campanha foi orientada pela narrativa, em grande parte por ter sido concebida por meio de objetivos empresariais consistentes e de uma compreensão arguta de como aqueles objetivos se alinhavam à marca da Gap.

ALINHANDO A FORMA À MÍDIA

A parte final do processo de planejamento apresenta um desafio estratégico. Você precisa definir que forma de mídia de propaganda se adapta melhor à narrativa que você resolveu comunicar. Na prática, muitas vezes isso é determinado por um processo de redução. Você começa pensando na narrativa, mas é limitado por exigências da mídia, o que, por sua vez, altera seu pensamento a respeito da forma narrativa. A teoria do caos pode apresentar a única fórmula verdadeira para explicar o processo.

Adequar a forma à mídia apropriada é uma arte. Certas idéias criativas simplesmente prestam-se de modo natural a formas específicas de mídia. A campanha "Pense Diferente" da Apple apoiou-se consideravelmente em fotografias históricas de pessoas que transformaram o mundo. Estas fotografias clássicas eram adequadas aos anúncios em jornais e revistas e à propaganda em outdoors. Evidentemente todos estes anúncios também eram relevantes, do ponto de vista estratégico, para os objetivos empresariais da Apple. Historicamente, essas mídias têm gerado para a Apple o maior retorno do investimento.

Diversos fatores não-narrativos influenciarão sua decisão quanto à seleção da mídia. O custo da mídia em relação ao tamanho de seu orçamento de marketing. O alcance da mídia e seu relacionamento com os hábitos de mídia de seu público-alvo. E a funcionalidade da mídia em relação às características e aos benefícios do produto que você deseja demonstrar em sua propaganda. Estes fatores aparecem bem explicados em um grande número de outros textos de marketing. Sua decisão quanto à mídia determinará se você deve apresentar sua narrativa como uma abstração, um episódio, um fragmento ou uma extensão. Padrões históricos agregados proporcionam regras práticas vagas. Episódios e fragmentos geralmente dão mais resultado na mídia dinâmica, como os comerciais de rádio e televisão. Extensões e abstrações freqüentemente são mais eficazes na mídia estática, como anúncios de jornais, revistas e outdoors. No entanto, você pode facilmente usar contra-argumentos em ambos os casos.

Os grandes pintores não contavam com uma fórmula capaz de ajudá-los a se decidir entre telas a óleo ou pinturas a óleo em madeira. Algumas vezes a decisão era ditada pelos clientes, outras vezes pelo custo e simplesmente por capricho. No entanto, todos os grandes artistas levaram em conta a mídia e criaram obras para melhor atendê-la e vice-versa.

Mídia de entretenimento

No atual ambiente de marketing, a maioria dos profissionais da área seleciona a mídia de entretenimento por exclusão. A mídia já está vinculada a uma narrativa.

As oportunidades de marketing dos filmes normalmente são apresentadas aos anunciantes após o roteiro estar concluído, o filme em produção, e às vezes até com a filmagem já terminada. Isto não dá outra alternativa aos anunciantes, a não ser tentar improvisar o conteúdo do entretenimento, para se adequar aos objetivos da empresa. Dá para entender por que as tentativas de integração se mostram tão desajeitadas?

Abordagens de caráter preventivo têm provado ser igualmente ineficazes. Quando for divulgado que sua marca deseja investir em entretenimento, você pode ter a certeza de que será procurado por um grande número de produtores e empresários de artistas com projetos que lhe prometem o "poder de brilhar". A maioria dessas pessoas não é formada por profissionais de marketing e não tem idéia de quais são realmente seus objetivos empresariais. O que eles lhe oferecem é a oportunidade de associar sua marca a uma iniciativa de entretenimento "espetacular" ou a celebridades. Quando o tempo da execução chegar, o papel de sua marca parecerá pretensioso.

Esta forma de integração da marca raramente resulta no uso mais eficaz da mídia. Ocasionalmente cria benefícios para a marca, mas muitas vezes eles surgem de ocasiões únicas nas quais o projeto de entretenimento exigia a integração da marca para permanecer autêntico.

As Marcas Legendárias deveriam participar da mídia de entretenimento somente quando ela lhe oferecesse uma forma de narrativa viável para a mensagem de sua marca. Por exemplo, o filme *Minority Report*, de Steven Spielberg, foi uma extensão de mídia adequada à mídia do Lexus. A narrativa da marca Lexus coloca a forma à frente da função. Ela está associada ao refinamento. As crenças sagradas da marca impõem que a mecânica deve ser transparente – ela atende a uma finalidade. Os automóveis Lexus têm refletido esta narrativa por meio de características de design elegantes, porém sóbrias.

Em *Minority Report,* cuja ação se passa no ano 2054, Lexus juntou-se aos filmes DreamWorks para projetar o veículo Lexus do futuro. O carro de 500 HP desempenhou um papel completo no filme. Os projetistas do Lexus trabalharam com os produtores para criar um veículo com aparência realista, que incorporasse engenhosamente a identidade da marca Lexus. Assim nasceu MAGLEV, fielmente integrado à narrativa da marca Lexus. O projeto do interior do Lexus MAGLEV futurista era sóbrio, suave e refinado, porém com um toque esmerado, coerente com a orientação artística do filme.

Durante a filmagem, o Lexus modelo 2054 foi mostrado com destaque no web site da empresa. Clicando no veículo, o consumidor era direcionado a uma página com a marca conjunta Lexus/*Minority Report*, que envolvia o usuário em uma experiência impulsionada por uma narrativa que espelhava os conflitos do filme. Mesmo sendo uma mininarrativa, a interatividade deu à marca Lexus um papel relevante e aumentou sua credibilidade. O veículo Lexus atuou como a válvula de escape no confronto do usuário com os antagonistas.

Com a eficácia demonstrada, a iniciativa Lexus apoiou-se substancialmente na inserção do produto. A verdadeira fronteira do marketing de entretenimento oferecerá oportunidades para a *inserção da narrativa*.

Você deve se lembrar de diversos comerciais de televisão que o agradaram. Muitos deles mostraram somente a marca ou o produto na imagem final, dedicando apenas um tempo reduzido para a inserção. Apesar da exposição limitada da marca, você consegue se lembrar do comercial e vinculá-lo à marca. Por quê? Você une os dois porque a narrativa mostrada no comercial estava ligada à narrativa da marca. O mesmo mecanismo mental pode funcionar para marcas na integração do entretenimento.

Integrar de modo bem-sucedido sua narrativa da marca ao entretenimento exige uma atuação avançada. De fato, algumas marcas podem desejar em breve desenvolver e produzir meios próprios de entretenimento, em vez de esperar que surja a oportunidade certa. Vamos examinar um exemplo hipotético, para ilustrar como isto pode acontecer.

Suponha que um dos objetivos empresariais do Starbucks seja estimular a ida de adolescentes e adultos jovens às lojas. Suponha também que o objetivo emocional da tentativa seja fazer os adolescentes sentirem-se mais adultos e pertencentes ao mundo. A narrativa da marca Starbucks inspira um sabor internacional, um gosto pela exploração e uma sensibilidade eclética. Vamos supor que os adolescentes que tenham uma afinidade com o Starbucks procurem ativar em suas vidas aspectos narrativos similares. Eles anseiam viajar, desejam explorar sua capacidade física e mental, e procuram desenvolver uma personalidade que não seja limitada pelo costume local, pela geografia ou por um contexto social restrito.

O Starbucks poderia selecionar uma abordagem de sua narrativa por meio de episódios, usando mídia criativa para ilustrar a narrativa de aventura e exploração.

Para torná-la significativa, o Starbucks poderia unir-se à MTV e produzir uma nova série de televisão, ancorada em *reality*, que acompanha um grupo de adolescentes em viagem por países estrangeiros. Caso a série optasse por se tornar muito óbvia, os adolescentes poderiam percorrer países produtores de café. Talvez a ação de cada episódio se desenrolasse em cafés ou locais equivalentes (e não necessariamente em estabelecimentos com a marca Starbucks).

Para ativar a associação entre o Starbucks e o programa, seria necessário forçar a inserção do produto (os adolescentes sempre levam uma caneca Starbucks). Uma alternativa seria o Starbucks apoiar cada episódio com sua propaganda, a fim de provocar uma impressão imediata. Os anúncios atuam como uma representação notável. Para salvaguardar esta impressão, o Starbucks poderia solicitar à MTV exclusividade na categoria, durante a transmissão, ou seja, nenhum concorrente poderia anunciar no programa.

Existem meios mais sutis de unir o programa à marca. Como a associação com a narrativa é natural, o Starbucks poderia introduzir elementos do programa de televisão em suas lojas de café, particularmente aquelas localizadas em áreas com um grande número de adolescentes. Os candidatos a participar do programa poderiam inscrever-se no café Starbucks mais perto de sua casa. Programas de marketing relacionados a uma causa poderiam dar apoio a estudantes destacados ou ajudar países subdesenvolvidos. Os cafés mostrados, e que são vendidos nas lojas, poderiam, de alguma forma, referir-se aos locais apresentados no programa. Monitores de vídeo colocados nas lojas poderiam reprisar episódios recentes. A quantidade de maneiras pelas quais o programa e a marca poderiam se entrelaçar é limitada somente pela imaginação e pelo orçamento. A razão pela qual tal programa poderia obter sucesso reside no fato de ser conduzido por objetivos consistentes e estar integrado a um conteúdo. O Starbucks não participaria do programa como mero incentivador. O programa e a marca seriam parceiros na narrativa da história, cada um proporcionando autenticidade ao outro, e ambos oferecendo um presente ao consumidor.

UMA ENTREVISTA COM TY MONTAGUE

Ty Montague é diretor de criação conjunta da agência Wieden + Kennedy, na cidade de Nova York. Ele é o atual guardião da campanha "Este é o SportsCenter", da ESPN, descrita neste capítulo. Ao longo de sua carreira, além de ter incluído trabalhos relacionados a algumas das principais marcas do mundo em agências de propaganda de primeira linha, Ty também é um entusiasmado defensor de um novo método de propaganda, sobre o qual ele fala freqüentemente.

Larry: Como a propaganda da marca está se alterando?

Ty: Existem companhias no mundo que estão amarradas a este modelo antigo de criar comunicações que bloqueiam aquilo em que as pessoas realmente estão interessadas. As empresas que pensam deste modo terão muitas dificuldades no futuro. Elas costumavam exercer controle porque o ambiente de mídia foi criado originalmente para ser comandado e controlado por elas. Isto está mudando. O comando e o controle estão passando para as mãos dos consumidores.

Existe apenas um pequeno grupo de empresas que somente agora começa a se tornar eficiente na comunicação com as pessoas de um modo diferente – um modo mais colaborativo.

Larry: De que forma o novo método é colaborativo?

Ty: Tem relação com as perguntas que você formula, quando se dispõe a planejar uma peça de comunicação. Todas as agências de propaganda abordam atualmente o processo, perguntando-se: "O que queremos que as pessoas pensem e sintam a respeito dessa peça de comunicação?". Ou: "Quando estivermos acabando de nos comunicar com as pessoas, que resultado desejamos obter?". Este é um modo de se comunicar segundo uma trajetória única e seqüencial. Ouvi alguém dizer que mercados são "diálogos". Isto está absolutamente correto. As agências de propaganda atuais não lidam com os mercados como se fossem diálogos. A maioria lida com os mercados como se fossem monólogos. A pergunta apropriada deveria ser: "Qual é a coisa mais interessante que podemos dizer para provocar um diálogo com as pessoas com quem desejamos conversar?". E então: "Qual é nosso plano para continuar a conversa, quando eles nos responderem?". Na ausência de uma designação melhor, denomino este novo modelo de Comunicações Participativas.

Larry: Cada marca pode envolver os consumidores em algo mais do que um monólogo?

Ty: Creio que eles precisam disso. As marcas têm de encontrar um lugar na vida das pessoas. Existe uma história mais profunda em quase tudo. A maioria das marcas não as explora porque está se definindo por meio dos artigos que produz. No final, não acredito que as pessoas assistirão a comerciais de 30 segundos que deixam de explorar a história. Elas não farão isto. Trata-se mais de dar do que de receber. Você tem de criar comunicações que na realidade aumentem o significado na vida das pessoas – isto lhes proporciona uma percepção de si mesmas. Conte uma história que alguém considere interessante e você será convidado a participar.

Larry: Muitos profissionais de marketing estão tentando obter aquilo que você descreve como a integração do cinema com a televisão. Esta é a resposta?

Ty: Parcela expressiva daquilo que estamos observando agora não envolve a participação. Os profissionais de marketing estão tentando impor uma nova mídia – o filme – com o mesmo modelo antigo. Estão usando um monólogo como estilo de comunicação. Para ser verdadeiramente participativo, você deve colocar o espectador em primeiro lugar. Você tem de dizer algo que seja interessante para ele. Pergunte: "O que estamos lhe oferecendo para conseguir sua atenção e seu respeito?". Os consumidores estão atingindo um ponto de saturação porque a maioria dos profissionais de marketing não entende a diferença entre inserção do produto e alcançar efetivamente a essência da marca e contar aquela história do filme do modo como as pessoas realmente desejam.

CAPÍTULO 8

CULTURA DA MARCA

Em um promontório isolado, na Inglaterra, os remanescentes de uma história perdida permanecem como sentinelas na planície de Salisbury. As pedras gigantes de Stonehenge são um mistério deixado pelos antigos druidas. Pouco se conhece dos ritos e rituais que eram executados no interior do círculo formado pelas pedras gigantes, mas estamos razoavelmente seguros de que tinham ligação com uma narrativa cosmológica ou mitológica. As pessoas que construíram Stonehenge acreditaram tão firmemente nesta narrativa, que edificaram o templo imponente usando somente utensílios primitivos da Idade do Bronze.

No outro lado do mundo, rodeada pelo Oceano Pacífico, a Ilha de Páscoa abriga alguns moais esculpidos em pedras gigantes. Suas faces vagas guardam segredos que prometem muitas informações, caso possamos resolver o enigma de sua existência. Ficamos surpresos com o motivo que levou antigos Rapu Nui, mesmo dominando uma tecnologia limitada, a talhar estátuas em rochas sólidas e transportá-las aos limites de sua ilha remota. Apesar de tudo que não sabemos, temos uma boa certeza. A de que a existência dos moais se relaciona a histórias antigas – provavelmente contadas em volta de uma fogueira por chefes sábios, para membros fiéis da tribo.

Ao longo da História, as pessoas se juntaram e criaram culturas alicerçadas em um fundamento narrativo. Cada um de nós, individualmente, busca uma narrativa para explicar o próprio mundo. Somos naturalmente atraídos por pessoas que partilham a mesma explicação para a narrativa. Cada grupo de pessoas com percepções narrativas compartilhadas cria uma cultura. Pessoas que acreditam que o direito de empunhar armas é "por graça de Deus" agrupam-se na cultura da National Rifle Association (Associação Nacional do Rifle), que tem uma narrativa vinculada à liberdade pessoal. Alguns membros da NRA vivem no Texas, um Estado de cultura própria, diferenciada, independente, a ponto de muitos texanos acreditarem fazer parte de uma nação distinta – anexada aos Estados Unidos. Estes membros orgulhosos do Estado da Estrela Solitária conhecem bem a narrativa do Alamo. O Texas faz parte dos Estados Unidos da América, mas sua cultura é formada por pessoas que adotam a narrativa de "vida, liberdade e busca da felicidade". Existem culturas em muitos níveis, porém elas sempre se apóiam no fundamento da narrativa compartilhada.

Marion Harper, Jr., ex-presidente da McCann-Erickson, afirmou certa ocasião: "A propaganda existe em sociedades que já ultrapassaram o ponto de satisfazer as necessidades animais básicas". Marcas Legendárias são encontradas em culturas que não têm habilidade para satisfazer as necessidades narrativas básicas. Sendo um gerente da marca, você precisa se preocupar com estas narrativas. Sua marca conduz ou participa de uma narrativa que aproxima as pessoas. Se as culturas do passado podiam ser inspiradas em uma história, para transportar pedras gigantescas com um mínimo de tecnologia, certamente a história da sua marca pode inspirar uma cultura de pessoas a realizar algo tão simples como consumir seu produto. A administração das culturas da marca é o tópico deste capítulo.

DERRUBANDO O MITO

Culturas da marca atraem imensamente os gerentes de marca, porém são muito incompreendidas. Antes de prosseguir, permita-me derrubar três mitos muito difundidos.

Culturas da marca são criadas e não feitas

Se você acredita que pode tomar a iniciativa de criar uma cultura da marca, pense novamente. Culturas da marca são entidades orgânicas. Mesmo quando todas as condições precedentes são bem adequadas, uma cultura da marca pode nunca surgir. Quando uma equipe de marketing tenta, com muito afinco, forjar uma cultura da marca, muitas vezes isto é feito à custa do valor da marca.

Gerentes de marca precisam pensar em si mesmos como jardineiros. Você pode plantar a semente da cultura, fazê-la nascer, mantê-la viva, apará-la para que assuma a forma que você deseja, e protegê-la das pragas. No entanto, somente a natureza pode determinar o resultado final. A conclusão é a seguinte: existem muitas coisas que você pode (e provavelmente deveria) fazer para incentivar o desenvolvimento da cultura da marca, porém a maioria destas culturas surge de circunstâncias além do controle do gerente. De modo análogo à identidade humana, a cultura da marca é produto da natureza e do cultivo.

Talvez a melhor metáfora seja a cidade. Cidades como San Francisco, Nova York e Londres desenvolveram-se ao longo do tempo para se tornar Marcas Legendárias por méritos próprios. Não foram preparadas para se tornar os gigantes metropolitanos atuais. Não tiveram um plano diretor. Embora cada uma possua desafios urbanos próprios, que perduram há décadas, em alguns casos há séculos, todas elas continuam a nos cativar e a nos inspirar. Cada uma delas é mais do que uma cidade: é um centro cultural.

Em contraste, considere cidades recentes como Santa Clarita, na Califórnia, e Celebration, na Flórida. Foram projetadas de acordo com um plano diretor abrangente. Embora sejam bonitas, limpas e eficientes, não são particularmente inspiradoras. Muitas vezes têm sido criticadas por seu aspecto artificial. Alguns críticos afirmam que elas não têm alma. Se realmente não têm, em grande parte é porque foram criadas a partir de conceitos inexistentes na narrativa mantida pela cultura daquelas pessoas. Não possuem autenticidade cultural, apesar da aparência que seus criadores cultivam meticulosamente. Quando desejar uma cultura da marca, pense em Pinóquio, não em Pigmalião.

Culturas da marca podem ser cultivadas, porém não controladas

Como profissionais de marketing, nos orgulhamos da força de nossas marcas. Quanto mais forte a marca se torna, mais somos motivados a controlá-la. Elaboramos sistemas e políticas que regulam as atividades que poderiam exercer um impacto no valor da marca. Em muitas companhias, os gerentes de marca são conhecidos como a "polícia da marca", pessoas que controlam o que os outros podem e não podem fazer com os símbolos da marca e a propriedade intelectual.

Embora os empregados de sua companhia possam obedecer à polícia da marca, seus clientes provavelmente deixarão de reconhecer sua autoridade. Culturas da marca, particularmente culturas de marcas norte-americanas, resistem ao controle. É melhor você se lembrar de que uma cultura é formada por pessoas – neste caso, pessoas com um elo emocional e pessoal que as liga à sua marca. Suas iniciativas para controlar esta cultura muitas vezes serão vistas como uma intrusão profana na expressão pessoal. Em resumo, você será considerado um tipo diferente de polícia da marca. A força policial é opressiva, arrogante e oportunista. É melhor você fazer seu trabalho protegido contra ataques.

A Disney defrontou-se com um pesadelo de relações públicas em 1989, quando uma creche na cidade de Hallandale, na Flórida, a apenas alguns quilômetros dos parques temáticos, pintou imagens do Mickey Mouse e do Pato Donald nas paredes externas das salas de aula. A diretora da creche recebeu uma intimação ofensiva da Disney, exigindo a remoção imediata dos personagens mostrados. Esta comunicação acabou indo parar nas redações dos jornais do país. Alguns dias depois, a Universal Studios, concorrente da Disney, manifestou-se em favor da creche e enviou seus artistas para pintarem graciosamente os personagens da Universal (como Woody Woodpecker) em substituição aos personagens não autorizados da Disney. A Disney acreditava estar protegendo sua valiosa propriedade intelectual, porém, para o consumidor norte-americano médio, pareceu que a Disney estava mantendo o Mickey Mouse como refém – escondendo de crianças inocentes, de modo injustificável, um tesouro nacional.

Embora você não possa controlar sua cultura da marca, pode cultivá-la. Você pode lhe proporcionar instrumentos e recursos para uma participação significativa e agradável. Você pode incentivar os membros da cultura a participarem da narrativa do modo que lhes agradar. Você pode reconhecer a cultura por sua fé na marca e na narrativa subjacente. Quando a cultura da marca toma outros rumos, participando de atividades que parecem estar em conflito com seus objetivos operacionais, você pode aconselhar e incentivar a mudança, ou desprezá-la. Você pode interromper o fluxo de benefícios e realizar um programa oposto. Por exemplo, a Disney tinha uma preocupação legítima na situação descrita anteriormente. Suponha que a creche tenha se tornado o centro de um caso de abuso infantil. A exibição daqueles personagens nas instalações poderia implicar a Disney no escândalo, e ela não teria como evitar um desastre de relações públicas. No entanto, o assunto poderia ter sido conduzido de uma perspectiva diferente. Por exemplo, criando um programa para distribuir cópias padronizadas de reproduções dos personagens Disney a toda creche legítima, mediante solicitação. Tal procedimento daria à Disney não somente algum controle sobre o que é exibido, mas também criaria um novo canal de marketing. Além disso, os relacionamentos feitos com as creches seriam canais de venda para seus produtos e serviços.

As culturas da marca controlam a marca e não o contrário

Quando surge uma cultura da marca, o controle da marca se transfere para a cultura. Evidentemente você pode ser titular das patentes, dos *copyrights* e dos benefícios financeiros. Você pode pagar as despesas de propaganda e manter secreta a estratégia da marca, porém o coração e a alma de sua marca são controlados pela sua cultura. Ela os adota, partilha, e os torna parte de sua vida, enquanto você se torna um servidor da cultura – um *defensor* de um bem público.

A relação entre Marcas Legendárias e suas correspondentes culturas da marca não é diferente da relação entre as corporações e os detentores de ações ordinárias. Muitos CEOs reconhecerão o poder dos pequenos acionistas. Embora individualmente cada um possa ser proprietário de cerca de uma dúzia de ações da companhia, em termos coletivos há um poder significativo. Estes pequenos blocos de ações já bloquearam os planos mais bem elaborados de CEOs que se recusaram a escutar.

Sua cultura da marca tem o poder de conduzir sua marca ao destino que ela deseja. Este é um fenômeno único das Marcas Legendárias. Em virtude de a cultura da marca se preocupar tanto com aquilo que sua marca significa, ela julga exercer um controle sobre a marca. Você pode lutar contra ela, porém, se o fizer, arriscará iniciar uma guerra civil que resultará somente em um grande número de mortos inocentes nas trincheiras. Uma marca assediada por reações contrárias é uma marca que perdeu o valor. Sua melhor estratégia consiste em servir sua cultura de modo inteligente e adequado, mesmo quando parecer que as ações de cultura possam levar à ruína. Pela experiência que tenho, as más sementes na cultura da marca desaparecem no final. Se isto não ocorrer, é porque o fundamento da narrativa da marca foi fraco desde o início.

A HARLEY-DAVIDSON E OS "ANJOS DO INFERNO"

A **Harley-Davidson é** uma marca que sempre menciono neste livro por causa de sua narrativa poderosa. Existe pouca dúvida a respeito do que significa *Harley* na mente da maioria dos consumidores. No entanto, a Harley-Davidson é uma marca que freqüentemente brincou com o perigo.

A associação mais comum com a Harley-Davidson é a dos Anjos do Inferno, uma organização cujo nome foi dado em homenagem ao Esquadrão de Bombardeio 303, que atuou na Segunda Guerra Mundial. Os Anjos do Inferno têm uma reputação ligada a desordens. De fato, o grupo muitas vezes apareceu na imprensa em conseqüência de suas atividades criminosas. O conjunto de imagens do grupo é grosseiro – ligado a bares, restaurantes e tavernas nos bairros decadentes das cidades. O grupo muitas vezes é imaginado chegando em grande número, entrando inesperadamente em um restaurante e provocando confusão – ou, no mínimo, esta é a imagem transmitida por vários filmes e programas de televisão.

Os Anjos do Inferno ajudaram e prejudicaram a marca Harley-Davidson. Por um lado, tornaram a marca uma lenda, aumentaram seu nível de conhecimento e a infundiram com a personalidade áspera e libertária que a caracteriza atualmente. Por outro lado, os Anjos do Inferno ameaçaram limitar a marca. Ela se defrontou com o perigo real de estar muito intimamente vinculada a marginais, atividades criminosas e confusão.

Felizmente, muitos executivos gostam da associação com imagens que refletem a marginalidade, e isto acabou ajudando a marca. Ainda assim é um exemplo de uma cultura da marca que conduz a marca a uma nova trajetória narrativa, além do controle de seu gerente.

No final de toda peça teatral, o elenco retorna ao palco para agradecer os aplausos. Existe um velho provérbio no teatro: os aplausos são sua oportunidade de agradecer ao público e não uma oportunidade para obter mais aplausos. O público sempre aplaude. Algumas vezes, faz uma ovação de pé. Trata-se de uma experiência extremamente gratificante para o elenco, sendo apenas um benefício adicional da obrigação de agradecer os aplausos. Os atores estão no palco, em primeiro lugar e principalmente, para agradecer ao público pela atenção e pelo comparecimento.

Sua cultura da marca não existe para atender às suas necessidades. Você existe para atender às necessidades dela. Quando você interage com a cultura da marca, deve pensar na maneira de agradecê-la, em vez de buscar nela sinais de gratidão. Pense como Ghandi, não como Maria Antonieta.

ENTENDENDO SUA CULTURA

Você é hoje a mesma pessoa que era há dez anos? Você cultiva as mesmas aspirações? Os mesmos desejos? A mesma auto-imagem? Poucos de nós podem dar uma resposta afirmativa a estas perguntas. Dez anos atrás você poderia estar solteiro, porém agora está casado. Você poderia ter um emprego diferente, seguido outra carreira, ou poderia ter freqüentado outra escola. Existem algumas mudanças em eventos e na vida que podem ocorrer em um período relativamente curto. As pessoas mudam.

O maior erro que os gerentes cometem consiste em assumir que a conduta da marca permanece estática. Em capítulos anteriores, examinamos a vida narrativa dos consumidores. Os consumidores pós-modernos vivenciam um filme da vida real, um conceito narrativo que define a identidade e controla o comportamento. Porém, do mesmo modo que os atores envelhecem e mudam de papel, os consumidores também envelhecem. À medida que isto ocorre, eles desempenham outros personagens em diferentes filmes que retratam a vida. Acrescente a isto o efeito das novas gerações. Cada uma que chega afeta a população de consumidores com um estímulo narrativo diferente, e, assim, você se depara com uma cultura da marca feito um alvo em constante movimento.

Talvez a MTV seja quem melhor compreenda a cultura da marca. A MTV apresenta um dos mais elevados índices de rotatividade de executivos na indústria da televisão – porém, é assim que o canal deseja operar. Seu programa de treinamento de dirigentes lembra o filme de ficção científica *Logan's Run,* no qual uma sociedade futurista executa os membros da população que completam 30 anos. A MTV contrata estagiários muito jovens, que são promovidos rapidamente a executivos de programação. Eles sabem que a programação é adequada à audiência porque fazem parte dela. Quando chegam a outro nível e perdem a sintonia com a próxima geração de audiência, passam a trabalhar em cargos desvinculados da programação ou saem da empresa.

Parte de seu sistema de gerenciamento, da marca precisa incluir uma avaliação periódica da cultura de sua marca. Você pode empregar as técnicas discutidas em outra parte deste livro. As metodologias de pesquisa da narrativa descritas no Capítulo 5 devem ser aplicadas freqüentemente, para se chegar à vida narrativa de seus consumidores. Tome cuidado para não supor que o atual grupo de consumidores pensa e sente do mesmo modo que o precedente.

Elabore perfis da personalidade dos consumidores como aqueles descritos no Capítulo 6. À medida que você elaborar o perfil de um número cada vez maior de consumidores, começará a constatar padrões. Estes padrões representam as narrativas constantes que sua marca ativa no âmbito de uma cultura de consumidores. Embora grande parte de nossa atenção, até este ponto, tenha se concentrado na narrativa da marca, sua atenção à cultura da marca precisa focalizar a narrativa dos vários segmentos de consumidores. Estes segmentos se deslocarão e evoluirão ao longo do tempo. Sua tarefa consiste em manter-se atualizado.

Pesquisar e elaborar o perfil dos segmentos da cultura não é suficiente. Saia e observe a cultura em ação. Um número muito grande de gerentes de marca nunca observam a marca em ação. Eles podem ler a respeito da narrativa que orienta a cultura, porém teriam muita dificuldade para identificá-la em público. O alto escalão do Wal-Mart realiza visitas freqüentes a todas as lojas da companhia – em todas as partes dos Estados Unidos. Quando os executivos as visitam, chegam sem terem sido anunciados e vestem-se como os consumidores. Eles percorrem as lojas e observam o comportamento.

Para finalizar, aprofunde-se na cultura. Não se contente com os dados da pesquisa. Não aceite as observações feitas nos corredores. Torne-se uma parte da cultura. Todo empregado da ESPN é um fã de esportes. Os candidatos a emprego somente recebem ofertas se passarem satisfatoriamente em um teste sobre os conhecimentos que possuem a respeito de esportes. Na agência de propaganda Wieden + Kennedy, que atende a ESPN, novos empregados para a conta são selecionados também com base em sua paixão por esportes.

Você não consegue compreender verdadeiramente a dinâmica da cultura de sua marca, a não ser que se misture às pessoas e as acompanhe em sua jornada narrativa. Esta é de longe a melhor maneira de compreender o filme da vida deles.

TORNANDO AS MARCAS INDISPENSÁVEIS PARA AS NARRATIVAS DO CONSUMIDOR

No Capítulo 6, segmentamos nossos clientes de acordo com padrões de narrativa pessoal – não em função da demografia ou de outros parâmetros. Por exemplo, um segmento de seus clientes pode ter uma narrativa pessoal que reflita uma novela. Os consumidores julgam viver um dia-a-dia em que tudo é glamouroso e pleno de emoção. Sua marca é uma parte necessária do drama, pois ocupa uma posição superior e é glamourosa. No entanto, outro segmento de seu público pode vivenciar uma narrativa completamente diferente. Este segmento é formado por pessoas que não consideram nada que esteja em segundo lugar. Tudo que fazem, tudo que consomem precisa ser o melhor. Têm necessidade de trabalhar para a melhor companhia, constituir a melhor família e consumir os melhores produtos e serviços. Embora os dados demográficos desses dois segmentos provavelmente sejam muito similares, as narrativas são bem diferentes. Uma possui drama e a outra racionalismo.

As Marcas Legendárias são bem-sucedidas porque ativam as narrativas da cultura da marca. Por este motivo é tão importante para você compreender as nuanças e subculturas associadas à sua marca. Esta compreensão lhe dá o poder de inserir sua marca em experiências significativas que dão vida à identidade narrativa do consumidor. Marcas Legendárias *ativam* a identidade narrativa.

Existem muitos elementos que podem ativar a narrativa do consumidor, porém dois dominam o espectro: a semiótica e o ritual.

Semiótica e ativação da marca

Para nossas finalidades, a semiótica compreende sinais, símbolos e materializações muito específicas de design, que representam a narrativa da marca. Por uma questão de simplicidade, vamos denominá-los *símbolos*, porém entenda que um símbolo, neste contexto, pode incluir uma variedade de cores com a mesma facilidade que pode incluir os dizeres da marca. O sinal de movimento rápido da Nike é um símbolo, porém o mesmo ocorre com o vigoroso tipo Garamond constantemente associado à comunicação da marca Apple.

A colocação engenhosa e estratégica de símbolos da marca constitui uma forma poderosa de fomentar o desenvolvimento de uma cultura da marca. Observe as duas palavras que iniciam este parágrafo: *engenhosa* e *estratégica*. O marketing convencional exige que os gerentes de marca divulguem ostensivamente os símbolos da marca. A percepção associada a esta estratégia de marketing é que quanto mais os consumidores virem os símbolos, mais se lembrarão de sua marca e estarão mais dispostos a escolhê-la por ocasião de uma compra.

Infelizmente a técnica de bombardeio intensivo de difusão do símbolo conduz a marca para a irrelevância mais do que para a ativação. Um gerente de marca, munido de um orçamento de marketing substancial, pode difundir eficazmente o símbolo da marca em um amplo território e os consumidores se *lembrarão* de tê-la visto. Porém esta estratégia conduz à ubiqüidade. Os consumidores estão tão acostumados a vê-la que a consideram natural. Também o fato de o símbolo aparecer em todos os lugares nada contribui para reforçar a narrativa da marca ou atribuir-lhe um maior significado. Em certo sentido, o símbolo se torna mais um ruído de marketing.

Nada comprovou este fenômeno mais do que o delírio pelas pontocom. Novas empresas com milhões de dólares de capital inicial contrataram as melhores e mais brilhantes agências de propaganda e design. Elas criaram símbolos engenhosos e então os difundiram. Ah, como os difundiram! Outdoors, decalques aplicados nos pára-lamas dos automóveis, camisetas, mala-direta, e-mail, comerciais na televisão, pontos de ônibus, ônibus, táxis, jornais – aponte o meio e notará que estes gerentes de marketing expuseram os símbolos da marca em todos os lugares. Atualmente, a maioria dessas marcas desapareceu. Apesar da exposição, a maior parte dos consumidores não se recorda daquilo que as empresas fizeram inicialmente. Eles podem se lembrar de ter visto o logo, mas têm dificuldade para se lembrar daquilo que significava.

Os símbolos de marcas importantes podem ser exageradamente expostos e isto não é culpa do gerente de marca. A Coca-Cola é uma Marca Legendária poderosa com um conjunto muito difundido de símbolos da marca (o contorno da garrafa, o símbolo da marca, os ursos polares, o Papai Noel etc.). Em anos recentes, a Coke limitou a exposição de determinados símbolos. A razão: eles eram tão expostos a ponto de não serem vistos. A Coke buscou meios para reduzir a exposição geral e tornar mais relevantes e ativadas as exposições que restaram.

Como gerente de marca, seu trabalho consiste em assegurar que os símbolos da marca apareçam em locais onde a narrativa estiver ocorrendo. Por exemplo, a Quicksilver é uma Marca Legendária para surfistas, praticantes do *snowboarding* e skatistas. Seus símbolos da marca, reconhecidos instantaneamente nestas comunidades, aparecem somente nos produtos e em outros itens que formam uma parte ativa do estilo de vida. Você também a identificará engenhosamente integrada ao vestuário criado pela marca. Ela aparece apresentada com bom gosto nos eventos patrocinados pela companhia – eventos que incluem música, surf, competições ou outras atividades que permitem aos consumidores vivenciar a narrativa da marca.

A Quicksilver possui verdadeiramente uma cultura da marca. Apoiou desde o início o lendário campeão de *skateboard* Tony Hawk, organizando, a cada ano, eventos que apresentavam novos talentos na prática do surfe, do esqui e do *skate*. Seus símbolos conferem autenticidade a estas experiências. Eles desempenham um papel significativo. De fato, os entusiastas mais fanáticos julgam a legitimidade de tais eventos com base na presença dos símbolos da Quicksilver. O fabricante de videogames Activision fez uma parceria com a Quicksilver para usar seus símbolos da marca nos videogames de *skateboarding*, agregando mais autenticidade à experiência. A Quicksilver não divulga intensamente a marca. Ela trata seus símbolos da marca como moeda corrente.

Símbolos em poder dos adeptos. Existe uma exceção à regra. Algumas vezes você identificará símbolos da marca em locais obscuros, que parecem não ter qualquer relação com a narrativa da marca, mas são perfeitamente aceitáveis. Isto acontece quando você dá ao consumidor o símbolo da marca e lhe permite colocá-lo onde ele quiser. A tarefa é realizada geralmente por meio de adesivos e decalques.

Adesivos e decalques são, muitas vezes, objetos de controvérsia na comunidade de marketing da marca, pois freqüentemente são subvalorizados. Existe uma boa justificativa para a precaução. Os adesivos insistem em aparecer nos locais onde os gerentes de marca receiam pisar: bares, banheiros, prisões, favelas etc.

Eles são subvalorizados porque, para a maioria das marcas, não têm função. A maioria dos consumidores não procura um meio de agregar a marca à sua vida, a não ser que, evidentemente, você possua uma Marca Legendária e sua narrativa represente algo que faça parte do sistema de crenças adotado. Se este for o caso, seus símbolos da marca podem aparecer perto das atividades narrativas, quer você os divulgue ou não.

Na embalagem de todo Macintosh, desde o primeiro dia que o equipamento foi colocado à venda, pelo menos um adesivo com o logo Apple é incluído. De um modo notável, muitos destes adesivos são efetivamente usados. Eles são afixados em locais de trabalho, automóveis, notebooks e em qualquer outro lugar em que o usuário leal do Mac desejar divulgar ao mundo que ele pensa "diferente". Em 90% dos casos, o adesivo aparece em um lugar intimamente associado à expressão da narrativa da marca que o consumidor revela.

Quando você coloca seus símbolos da marca nas mãos de sua cultura da marca, você permite que eles sejam mostrados nos lugares onde são mais significativos. Não precisa ser um adesivo ou um decalque. Pode assumir muitas outras formas, porém, em cada caso, você observa aquilo que os consumidores fazem.

Christopher Williams, em seu livro *A Kick in the Seat of the Pants* reconta a história de um arquiteto que plantou grama entre uma série de prédios que ele projetou e construiu. Esperou durante várias semanas, para ver onde a grama estava marcada pelas pegadas das pessoas que circulavam entre os prédios. Só então instruiu a empresa de engenharia a construir as calçadas. O mesmo princípio se aplica aos símbolos da marca. Quando você os coloca nas mãos de sua cultura, pode observar onde eles são usados e calibrar de modo correspondente suas outras atividades da marca.

Esgotamento lento. Ocasionalmente seu símbolo (ou símbolos) da marca ressoarão em seu público de tal modo que a exposição fique além de seu controle. A maioria dos gerentes de marca sempre espera uma adoção rápida e ampla por parte dos consumidores dos símbolos. Quando isto acontece, no entanto, é preciso redobrar os esforços para controlar a marca.

Símbolos são talvez o elo mais facilmente adotado entre os consumidores e as narrativas da marca. Símbolos demonstram um enorme poder para comunicar um grande número de idéias a respeito de um sistema de crenças por meio de poucas palavras. Um símbolo é como um elétron, uma parte minúscula de um todo maior, porém contendo enormes quantidades de energia potencial. Sua função, como gerente de marca, consiste em assegurar que seus símbolos não se tornem tão ativos a ponto de causar um esfacelamento da marca. A maioria de nós conhece este fenômeno como *modismo*.

Modismos raramente passam pelo teste do tempo. Quando o consumidor resolve mudar e o modismo deixou de ser moda, ele se afasta da fonte. Na maioria dos casos, o afastamento vale a pena. Todos chegamos a conhecer artistas musicais sem talento que tiveram seus 15 segundos de fama por mais de um ano. Quando a aventura termina, ficamos todos muito felizes por nos livrar deles. Ocasionalmente, no entanto, boas pessoas e bons produtos sucumbem ao estigma do modismo.

Quando as marcas se tornam vítimas da reação antagônica do modismo, normalmente é porque os gerentes de marca concentram todos os seus esforços em um único aspecto. Quando um grupo de consumidores adotou rapidamente a marca, o gerente deu ênfase total a este segmento, em vez de desenvolver a marca em outros ou explorar a narrativa cultural que estava sendo ativada pela inclusão do símbolo. Supondo que a marca tenha um valor essencial e esteja ligada a um conjunto verdadeiro de crenças sagradas e de narrativas da marca, isto não deveria acontecer.

Você pode evitar os aspectos negativos de um modismo e o esgotamento lento dos consumidores tomando algumas medidas preventivas.

1. Quando aparecer o primeiro sinal da adoção rápida, concentre seus esforços em novos segmentos. Aproveite a oportunidade para direcionar alguns de seus recursos a segmentos novos ou pouco desenvolvidos de sua base de consumidores-alvos. Introduza os símbolos da marca nesta base em um contexto novo ou diferente.
2. Agora é a ocasião de fazer mais pesquisas e elaborar outros perfis. Aproveite os indícios da adoção rápida do símbolo e entre na narrativa da identidade do consumidor. Por que o símbolo é importante? O que ele está ativando?
3. A adoção rápida significa que o primeiro arco da história de sua narrativa da marca está dando certo. Aproveite esta oportunidade para introduzir um novo arco da história ou formar o próximo nível. Alterar o arco da história é uma boa maneira de manter a concorrência distante e conservar a excitação dos consumidores. Sem mudar o arco da história, você se arrisca a se tornar um "milagre que só acontece uma vez".
4. Deixe que o público anseie por mais. Quando o uso dos símbolos de sua marca tornar-se excessivo, restrinja voluntariamente a exposição. Sua diretoria provavelmente julgará que você ficou maluco. No entanto, é muito melhor desaparecer tendo um público que anseia por mais do que escapar debaixo de uma chuva de tomates. Os grandes artistas musicais conhecem bem esta estratégia. Seus empresários são cuidadosos em lançar os álbuns dos artistas de modo que os fãs possam ansiar por um novo material.
5. Planeje sua estratégia de comunicação em torno de eventos significativos na vida de sua cultura, além dos eventos significativos de sua plataforma da marca. A maioria das companhias planeja expor cuidadosamente seus símbolos da marca junto com o lançamento de novos produtos e eventos importantes da mídia impressa. Poucas, no entanto, consideram o que mais ocorre no calendário cultural. Se você elaborou bem seu perfil cultural, deveria ser capaz de prever tais eventos. Conhecer o que faz parte deste calendário pode ajudá-lo a expor sua marca em ocasiões precisas e relevantes. Isto também pode ajudá-lo a evitar o excesso de exposição, particularmente se sua marca ficar em posição secundária em relação a outra que também afete esta cultura.

Nada deixa os profissionais de marketing mais felizes do que ver os consumidores se apresentarem como voluntários para usar, colocar e exibir seus símbolos da marca. Trata-se de uma indicação clara de que está se formando uma cultura em torno de sua narrativa da marca. Ela indica que aquilo que você representa significa os símbolos de sua marca. Integre-os à mídia de um modo que seja relevante para a narrativa da marca. E, sem dúvida, permita aos seus consumidores vivenciarem as próprias vidas do modo que lhes agrade, sem a sua interferência.

Ritual do consumidor

A narrativa da marca passa a existir, e as culturas da marca formam-se rapidamente quando o uso da marca existe no contexto de um ritual do consumidor. Durante muitos anos, os profissionais de marketing desprezaram o aspecto ritual do consumo da marca. Recentemente, no entanto, esse aspecto ritual do comportamento do consumidor tem atraído muita atenção.

Rituais são a reencenação dramática de um mito. Existem essencialmente dois tipos de ritual: o sagrado e o profano. Os rituais profanos correspondem aos hábitos. Por exemplo, você pode escovar os dentes, fazer a barba, e beber uma xícara de café toda manhã, antes de entrar no chuveiro. Este é um ritual matinal para você. Não é, no entanto, um ritual sagrado, porque não está ligado a qualquer significado importante nem a uma narrativa. É um ritual profano, que incorpora uma série de hábitos e atividades comportamentais.

Os rituais sagrados ocupam um espaço cognitivo diferente. Carregam um significado e uma importância cultural mais profundos. São formados por um conjunto de ações que servem para ativar uma narrativa ou um mito. Por exemplo, dar presentes no Natal é um ritual vinculado ao dogma religioso e à tradição familiar. Cerimônias de formatura são rituais sagrados ligados a um rito de passagem e à transformação de um estágio de ignorância para um de sabedoria.

As marcas muitas vezes fazem parte dos rituais profanos, porém raramente se aproveitam dos rituais sagrados. Por exemplo, barbear-se com um aparelho Gillette Mach III talvez seja somente um hábito para muitos homens. Alguns podem torná-lo parte de um ritual profano. Suponha que eles se barbeiem com um aparelho Gillette Mach III após umedecer o rosto durante cinco minutos com água quente e aplicar uma camada grossa de creme de barbear importado da Inglaterra. São atividades muito diferentes e distintas da participação do aparelho em um ritual sagrado, tal como a cerimônia de cortar todo o cabelo dos componentes de um grupo, para marcar o término do curso de pilotagem básico de um esquadrão de F16. Se existisse tal ritual, a marca participaria de um ritual pleno de significado e emoção.

Componentes e tipos de rituais. No melhor texto a respeito do assunto, *The Ritual Dimension of Consumer Behavior*,[1] o Dr. Dennis Rook escreveu que "A experiência do ritual se apóia em quatro componentes tangíveis: (i) objetos do ritual, (ii) um roteiro do ritual, (iii) papel (ou papéis) do desempenho do ritual e (iv) um público do ritual".

A participação da marca em um ritual do consumidor ocorre típica, porém não exclusivamente, por meio da utilização dos objetos do ritual. Por exemplo, para participar de um passeio de motocicletas com muitas cilindradas, você precisa ser proprietário de uma Harley-Davidson. Você coloca este artefato em uso para encenar a narrativa ritual. Algumas vezes, as marcas participam dos rituais dos consumidores, porém elas não são a única marca utilizada. Os chocolates Godiva são um dos muitos elementos que podem ser usados no Dia dos Namorados, porém qualquer chocolate serve como instrumento para o ritual do Dia dos Namorados.

A especificidade que se exige de sua marca no ritual comunica-se com a força de sua narrativa da marca e a relevância do ritual para ela. A Figura 8.1 ilustra a hierarquia dos elementos do ritual. Na base da pirâmide, muitas categorias de produtos e de marcas podem ser usadas para a realização do ritual. No Natal, não se exige uma categoria específica de presente. Sua marca pode ser selecionada como um elemento do ritual, porém não é especificada como obrigatória.

No próximo estágio da pirâmide estão os rituais que requerem uma categoria específica de produtos, porém não especificamente sua marca. Por exemplo, é costume oferecer um cartão no Dia das Mães. A Hallmark pode ser uma marca de cartões, porém não é a única que os consumidores consideram ou empregam no ritual.

O estágio superior da pirâmide contém os rituais que exigem o uso de uma marca específica pertencente a uma categoria específica. Para participar plenamente do ritual do MacWorld, você precisa entender de Macintosh.

Existem poucos rituais difundidos que requerem a especificidade da marca. Aqueles que requerem a especificidade da marca são criados em torno da própria plataforma da marca. O regresso ao lar com um Saturn é um ritual com muitos participantes. O elemento comum é um carro Saturn. Saturn, a companhia, orquestra e organiza este ritual, que é visivelmente significativo para as centenas de consumidores que viajam muitos quilômetros para participar.

FIGURA 8.1 Ritual do Consumidor

Além de contar com os elementos, os rituais geralmente se desenvolvem de acordo com um roteiro, que pode ser muito bem elaborado, como uma cerimônia de casamento, ou vagamente elaborado, como o ritual de convidar uma garota para sair. Rituais também levam em conta papéis de desempenho que demarcam o relacionamento do participante com a atividade do ritual. Uma noiva e um noivo possuem papéis específicos na cerimônia de casamento.

Finalmente, os rituais exigem um público – um grupo de pessoas que observa seu desenrolar. Em alguns casos, o público e os participantes formam um todo e são até os mesmos.

Quando pensar nos rituais sagrados do consumidor e na relevância que têm para a sua marca, pense em termos amplos. Os rituais sagrados podem assumir muitas formas; algumas menos óbvias do que as suposições superficiais. Em seu livro *Ritual: Perspectives and Dimensions*, a autora Catherine Bell sugere seis categorias amplas: ritos de passagem; ritos temporais; ritos de permuta e comunhão; ritos de dor; festas, jejuns e festivais; e ritos políticos.[2] Ao longo da História, as pessoas têm participado de rituais vinculados a uma destas seis atividades. Para determinar onde sua marca poderia desempenhar um papel, você deve considerar inicialmente qual desses seis rituais se aplica a ela.

Para muitas pessoas a primeira compra de um carro novo é ao mesmo tempo um rito de passagem e um rito de permuta. Pode ser uma experiência muito significativa, caso não seja dificultada pela monotonia e pelo incômodo do processo de vendas. Mesmo quando o processo de vendas for problemático, muitas pessoas sentem um impulso de energia no primeiro dia em que dirigem o carro novo até sua residência. Demorou muitos anos, porém os fabricantes de veículos estão finalmente descobrindo o poder desta experiência – e transformando-a em ritual. O Saturn é o mais digno de nota – comemora o evento produzindo um calendário com fotografia e apresenta um coro de vozes especial. Os fabricantes de carros de luxo vieram em seguida, introduzindo uma festiva recepção ao novo proprietário cheia de congratulações de toda a equipe do concessionário.

Atuando no espaço do ritual. Um meio quase desprezado, mas poderoso para cultivar a cultura da marca, consiste em participar das atividades rituais da cultura. Apresentamos a seguir algumas sugestões de como realizá-las.

- Se você tiver sorte, já existem rituais que abrem espaço para sua marca. Se este for o caso, você deve determinar como sua marca pode se tornar uma parte indispensável do ritual. Por exemplo, câmeras descartáveis agora estão sempre presentes nos rituais de casamento. Normalmente são deixadas sobre as mesas, para que os convidados possam captar imagens informais do grupo. Se você gerencia a marca Kodak, sua função consiste em determinar como a Kodak pode participar melhor do ritual de casamento, escalando a pirâmide de especificidade, de modo que somente a Kodak passe a ser utilizada.
- Crie eventos próprios envolvendo rituais. Eles se relacionam muito de perto com as promoções. A diferença é que um ritual permite a participação de todos os consumidores, de um modo que dê vida à narrativa da marca. O Guggenheim patrocina anualmente um passeio de motocicleta a Las Vegas. Este ritual é ao mesmo tempo promoção e ponto de ativação da narrativa.
- Identifique maneiras de sacralizar sua marca por meio do uso, transformando em ritual sagrado aquilo que de outro modo seria apenas um hábito. Todas as vezes que os atletas calçam um par de tênis Nike, podem participar potencialmente de um ritual sagrado. Compete à Nike dar vida à narra-

tiva da marca. Em vez da corrida matinal obrigatória, o consumidor poderia participar do importante rito de auto-aperfeiçoamento. O rito se tornaria um modo dinâmico de ativação da narrativa da marca Nike.
- O sinal mais claro de que se formou uma cultura da marca é a presença das atividades rituais, não importando sua trivialidade. Esteja atento a estas atividades. Aquelas originadas pelo consumidor são as de maior potencial. Permaneça em um Starbucks durante um tempo e você começará a ver padrões interessantes de ritual. Estes são os pontos de alavancagem para a consolidação da marca.

As Marcas Legendárias podem fazer, e efetivamente fazem, intenso uso das atividades do ritual do consumidor. Quando o ritual do consumidor chega ao seu nível ótimo, está completamente ligado à narrativa da marca e proporciona ao consumidor a oportunidade de vivenciar a história. Não existe uma forma correta ou errada de realizar experiências com o ritual do consumidor e não há uma fórmula específica para lhe dar vida em benefício de sua marca. Utilize os quatro elementos do ritual, dedique-se a tornar sua marca uma parte mais específica do ritual do consumidor e considere todos os domínios potenciais do ritual, a fim de que ele trabalhe para sua marca.

INCENTIVANDO O DESENVOLVIMENTO DA CULTURA DA MARCA

Este capítulo tratou de dois elementos importantes presentes em muitas culturas de marcas: o uso dos símbolos e o ritual do consumidor. No entanto, sendo um gerente de marca, você pode fazer muito para incentivar, moldar e proteger sua cultura. Apresento a seguir algumas idéias gerais sobre o assunto.

Apóie aqueles que o apóiam

As culturas da marca têm um jeito próprio de atrair fanáticos e ativistas. Se você gerencia atualmente uma Marca Legendária, sabe quem são estas pessoas, pois recebe muita correspondência delas. São os clientes que se manifestam quando não gostam do último lançamento de sua marca, ou não se importam com seu novo porta-voz, ou desejam que você altere o design da embalagem. Estas pessoas não somente o contatam, mas são conhecidas por organizar protestos e eventos.

Quando a New Coke foi introduzida, demorou alguns dias para que os Estados Unidos compreendessem o desastre de marketing que representou. Na sede da Coca-Cola, no entanto, eles deveriam saber em questão de minutos, porque seus fãs mais leais manifestaram-se instantaneamente. Eles a detestaram. A nova bebida era o contrário de tudo que a Coke significava para este grupo fiel.

O problema com fanáticos e ativistas é que eles parecem malucos. Não podemos acreditar que qualquer pessoa em juízo perfeito tenha tempo disponível para se preocupar com a cor de uma nova embalagem. Supomos que este grupo adota uma posição extremada e não representa nossa cultura da marca. Pode haver alguma veracidade na suposição, exceto que também é possível que este grupo extremado seja apenas uma grande simplificação da cultura de sua marca. Embora os 95% restantes de sua base de clientes não escrevam nenhuma reclamação nem façam demonstração de desagrado, eles poderiam deixar de comprar o produto ou adquirir uma marca alternativa.

Não abandone os clientes fiéis. Mesmo que aparentem alto grau de maluquice, trate-os com o mesmo respeito que você dispensa ao cliente médio. Dê aos fanáticos e ativistas o crédito que merecem. Eles são fanáticos e ativistas em relação a sua marca e não à de seus concorrentes. Ofereça-lhes possibilidades que você não proporciona ao cliente médio. Talvez você os incentive a organizar uma visita à fábrica e almoçar com alguém da equipe de produção. Talvez você crie uma equipe de apoio para que eles possam liderar. Talvez você lhes peça para conduzir um teste beta em novos produtos e depois escute o *feedback* que oferecem (você não precisa levar em conta o que eles dizem, deve apenas escutar com honestidade).

Tome cuidado, no entanto, para não agradar de modo excessivo os clientes verdadeiramente fanáticos. Atender o consumidor excessivamente fanático é como tocar em uma placa Ouija*. Parece perfeitamente seguro inicialmente, mas é surpreendente como uma resposta inocente a um e-mail, por exemplo, pode resultar em uma avalanche de mensagens muito emotivas. Antes que você perceba, o rumor se espalha e a opinião sobre a sua marca muda para pior.

---

* N. do T.: Marca registrada usada para uma caixa que possui o alfabeto e outros símbolos na parte superior, e uma placa triangular a respeito da qual se acredita, quando tocada com os dedos, mover-se de tal modo a indicar mensagens espiritualistas e telepáticas na caixa.

Realize eventos culturais

Uma das maneiras mais simples de promover o desenvolvimento de uma cultura da marca consiste em realizar eventos e atividades que permitam à sua cultura reunir e sentir uma parte da narrativa da marca. A cada ano, o Ben & Jerry's convida seus acionistas a comparecerem à sua sede em Vermont, para experimentar o produto e relaxar ao som de bandas que tocam ao vivo e de gravações do Grateful Dead. Estes acionistas também são os participantes mais devotados da cultura da marca e, portanto, o evento traz um duplo benefício.

A Quicksilver patrocina shows e competições de surfe, *skating* e *snowboarding*. A empresa faz todo o possível para tornar os eventos agradáveis e para que reflitam o espírito da marca. Associam-se a lendas do ramo esportivo em que atuam e a talentos emergentes. No processo, permitem que a cultura da marca atinja a narrativa da marca. Produzem e distribuem "magalogs", revistas híbridas e catálogos de produtos repletos de conteúdo editorial convincente. Deste modo, a cultura da marca toma conhecimento das tendências futuras, das conquistas e dos eventos.

A Amazon.com permite que os usuários criem listas de seus livros favoritos e as insiram diretamente no site da Amazon. Também deixam que os clientes façam críticas de livros, avaliações e comentários. E não param por aí. Se você quer uma recomendação, a Amazon compara suas compras com as de outros clientes e lhe oferece a oportunidade de ver o que mais pode lhe interessar. Além de gerar uma grande oportunidade de vendas, o investimento da Amazon em tecnologias de colaboração capacita a cultura da marca. Os clientes sentem-se participantes mais ativos da experiência literária ao partilhar e discutir o conteúdo dos livros.

A seguir, algumas diretrizes adicionais.

- Proporcione atividades e recursos a seus clientes, para que possam tornar-se uma cultura, porém não exagere. Empenhar-se com muito afinco para desenvolver a cultura o fará parecer ridículo. Seus motivos serão questionados.
- Tudo o que você faz é para o cliente, não para você. Se você o atende bem, sua cultura o premiará com lealdade duradoura. Porém, não espere resultados imediatos. Não force venda em todos os eventos organizados. Alguns deles não precisam criar oportunidades diretas de venda. Se você fizer seu trabalho direito e vincular o evento à sua narrativa da marca, a cultura irá embora com uma preferência maior pela marca, o que se manifestará na próxima ocasião de compra. Você terá cumprido sua meta. O excesso de

atividades fracassa no ato final, pois os gerentes de marca voltados para a lucratividade precisarão de tempo para fazer uma venda.
- Seja coerente. Limite-se aos temas e aos arcos da história de sua narrativa da marca, especialmente aqueles que estão sendo empregados. Os eventos e as atividades que você planeja para a sua cultura são eficazes quando reforçam uma narrativa já existente da marca. Eles são menos eficazes quando usados como uma plataforma para introduzir uma nova narrativa da marca ou um arco de história novo e desconhecido. Sempre há exceções, porém você fica em melhor posição usando suas atividades experimentais para reforçar sua atual plataforma de comunicações, em vez de executar o trabalho básico para a plataforma que você planeja introduzir no próximo mês.
- Escute, observe e participe! Eventos e atividades planejados constituem as melhores oportunidades para você se comunicar com seus consumidores, por dois motivos. Primeiro, você os atrai a um ambiente onde existem outros consumidores. Este efeito social é importante. As pessoas em grupo fazem coisas diferentes do que quando estão sozinhas. Elas também fazem coisas diferentes quando se congregam em um contexto cultural. Você obterá observações interessantes a partir de suas atividades experimentais com a marca. Segundo, você capta uma espécie de êxtase da marca, quando ouve os consumidores em eventos de promoção da marca. É verdade que você tem de filtrar uma parte desse entusiasmo, para fazê-lo operar no gerenciamento de marca diário, porém ele ainda possui valor. Ele lhe permite constatar as associações mais puras com sua narrativa da marca, e também aquelas com maior carga emocional. Ele lhe permite perceber onde os rituais podem existir. Ele o ajuda a identificar a importância de seus símbolos da marca. Finalmente, ele o ajuda a estar de acordo com a cultura.

ALÉM DE SEU CONTROLE, MAS COMPENSANDO SEU ESFORÇO

A cultura da marca é o aspecto das Marcas Legendárias que os gerentes não podem controlar com precisão. Eles não podem sequer garantir que surgirá tal cultura – tudo que podem fazer é ter uma expectativa. Quando realmente surge uma cultura da marca, ela pode gerar benefícios ou custos para a marca. As ações do gerente de marca determinam em grande parte a trajetória que ela segue.

Gerenciar uma cultura da marca é como ser um bom funcionário público. Você precisa gerenciá-la com mão invisível e interagir com ela de modo íntimo e generoso. Enquanto isso, você precisa ter conhecimento de seus concorrentes que invejarão sua cultura e tentarão se apossar dela. A chave para conservar sua cultura da marca consiste em ser fiel à sua narrativa da marca.

Larry: O que a marca Kodak significa?

Carl: A marca de consumo Kodak tem a ver com simpatia, histórias, memórias, épocas felizes, felicidade, família e valores. Ela significa aceitação social e facilidade de uso. Você precisa lembrar que quando George Eastman criou a marca, no final do século XIX, ele se propôs a fazer duas coisas. Primeiro, escolheu um nome que não significava nada em qualquer país do mundo – nunca seria traduzido. Kodak é um conjunto de letras sem significado. Ele desejava que o significado fosse agregado sistematicamente ao longo do tempo e, portanto, iniciou a partir de uma boa base.

Ele também inventou a frase "Você aperta o botão, nós fazemos o resto", para enfatizar a facilidade de uso e apoiar a marca Kodak. Segundo, combinou duas cores, amarelo e vermelho, que seriam facilmente reconhecíveis, e, novamente, não estavam ligadas a nenhuma tradição cultural. Isto foi visionário nos anos 1800 – planejar a criação de uma marca *global*.

O ingrediente que você observa na exposição de nossa marca é um grande valor emocional. Buscamos, de forma proposital, um elo que não pode ser explicado verbalmente. Ele cria um efeito de grande intensidade emocional. "A Menininha do Papai", um comercial em que o pai entrega a filha vestida de noiva ao noivo que a aguarda, manifesta-se de modo tão emocional agora como há 20 anos, quando foi criado. Ele realmente toca profundamente as pessoas. Ele desperta memórias tenras, uma história que também lhe pertence.

Larry: Sua nova campanha "Partilhe Momentos. Partilhe a Vida." parece mais alinhada com aquela narrativa emocional do que sua predecessora "Tire Fotografias. Avance". Por que você a considera deste modo?

Carl: Você atinge algo que fizemos conscientemente por muitas e boas razões. Lançamos "Tire Fotografias. Avance." para direcionar o refletor para o desempenho do produto e a transição digital. Estávamos em meio a guerras de preços. A concorrência queria vender seus produtos com base no preço. Tínhamos de mostrar que possuímos qualidades, que temos valores, que proporcionamos benefícios que vão além de considerações emocionais. Nossos produtos desempenham melhor e possuem melhores características. Eis as vantagens. Eis a razão por que somos uma marca valiosa. E deu certo.

Porém, também compreendemos, há cerca de três anos, que se tivéssemos um conjunto permanente de anúncios ressaltando os benefícios do produto, e uma propaganda com uma proposta única de venda, poderíamos perder nosso patrimônio emocional, que levou 100 anos para se formar. Então começamos a mudar nossas mensagens. "Partilhe Momentos. Partilhe a Vida." é mais do que uma história de experiência. Representa mais uma história emocional Kodak.

Larry: Observando o legado de sua propaganda, parece claro que a Kodak é realmente uma marca que, em última instância, pertence muito mais a seus clientes do que a seus acionistas. Você notou se os consumidores o consideram responsável por isto?

Carl: Você está absolutamente certo. Nenhuma companhia possui sua marca. Ela apenas gerencia a marca. A marca pertence, é operada e controlada pela dinâmica da crença da qual faz parte o usuário final. Tudo que você pode fazer é externar algumas promessas e comunicá-las. Todo o restante pertence ao usuário final. Então ele ou ela decidirá: A marca está cumprindo a promessa? A marca está me agradando? E os usuários decidirão aquilo que a marca representa.

Nunca chegamos sequer a pensar que controlamos e possuímos a marca, porém podemos controlar totalmente o cumprimento da promessa da marca. Estamos apoiados em nosso pessoal – enfaticamente –, dentro da companhia, para oferecer produtos excelentes e para inovar. Existe um pacto entre nós e o usuário e utilizamos uma enorme quantidade de tempo perguntando: "Estamos fazendo as coisas certas nesta área? Estamos cumprindo a nossa parte do pacto?".

Larry: Que conselho você daria a outros gerentes de marcas?

Carl: Em primeiro lugar, você não consegue consolidar uma marca rapidamente. Você não consegue consolidar uma grande marca evitando o risco. Você não pode manter uma marca com base no precedente.

Você tem de estar sempre muito precavido. Tem de trabalhar com afinco. Tem de acordar no meio da noite e dizer: "Sou o gerente desta marca extremamente valiosa. Fui muito longe?". A não ser que pense desta maneira, você acaba caindo "no antigo e no mesmo". Você está se tornando um "papel de parede".

Por outro lado, se sua empresa é notícia todos os dias, e sempre cria controvérsias, provavelmente está se aproximando muito do outro lado. Não se torne uma prima-dona ou um egomaníaco que julga estar certo, enquanto ninguém mais aprecia a "arte" que você está produzindo. Em um caso, você fala a poucos privilegiados, que não representam a marca total. No outro caso, você dialoga com a maioria segura. Você precisa conhecer sua herança e seu legado, seu futuro, seus clientes e o futuro que os aguarda. Você precisa ouvir o mercado constantemente, inovar, atender às necessidades do mercado e ter clientes muito satisfeitos. Clientes felizes valorizarão sua marca para sempre.

PARTE TRÊS

A Parte Três é um guia prático para o profissional de marketing. Munido de uma teoria para as Marcas Legendárias e as ferramentas básicas para gerenciar estas marcas, os capítulos que a compõem proporcionam casos e tópicos especiais que podem lhe ser úteis em suas iniciativas.

O Capítulo 9 explora o mundo das marcas conjuntas e das parcerias de marketing. Muitas marcas alinham-se com outras para aumentar seu alcance, oferecer benefícios complementares ao consumidor ou ampliar sua imagem de marketing. As Marcas Legendárias, muitas vezes, obtêm benefícios com parcerias bem planejadas, porém, com a mesma freqüência, descobrem problemas.

O Capítulo 10 focaliza os agentes da marca – pessoas, lugares e objetos que unem a narrativa da marca às crenças sagradas dos consumidores. Selecionar e administrar agentes da marca é uma tarefa difícil. Este capítulo oferece algumas diretrizes e ressalta alguns aspectos que requerem atenção.

O Capítulo 11 mostra o poder da marca em ambientes não-lineares, isto é, canais de marketing que não permitem uma progressão linear do desenvolvimento da história. Estudamos os hotéis Ian Schrager e os métodos sensoriais, plenos de significado, que eles utilizam para narrar suas histórias.

O Capítulo 12 apresenta marcas à beira do desaparecimento. Como uma Marca Legendária se recupera de uma crise? Este capítulo acompanha o ressurgimento de uma dessas marcas, a rede de restaurantes Jack in the Box.

O Capítulo 13 examina o mundo da política, porque muitas campanhas políticas são apenas um prolongamento social das Marcas Legendárias. Examinamos, em particular, o ambiente político dinâmico nos Estados Unidos durante o período 1992-1994, iniciando com a reviravolta Clinton-Gore e finalizando com a reviravolta histórica no Congresso, liderada pelos republicanos da Câmara dos Representantes, em 1994. A narrativa desempenhou, em cada caso, um papel fundamental.

O Capítulo 14 aborda o "lado obscuro" da narrativa da marca. A narrativa é um agente de vendas influente. Ela pode revelar o que há de pior nos consumidores, com a mesma facilidade com que pode mostrar o que há de excelente. Um aspecto da narrativa da marca aproveita os temas dominantes de toda história já contada: sexo e violência. Discutimos os usos razoáveis desses temas e as responsabilidades que os profissionais de marketing devem assumir.

CAPÍTULO 9

MARCA CONJUNTA, PATROCÍNIO E MARKETING EM PARCERIA

A **parceria** entre Marcas Legendárias é um movimento difundido. Um número maior de marcas está unindo forças para atingir consumidores relevantes com ofertas direcionadas. Na melhor das hipóteses, a parceria entre marcas proporciona benefícios eficazes, gera uma enorme atração do consumidor e mobiliza o capital de marketing com extrema eficiência. Na pior das hipóteses, ela desperdiça de modo conspícuo recursos corporativos escassos e isola as culturas da marca. Antes de investir tempo e dinheiro para fazer parte do clube das Marcas Famosas, você precisa levar em conta os benefícios e os riscos.

OS BENEFÍCIOS DAS PARCERIAS ENTRE MARCAS

As parcerias entre marcas são mais produtivas quando oferecem benefícios tangíveis a todos os participantes. Benefícios tangíveis incluem oportunidades de vendas mensuráveis ou direitos e privilégios de um canal exclusivo. Em cada caso, os benefícios obtidos por meio da parceria podem ser quantificados. Muito mais difíceis de avaliar são os benefícios intangíveis, que muitas vezes atuam como a única justificativa para a parceria, como, por exemplo, o valor emocional obtido graças à sua associação com a marca. Estes benefícios qualitativos percebidos, muitas vezes encobrem o julgamento racional. Muitas parcerias de marcas fracassam porque o desejo de participar do mercado com o parceiro mais atraente é tão inebriante a ponto de os custos associados serem desprezados.

O efeito auréola

Praticamente todo nível de patrocínio inclui uma discussão a respeito do *efeito auréola* da parceria da marca. Em outras palavras, a empresa que vende os direitos de parceria acredita que o comprador ganhará parte de seu valor da marca como resultado da associação. Os patrocinadores das Olimpíadas pagam grandes quantias por acreditar que sua marca será alçada a um status maior simplesmente acrescentando os símbolos da marca das Olimpíadas à sua propaganda e promoção. Existem provas empíricas que apóiam esta crença. As empresas patrocinadoras dos Jogos Olímpicos testemunham freqüentemente aumento nas vendas, no conhecimento e na preferência do consumidor durante a época dos jogos. Este aumento é devido, sem margem de dúvida, ao efeito auréola e aos benefícios da associação.

Quando surgir a oportunidade certa e a associação for relevante, sua marca pode beneficiar-se do efeito auréola. Você toma emprestado ou recebe de modo eficaz o valor emocional. A suposição na qual você deve acreditar, para aceitar a premissa do efeito auréola, é que os consumidores fazem uma associação cognitiva entre sua marca e a marca parceira, com a qual têm afinidade. Isto significa dizer que, racional ou irracionalmente, os consumidores dão preferência à sua marca porque ela parece apoiar a marca parceira ou ser por ela endossada. O efeito auréola é um tanto controverso porque os resultados de pesquisas são contraditórios e inconclusivos. A NASCAR* proporciona a prova mais convincente de que o efeito auréola dá certo. Muitos varejistas têm observado aumentos percentuais de dois dígitos no público que freqüenta suas lojas – e nas vendas –, nos dias em que a NASCAR que patrocinam aparece na loja.

Benefícios de distribuição

Além do efeito auréola, as parcerias entre marcas podem proporcionar benefícios de distribuição e de canal. Muitas vezes, é possível entrar em novos mercados

---

* N. do T.: Sigla da *National Association for Stock Car Auto Racing* (Associação Nacional dos Proprietários de Carros Adaptados para Competições).

ou atingir seus consumidores por meio de novos canais, como resultado de uma boa parceria entre marcas. As empresas de bebidas estão entre as que melhor compreendem o valor das parcerias de distribuição. Por meio de acordos com importantes atrações do mundo dos esportes e do entretenimento, a Coca-Cola e a Pepsi têm assegurado canais de distribuição poderosos e muitas vezes exclusivos. Estes novos canais aumentam a venda do produto no contexto dos eventos patrocinados. Eles também criam a oportunidade, por meio do marketing de canal, de influenciar futuras decisões de compra.

Os direitos de bloquear e a atração da exclusividade

Talvez o benefício mais convincente seja a promessa de exclusividade. Muitas parcerias entre marcas incluem restrições que impedem um ou os dois lados de participar de atividades com os concorrentes. Isto certamente é verdadeiro no campo do patrocínio. Na realidade, o preço do patrocínio para empresas de produtos de consumo muito conhecidas muitas vezes aumenta por causa das ofertas feitas por marcas concorrentes que procuram impedir o acesso de competidores ao canal.

Uma parceria exclusiva entre marcas pode acarretar um valor importante. No início, ela pode assegurar que seus esforços de marketing, juntamente com seu parceiro, não serão prejudicados pelos concorrentes. Em ambientes de marketing cuidadosamente controlados, as parcerias exclusivas entre marcas proporcionam uma oportunidade rara para envolver o consumidor sem recorrer a uma postura defensiva. Em vez de dizer por que o consumidor deveria desprezar seus concorrentes, você pode se dedicar ao desenvolvimento da narrativa da marca e à alavancagem do valor da marca de seu parceiro, que é outra forma de fazer tal afirmação.

Parcerias exclusivas entre marcas também oferecem um meio viável de cativar a base de clientes de seu concorrente. A marca com a qual você estabeleceu uma parceria detém uma parte dos clientes de seu concorrente. Estes clientes têm uma afinidade com o seu parceiro da marca. Ao alavancar seu relacionamento novo e exclusivo com o parceiro da marca, você tem a oportunidade de converter esses clientes à sua marca por causa da associação.

Sinergia de recursos

As melhores parcerias entre marcas criam verdadeira sinergia, talvez o mais maligno termo técnico de negócios empregado atualmente. A maioria das parcerias entre Marcas Legendárias é de grande valor. Como resultado, os recursos de marketing que ambas as partes agregam à equação suplantam os recursos de qualquer um dos parceiros. Quando estes recursos são combinados para explorar os pontos fortes exclusivos de cada parte, o valor é verdadeiramente maior que a soma das partes.

Por exemplo, o American Express associa-se a algumas importantes organizações de arte por meio de acertos exclusivos. Embora estas organizações de arte possam aceitar cartões concorrentes, oferecem benefícios exclusivos para os clientes American Express, tais como lugares preferenciais, eventos privados e outros "benefícios não previstos". Para o American Express, proporcionar estas oportunidades a seus associados custaria muito mais do que o preço da parceria. Inversamente, as organizações de arte, líderes por legítimo direito, teriam dificuldade para adquirir os recursos de marketing que o American Express utiliza em nome delas, como, por exemplo, folhetos enviados junto com a fatura, propaganda impressa com o nome do cliente, e, em alguns casos, divulgação por rádio e televisão.

De modo similar, a parceria entre o McDonald's e a Disney cria benefícios que suplantam em muito as contribuições individuais. O conteúdo do entretenimento da Disney impulsiona a venda dos produtos McDonald's. Inversamente, os milhares de restaurantes McDonald's espalhados pelo mundo proporcionam um canal diferente para a venda dos produtos Disney.

OS RISCOS DA PARCERIA ENTRE MARCAS

Apesar de todos os benefícios potenciais, existem muitos riscos ocultos em uma parceria entre marcas. O maior de todos é o de você nada ganhar, não importando quanto gaste.

Tempo perdido

Algumas parcerias entre marcas fracassam por causa da falta de relevância. Nas parcerias irrelevantes, um parceiro perde tempo no interior do espaço da outra marca. Os consumidores não vêem com bons olhos esta invasão do território "sagrado".

Dois exemplos recentes relacionados a esportes ilustram este aspecto. O Candlestick Park, em San Francisco, onde está a sede dos San Francisco 49ers, foi rebatizado recentemente como 3Com Park, após a empresa de tecnologia 3Com ter assinado um acordo para patrocinar o nome do clube, investindo muitos milhões de dólares. Os fãs não gostaram. A cobertura dos jogos pela televisão no 3Com Park normalmente flagra imagens de fãs alçando cartazes pintados à mão que condenam abertamente a morte do Candlestick. Para os fãs, o 3Com aniquilou um ativo cultural adorado.

Ainda pior foi o nome dado ao Mile High Stadium, em Denver, no Colorado, sede do Denver Broncos. Os habitantes da cidade apresentaram uma petição para barrar a troca de nome do estádio, que agora é patrocinado pela Invesco. O novo nome: Invesco Field at Mile High Stadium. Surgiram duas preocupações. Primeiro, Invesco é uma companhia que administra investimentos e fundos mútuos. Muitos se queixaram de que isso não parecia adequado a um estádio que abriga a entidade esportiva mais popular da localidade, plena de imagens da Região Oeste dos Estados Unidos. Segundo, o Mile High Stadium é praticamente uma marca registrada da cidade de Denver. Sua famosa elevação é uma característica local, do mesmo modo que as Montanhas Rochosas. Muitos habitantes de lá encararam o patrocínio como o enfraquecimento de um marco e de parte da identidade da cidade.

Desde a inauguração, a comunidade e a mídia fizeram amplas críticas à parceria entre a Invesco e o Mile High Stadium, gerando motivo de alarme na comunidade de patrocínios. Na realidade, muitos comentaristas esportivos se recusam a mencionar a Invesco durante os jogos disputados no estádio. Continuam a referir-se a ele simplesmente como Mile High Stadium.

Quando duas ou mais marcas estabelecem uma parceria, elas precisam assegurar-se de que seus esforços conjuntos sejam relevantes para as partes envolvidas. Caso contrário, parecerá que um parceiro está se aproveitando da apreciação dos consumidores do outro parceiro, sobrecarregando os fãs com uma mídia desnecessária e aumentando a exposição da marca. Lembre-se de que vivemos em uma cultura de consumo que entende de marketing e sempre suspeita dos motivos que você alega. Se você planeja posicionar sua marca no interior da cultura da marca de outra Marca Legendária, assegure-se de ter uma razão para agir deste modo, e que a razão seja algo além da vontade de ganhar dinheiro à custa dos clientes de outra empresa.

Emboscada

Você identificou o parceiro da marca certo. Seu parceiro tem uma base de consumidores entusiasmada e de grande valor. Mais importante, você identificou um modo excelente e relevante de realizar uma parceria com essa marca. Você pretende oferecer um valor verdadeiro para o consumidor. Então, por que seu concorrente está tendo maior visibilidade com a parceria do que você?

O marketing de emboscada, por parte dos concorrentes, constitui uma preocupação séria na comunidade de parcerias entre marcas. Recentemente, nos Jogos Olímpicos de Inverno, realizados em 2002, o marketing de emboscada assumiu um papel relevante. A AT&T tem sido uma patrocinadora dos Jogos Olímpicos durante décadas, e continuou sua associação nos jogos disputados em 2002. Apesar disso, a Sprint PCS recebeu mais atenção, durante os jogos, do que a AT&T. A Sprint PCS lançou uma campanha publicitária inteligente, que ressaltava os esportes de inverno, a competição e os atletas olímpicos. A empresa se referia a si mesma como "a patrocinadora oficial de todas as inovações". A justaposição das imagens, dos atletas e do bordão, juntamente com um apelo agressivo da mídia, criou nos consumidores a percepção de que a Sprint PCS patrocinou os Jogos Olímpicos. O investimento de certa importância da AT&T nos jogos reverteu em benefício da Sprint.

Confusão

As parcerias entre marcas geram confusão, especialmente no segmento de marketing promocional e de patrocínio. Marcas que são capazes de atrair patrocinadores corporativos e parceiros promocionais encontram dificuldade para estabelecer limites. Como alternativa, em geral, elas dividem a área de atuação em categorias exclusivas. Portanto, poderiam lhe vender os direitos exclusivos de parceria na comercialização de automóveis e, ao mesmo tempo, vender direitos exclusivos para outras companhias em categorias que não fossem concorrentes.

Teoricamente esse método protege seus interesses, pois evita que seus concorrentes diretos ajam contra você no domínio de sua parceria de marca. No entanto, ele não leva em conta o fator confusão. Se o seu parceiro de marca vende direitos a 15 companhias distintas, cada uma em categorias exclusivas e não concorrentes, você se torna uma das 15 marcas que competem pela atenção do consumidor. Às vezes, algumas destas marcas são mais expressivas do que as outras, criando o potencial para sua marca ser eclipsada por um participante maior ou mais relevante. Pior ainda, quando existir um número tão grande de mensagens competindo por atenção, os consumidores tendem a eliminar todas as mensagens dos patrocinadores.

A confusão resultante de um número excessivo de parceiros de marca pode ser controlada contratualmente, porém a confusão, algumas vezes, acontece quando existe somente um parceiro de marca – sua empresa. Se você usar excessivamente a marca no espaço da marca de seu parceiro, você confunde totalmente a parceria. Após um intervalo de tempo, as múltiplas exposições e mensagens tornam-se tão problemáticas quanto o excesso de marcas no espaço.

Jogue a isca e mude

É comum encontrar parcerias previstas de uma forma, mas concretizadas de outra. Seu parceiro de marca promete deixá-lo utilizar a marca dele para vender seus bens e serviços. Após a lua-de-mel, você repentinamente constata que muitos de seus principais procedimentos são problemáticos para o seu parceiro de marca e não se enquadram nos requisitos para a co-promoção. Talvez o seu parceiro de marca lhe permita co-promover, porém o controle que exerce sobre a apresentação atende mais aos interesses dele do que aos seus. Como resultado, você adquire o direito de alavancar o negócio, mas ele falha em oferecer valor.

A maioria dos cenários envolvendo jogar a isca e mudar ocorre porque os parceiros não tiveram a persistência necessária na fase de namoro. Eles deixaram de formular as perguntas certas e consideram a concretização e a implementação aspectos da parceria. Isto raramente é o resultado de promessas enganadoras.

FORJANDO UMA PARCERIA DE MARCA QUE DÁ CERTO

O sucesso das parcerias de marca é em grande parte uma função da simetria nas narrativas da marca. Os parceiros que você busca são mais do que simples Marcas Legendárias. Você busca uma parceria com outras marcas porque tem uma ligação profunda com um grupo de consumidores. Esta ligação é tão intensa a ponto de você acreditar que uma associação beneficiará sua marca. Se tal ligação efetivamente existir, há possibilidade de que esteja enraizada em uma narrativa da marca. Portanto, sua primeira consideração diz respeito a avaliar o grau de excelência em que suas narrativas da marca se alinham.

Alinhamento da narrativa

A Figura 9.1 ilustra geometricamente o alinhamento de boas parcerias de marca. Ela considera somente duas marcas na parceria. Se você vislumbra uma parceria com mais de duas, então precisa acrescentar outro círculo. Como você pode imaginar, quanto mais círculos você agregar, mais difícil será assegurar a congruência narrativa.

Se você fizer uma parceria com outra marca, de maneira que envolva co-promoção ou marketing conjunto, sua tarefa consiste em assegurar que uma história se encaixe naturalmente na outra. Se você fosse entrelaçar as histórias do Chapeuzinho Vermelho e Rapunzel, ninguém ficaria particularmente surpreso. Ambas as histórias inserem-se no mundo dos contos de fadas e apresentam temas e personagens similares. Um escritor astuto poderia unir estas duas histórias de modo que criasse um novo significado e uma trama inesperada. Na realidade, foi precisamente o que Stephen Sondheim fez quando escreveu *Into the Woods*.

Por outro lado, se tentássemos juntar a história da série de televisão *Baywatch* com *Little House on the Prairie*, as pessoas ficariam surpresas e suspeitariam da participação da Fox Network. Sim, talvez algum grande escritor possa identificar uma forma inteligente de unir essas duas histórias (David Lynch vem à mente), porém a adequação não é evidente em caráter imediato. É precisamente isto que limita algumas parcerias de marca de grande importância e muito divulgadas. As histórias não se combinam bem.

FIGURA 9.1   Alinhamento de Boas Parcerias de Marca

Narrativa da Marca X

Gênero
Arquétipos
Tema
Estética

Narrativa da Marca Y

Gênero
Arquétipos
Tema
Estética

Narrativa da Parceria

MARCA CONJUNTA, PATROCÍNIO E MARKETING EM PARCERIA   209

> Descrevo a seguir algumas parcerias recentes que nos deixaram de cabelo em pé.
>
> - *Patrocínio do Discovery Science, em Santa Ana, Califórnia, pelo Taco Bell.* O Taco Bell tem como alvo o público adolescente, um dos maiores segmentos de sua base de consumidores. No entanto, o Discovery Science Center atrai crianças pequenas. A não ser que o Taco Bell esteja pensando em novos tipos de carne, não está claro como o patrocínio do Science Center fortalece sua marca – ou *vice-versa*.
> - *CMGI Field – A nova casa dos New England Patriots.* Além do fato de a CMGI ser uma companhia sediada em Boston, não existe um vínculo relevante entre esta holding de empresas da Internet e o futebol americano. Trata-se de uma pura exibição de poder que em nada colabora para ressaltar a afinidade dos fãs pelos New England Patriots.
> - *A Maratona de Los Angeles apresentada pela Honda.* Você não deveria *correr* em uma maratona?
> - *A Maratona de Boston apresentada pela Citgo.* A Citgo opera postos de serviço e lojas de conveniência. Evidentemente, os participantes de uma maratona dirigem mais do que correm e comem mais *fast-food* do que supúnhamos.
> - *Patrocínio da mostra de insetos no Smithsonian pela Orkin.* De um ponto de vista técnico, ambos lidam com insetos. Porém, é estranho que uma empresa que lucra eliminando insetos venha a patrocinar uma mostra que os estuda. Usando a mesma lógica, talvez a PG&E, a companhia de eletricidade da Califórnia, devesse patrocinar uma mostra sobre a pena de morte.
> - *Patrocínio/promoções da franquia Guerra nas Estrelas pela Tri-Con.* Muitas marcas de *fast-food* unem-se a filmes de grande sucesso, porém esta parceria avançou demais quando o cachorro do Taco Bell, o Coronel Sanders (que alcançou fama graças ao Kentucky Fried Chicken) e a garota que entrega a Pizza Hut apareceram em comerciais empunhando

uma espada de raio laser e combatendo as forças do Império. Esta idéia cria muitos problemas. Primeiro, é demais imaginar que os três personagens coexistam na mesma narrativa. O chihuahua do Taco Bell evoca um conjunto de imagens da Costa Oeste, o coronel se apóia em um *ethos* sulista da virada do século, e a garota que entrega Pizza Hut é muito genérica para transmitir qualquer narrativa. Por que esses três estão juntos, a não ser pelo fato de estarem subordinados a uma mesma empresa controladora (que a maioria dos consumidores não conhece)? Mais importante, estes personagens demonstram uma total irrelevância para a narrativa Guerra nas Estrelas e todo o valor que ela possui. Eles estão ociosos no interior da narrativa. Compare esta realização ao vínculo muito familiar e popular do Energizer Bunny com Guerra nas Estrelas. Darth Vader, pronto para atacar alguém com uma espada de raio laser, acaba percebendo que suas pilhas não funcionam. Enquanto amaldiçoa os céus, o Energizer Bunny aparece. Embora de modo precário, esta apresentação combinou narrativas de um modo envolvente e apropriado.

Para fazer uma boa parceria com outra marca, você precisa conhecer primeiro a história de sua marca. Se você não elaborou uma bíblia da marca ou pelo menos formou opiniões, mesmo imprecisas, a respeito da história de sua marca, a partir do *feedback* dos consumidores, você não tem por que pensar em uma parceria de marca. Você é o candidato com maior probabilidade de se expor aos riscos descritos anteriormente: ociosidade da marca, emboscada, confusão e jogar a isca e mudar.

No entanto, conhecer apenas a narrativa da própria marca não será suficiente para estruturar uma boa parceria. Você precisa ser capaz de articular a narrativa da marca de seu parceiro potencial. Descubra o que seus clientes percebem a respeito da narrativa da marca. Converse com os clientes do parceiro potencial. O que eles consideram ser a narrativa da marca? Como eles consideram sua narrativa da marca?

Por exemplo, a Kodak patrocina a nova sede dos Prêmios da Academia, o Teatro Kodak, em Hollywood, Califórnia. O teatro estado-da-arte, com 3.500 lugares, foi construído dentro de um empreendimento imobiliário de US$ 600 milhões incorporado pela TrizecHahn Development. Este empreendimento, situado na esquina histórica do Hollywood Boulevard com a Highland Avenue, relata uma história fascinante, embora totalmente planejada. Exibe uma arquitetura que relembra uma época anterior à história do cinema. Atende a algumas das expectativas que as pessoas têm sobre Hollywood. Durante anos, abrigou lojas de suvenires, prédios de escritórios em más condições de uso, e atrações espalhafatosas para os turistas. Nas palavras de David Malmuth, o criativo líder da equipe do TrizecHahn Development, foi "a esquina mais desapontadora dos Estados Unidos". As pessoas chegavam esperando vivenciar o sonho de Hollywood e encontravam somente péssimas construções.

Com o início do empreendimento imobiliário Hollywood & Highland, a Academia de Artes e Ciências Cinematográficas identificou uma oportunidade de trazer de volta a Hollywood seu famoso evento de premiação. Atuando com o TrizecHahn Development, criaram um bonito local para eventos, preparado para transmissões, com interior luxuoso e nostálgico, projetado pelo arquiteto David Rockwell. Apenas uma marca poderia participar eficazmente dessa experiência narrativa: a Kodak.

George Eastman, o fundador da Kodak, e Thomas Edison criaram o filme. Mesmo atualmente, a Kodak ganha quase 10% de sua receita anual vendendo para a indústria cinematográfica. Pessoas de destaque no ramo insistem em usar os filmes Kodak por causa de sua qualidade e precisão de cores. Até os consumidores reconhecem a Kodak como parte dos filmes de cinema. A designação Teatro Kodak e a participação da empresa na jóia mais recente de Hollywood fez total sentido para todos. Nem as celebridades nem o consumidor médio demonstram oposição à associação. Na realidade a encaram como um alinhamento natural da narrativa da marca.

Acentuando a narrativa da parceria

O alinhamento da narrativa atua principalmente como medida preventiva. Previne que a associação com seu parceiro de marca entre em conflito com as narrativas de ambas as partes. Acentuam o mito da parceria.

O mito da parceria é visto com bons olhos e permanece imemorial. Seja a história japonesa *Os Sete Samurais*, a história britânica *O Senhor dos Anéis*, ou as lendas revolucionárias da América, o tema e a narrativa são essencialmente os mesmos. Todas estas narrativas ressaltam o poder do trabalho em equipe. As pessoas apreciam ouvir a história de pessoas aparentemente diferentes se reunindo para atingir uma meta comum. Quando criam uma parceria de marca, a meta dos participantes consiste em ativar o mito da parceria de um modo que beneficie cada marca participante.

Imagine por um instante que você está sentado em um café. Em uma mesa próxima há um grupo de pessoas que obviamente se conhecem muito bem. Estão pondo a conversa em dia, enquanto bebem uma xícara de café. Embora você não esteja atento, acaba ouvindo trechos daquilo que está sendo falado. O assunto repentinamente se volta para a sua nova parceria de marca. O que você gostaria de ouvir sobre a marca? Como estes consumidores entenderiam a associação? Ela seria diabólica ou engenhosamente astuta?

Os consumidores em primeiro lugar

Para conservar sua narrativa da marca e ativar o mito da parceria, você precisa considerar primeiro o consumidor – não apenas o seu consumidor, mas também o consumidor de seu parceiro de marca. Por mais evidente que esta afirmativa possa ser, muitas parcerias de marca baseiam-se na premissa de que o consumidor não é importante. Gerentes de marca muitas vezes falam em obter clientes como se fossem dinheiro de pôquer, em vez de seres humanos com emoções e vontade própria.

A Figura 9.2 mostra um modelo conceitual denominado "A Trindade da Parceria". A característica mais marcante da trindade é o fato de o consumidor aparecer no topo.

As excelentes parcerias de marca originam-se do envolvimento e da inclusão dos consumidores. A perspectiva em relação ao consumidor precisa ser tão importante no relacionamento como os objetivos empresariais das partes contratantes. Em certo sentido, o consumidor é um contratante silencioso. Embora não assine o acordo que vincula as partes, sua ação determinará o sucesso da parceria.

FIGURA 9. 2 A Trindade da Parceria

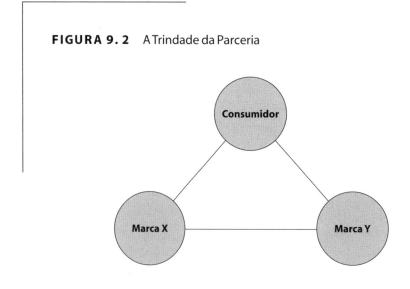

MARCA CONJUNTA, PATROCÍNIO E MARKETING EM PARCERIA 213

FIGURA 9. 3 Auditoria da Parceria de Marca

	Sua Marca	A Outra Marca	Consumidores
Que benefícios para a narrativa serão gerados pela parceria de marca?			
De que forma estes benefícios serão concretizados?			
Por que estes benefícios são importantes?			
Como a concretização dos benefícios será evidenciada? (Como você sabe que os benefícios se concretizaram?)			
Quais são os riscos envolvidos?			
Que limites a parceria não deve ultrapassar? (Quais são as "vacas sagradas"?)			

À medida que você desenvolver parcerias de marca, considere uma folha de controle como a mostrada na Figura 9.3, "Auditoria da Parceria de Marca". Você precisa articular para cada participante os benefícios gerados pela parceria e delinear o valor recebido por participante, incluindo o consumidor. Considere como o valor é transmitido. De modo mais importante, identifique as características do valor e os limites exigidos para proteger os interesses de cada parte.

Valor sistêmico

Parcerias de marca obtêm o seu valor do sistema que as impulsiona. O fato de a Marca X participar do mercado com a Marca Y não cria necessariamente qualquer valor incremental. Um patrocínio do Sea World, pela Exxon, provavelmente causaria uma indignação na comunidade de ambientalistas, possivelmente prejudicando as vendas de ingressos para o Sea World.

O valor sistêmico vai além do valor superficial da marca conjunta. Ele leva em conta todos os fatores que motivam o sucesso da empresa. Quando o sistema que apóia uma parceria de marca é bem alicerçado, é mais difícil que os concorrentes a copiem ou lhe armem uma emboscada. A parceria também apresenta maior probabilidade de passar pelo teste do tempo – as parcerias de marca, como os casamentos modernos, possuem um índice elevado de divórcios.

FIGURA 9.4   Planejamento da Narrativa da Parceria

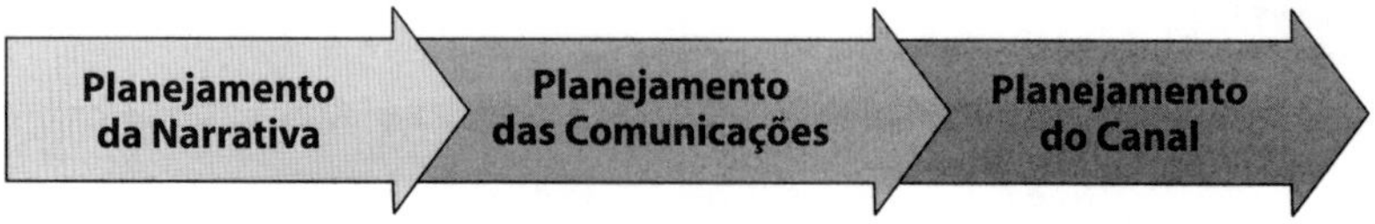

Planejamento da Narrativa → **Planejamento das Comunicações** → **Planejamento do Canal**

- Como cada parceiro de marca ativa a narrativa do consumidor?
- De que modo os perfis dos consumidores de cada parceiro coincidem ou se complementam?
- Que arquétipos e/ou gêneros são constantes ou complementares entre os sócios?
- Que novos benefícios (caso ocorram) para a narrativa a parceria pode proporcionar?

- Como os parceiros individuais comunicam suas narrativas?
- Quais são os arcos da história atuais planejados e usados pelos parceiros para promover ou ativar suas marcas?
- De que modo as campanhas de marca existentes unem-se às comunicações da narrativa de parceria da marca?
- Quais são as melhores ocasiões para comunicar a narrativa da marca da parceria *versus* a narrativa da marca individual? (Quais são as possibilidades?)

- Onde os parceiros comunicam suas narrativas da marca?
- Onde as marcas ativam as narrativas do consumidor? (Onde são usadas?)
- Como os parceiros aproveitam o canal de cada participante para posicionar sua narrativa da marca?
- Como os concorrentes podem emboscar a narrativa da parceria da marca?

A Figura 9.4 mostra os pontos de consideração para a análise do valor sistêmico de parcerias de marca. Sob cada um deles estão as perguntas que ajudam a avaliar a força relativa de cada ponto de consideração. Por exemplo, suas narrativas da marca podem ter um alinhamento perfeito e você pode ter uma excelente oportunidade para comunicar o mito da parceria pela mídia tradicional, porém seus sistemas de distribuição podem apresentar dificuldades de sincronização ou controle. Quando este for o caso, você fica sujeito a emboscadas. Por quê? Porque é difícil fazer com que sua marca participe da cultura da marca de seu parceiro. Existe um nível de abstração que permite aos concorrentes a oportunidade de levantar dúvidas ou ao menos causar confusão.

Michael Porter, talvez o guru da estratégia corporativa e da economia competitiva mais perspicaz do mundo, argumenta que os sistemas criam a verdadeira vantagem competitiva. Em outras palavras, as companhias criam um ponto de diferenciação sustentável ao administrar a comunicação de valores que são eficientes, porém difíceis de serem reproduzidos pelos concorrentes.[1] Este conceito também se aplica às parcerias de marca. As melhores parcerias de marca criam um sistema empresarial que proporciona valor aos consumidores e aos parceiros de marca de maneira única e diferenciada. Infelizmente, a maioria das parcerias de marca é criada sem qualquer consideração pelo sistema. Saltam as rolhas das garrafas de champanha, a mídia é alertada e todos se congratulam. No dia seguinte, eles têm uma ressaca geral que dura por todo o período da parceria.

As parcerias de marca também precisam de gerenciamento da marca

Existe um velho ditado que afirma que um camelo é um cavalo criado por um comitê. Embora esta seja uma analogia totalmente injusta para o camelo, por ser ele, na realidade, um animal de carga muito eficiente, as parcerias de marca gerenciadas por um comitê raramente são bem-sucedidas. Cada marca possui seu gerente, que se reporta a um executivo diferente. Gerenciar a parceria da marca é uma pequena fração das responsabilidades totais de cada pessoa. Elas têm pouco tempo para controlá-la e sofrem a pressão de objetivos internos relacionados à marca e que têm prioridade. Portanto, a parceria de marca torna-se um enteado indesejável, realmente um órfão. Quando esta entidade que não recebe cuidados fracassa em seu desempenho, os pais culpam-se mutuamente e encaminham a criança para adoção.

Parcerias de marca exigem um gerenciamento de marca cuidadoso. Elas requerem uma liderança forte e com poder para colocar a parceria em primeiro lugar, e, em segundo, as metas, independentemente dos proprietários das marcas. Este conceito relaciona-se à teoria de que o consumidor vem em primeiro lugar, e aquilo com que ele realmente se importa é a narrativa ativada pelas marcas – isoladamente ou em parceria.

No extremo do espectro você pode considerar sua parceria de marca como uma *joint venture* e utilizar um gerente de marca independente e em tempo integral.

Na outra ponta do espectro, você pode criar um grupo de administração conjunta, mas tome cuidado para não o transformar em um comitê gigantesco. Se a parceria for administrada pelo comitê, limite a liderança a duas pessoas, admitindo talvez uma terceira para as situações que requerem desempate. Se possível, contrate uma agência para dar atenção exclusiva à parceria. Quanto mais pessoas você agregar à equação, maior a probabilidade de conseguir um camelo.

Parcerias de marca devem ser bem administradas. Tudo que se aplicar ao gerenciamento de sua marca deve também ser aplicado à parceria. As parcerias devem ter uma bíblia da marca independente, um calendário tático e um plano estratégico em longo prazo. Precisam ter, no mínimo, objetivos empresariais claros que considerem as partes interessadas – incluindo o consumidor.

Parcerias de marca também exigem uma atenção e um investimento contínuos. Com muita freqüência a parceria é negligenciada após o contrato ser assinado ou a primeira iniciativa estar concluída. Muitas vezes, a marca que mais despende para participar da parceria fracassa em promovê-la por ter feito um gasto excessivo. O resultado é exatamente aquele que você esperaria. Uma grande oportunidade de parceria foi obtida, porém ninguém tem conhecimento dela por não ter recebido a mesma atenção promocional que todas as demais iniciativas da marca recebem. Parcerias de marca muitas vezes requerem mais atenção do que suas iniciativas para a própria marca.

CAPÍTULO 10

AGENTES DE MARCAS

> "Você é um animal divertido", ele disse finalmente.
> "Tem a espessura de um dedo..."
> "Porém, sou mais poderosa que o dedo de um rei", reagiu a serpente.
> O Pequeno Príncipe sorriu.
> "Você não é muito poderosa. Você sequer possui pés. Não pode nem viajar..."
> "Posso levá-lo mais longe do que qualquer navio", insistiu a serpente.
> Ela se enrolou em torno do calcanhar do Pequeno Príncipe
> como se fosse um bracelete dourado.
> "Quando toco em alguém, eu o envio de volta à terra,
> ao lugar de onde a pessoa veio",
> falou a serpente.
>
> **Antoine de Saint-Exupéry**, *O Pequeno Príncipe*

Pergunte a Julia Roberts – a atriz mais cara da história do cinema. Pergunte a Tom Clancy – um autor que recebe adiantamentos no valor de milhões de dólares não apenas por seus livros, mas também pelos filmes e videogames que levam seu nome. Pergunte a Mariah Carey, que recebeu mais de US$ 60 milhões pelo privilégio de mudar de gravadora. Pergunte a qualquer celebridade como se sente a respeito dos agentes. Não há dúvida de que seus respectivos agentes foram responsáveis pela diferença entre fama e obscuridade, fortuna e necessidade.

É evidente que a definição de um agente, feita por Hollywood, está muito distante dos agentes que as Marcas Legendárias empregam. Ou não?

As celebridades pagam a seus agentes para gerar novos negócios. As Marcas Legendárias dependem de agentes de marcas para obter novos clientes, criar novos mercados e introduzir novos produtos.

As pessoas que atuam em Hollywood dependem de agentes que promovem talentos para manter seu nome sempre presente na indústria. Marcas Legendárias usam agentes da marca para manter viva a narrativa.

Os agentes de talentos muitas vezes se revelam uma maldição, em vez de uma bênção, para os que trabalham na indústria do entretenimento. Alguns os consideram um mal necessário. Desse modo também as Marcas Legendárias se debatem com o custo excessivo e o encargo freqüente dos agentes que vinculam às suas marcas.

Conforme discutimos no Capítulo 2, as Marcas Legendárias se apóiam nos agentes para transmitir a narrativa da marca e oferecer prova física para as crenças sagradas adotadas pela marca. Agentes de marca eficazes são, portanto, tão essenciais para o sucesso de uma Marca Legendária quanto a narrativa que transmitem. Embora possam assumir diversas formas, cada um tem o poder de consolidar ou destruir sua marca. Como a serpente em *O Pequeno Príncipe,* os agentes de marca podem, mais do que qualquer navio, levar sua marca ao ponto mais distante, ou retorná-la à terra, ao local de onde veio.

O objetivo deste capítulo é familiarizá-lo com os agentes da marca, demonstrar a eficácia que possuem e lhe proporcionar instrumentos e conceitos para administrá-los.

IDENTIFICANDO OS AGENTES DA MARCA

Os agentes da marca, como os substantivos, podem assumir a forma de uma pessoa, um lugar ou um objeto. Michael Jordan é um agente da marca. O mesmo ocorre com o Walt Disney World. Uma bolsa Kate Spade também é um agente da marca. Em cada caso, o agente é tangível e um objeto pode ser indicado, classificado e ser alvo de uma ação. De modo mais importante, cada um dos exemplos acima direciona-se unicamente à narrativa da marca que representa.

Cada forma de agente da marca é acompanhada por um conjunto de virtudes e falhas. As pessoas proporcionam uma dimensão humana e personificada, porém a marca terá maior duração. Os lugares podem oferecer uma experiência narrativa integral e graduada, mas requerem manutenção e investimento constantes. Os objetos, usualmente produtos, podem ser tocados por um grande público consumidor, contudo têm uma habilidade limitada para provocar emoções excessivas e conservar-se atualizados. Eles também estão sujeitos a modismos.

Não existe uma regra afirmando que uma marca precisa escolher uma e apenas uma forma de agente da marca. Na realidade, muitas Marcas Legendárias empregam diversas formas. A única regra a ser seguida é a seguinte: compreenda a capacidade e as limitações de cada forma e administre de modo correspondente o relacionamento que têm com sua marca.

Os economistas discutem freqüentemente os custos corporativos da administração. Custos corporativos são aqueles que ocorrem quando os objetivos dos dirigentes da companhia não estão alinhados com os dos investidores. Os gerentes de Marcas Legendárias também precisam considerar os custos corporativos que muitas vezes excedem os valores pagos a porta-vozes de celebridades, a designers de produtos inovadores e a firmas que geram publicidade.

Agentes de marca humanos

Fundadores e CEOs

- *Vantagens.* Alinhados aos objetivos empresariais da marca; geram autenticidade.
- *Desvantagens.* Nem todos são capazes de ser agentes; a história da marca pode se alterar, ao passo que eles não podem ser mudados.

Algumas vezes uma Marca Legendária nasce junto com um agente da marca – seu fundador. Playboy (Hugh Hefner), Martha Stewart, Apple Computer (Steve Jobs), Kentucky Fried Chicken (Coronel Sanders) e Microsoft (Bill Gates) são marcas com agentes lendários. Em cada caso, a pessoa e a marca se uniram de forma inseparável. Em cada caso, a narrativa do fundador é, no mínimo, uma das narrativas da marca.

Fundadores e CEOs são provavelmente os agentes humanos mais poderosos que uma marca pode possuir. Ao contrário das celebridades e de outras pessoas, os objetivos destes indivíduos estão alinhados em grau máximo com os objetivos da marca. O sucesso da marca *é* a sorte que almejam. Eles também oferecem à marca uma autenticidade que encontra eco nos consumidores. Por exemplo, os consumidores adquirem computadores Dell por causa da qualidade, do preço baixo e das facilidades. Porém, muitos clientes da Dell também permanecem fiéis porque acreditam na visão de Michael Dell. Como agente da marca, ele transmite uma autenticidade plena de credibilidade para a marca e para sua narrativa repleta de agressividade empreendedora. Apesar de ser um dos homens mais ricos dos Estados Unidos, muitos de seus clientes o consideram um sujeito afável e dedicado, que formou uma empresa a partir de sua garagem. Esta associação autêntica é parte do valor da marca Dell.

Os CEOs, evidentemente, podem arruinar aquilo que criam. É interessante o fato de muitos empreendedores serem forçados a sair das companhias que criaram, logo que elas alcancem o verdadeiro sucesso. Algumas vezes, a lenda da marca obscurece a lenda do fundador. Em outros casos, as próprias qualidades humanas, que tornam os fundadores lendários agentes tão fortes da marca, são também as que acarretam sua queda. Errar é humano, mas punir os erros dos fundadores lendários é função da mídia. Quando surge o escândalo, o fundador torna-se um peso que pode, de modo inadvertido, destruir a marca.

Celebridades e porta-vozes

- *Vantagens*. Poder dos astros e das estrelas; reconhecimento instantâneo; habilidade para "alugar uma narrativa".
- *Desvantagens*. Os objetivos das celebridades raramente se alinham com os objetivos empresariais da marca; o sucesso ocorre com custos maiores.

Existe uma indústria de fundo de quintal lucrativa entre os componentes das principais agências de talentos e das empresas de relações públicas. Trata-se da atividade de assegurar contratos de endosso e representação para as celebridades. A indústria existe porque as Marcas Legendárias muitas vezes se apóiam nos agentes da marca de celebridades.

Tiger Woods é um agente célebre. O mesmo ocorre com William Shatner, Michael Jordan, Bob Dole e a música mais recente capaz de agradar à cultura popular. Agentes de celebridades normalmente são um meio para se conseguir algo que consiste em estabelecer ou sustentar uma narrativa da marca para um produto ou uma marca que de outro modo não possui diferenciação. Por exemplo, a *pop star* Britney Spears é a celebridade do momento para a Pepsi-Cola. Ela faz parte de uma longa lista de personalidades da cultura popular, incluindo Michael Jackson e Shania Twain, que têm apoiado durante anos a narrativa da marca Pepsi. O nicho escolhido pela Pepsi no mercado de colas é o do relato de histórias da cultura popular, ao passo que a Coke muitas vezes transmite a herança, o estilo de vida e a tradição norte-americanas. Sem esta infusão narrativa, a Pepsi teria dificuldade para se sustentar como Marca Legendária. Em certo sentido, ela usa celebridades para obter narrativa.

Apesar de todo seu poder, as narrativas envolvendo celebridades encontram grandes percalços. Primeiro, são onerosas, e, quanto mais o poder da celebridade resultar em um retorno do investimento para a marca, mais elas custam. Segundo, celebridades são conhecidas pela vida nada humilde e tranqüila que levam. Elas vivem no brilho constante dos holofotes e da preferência dos *paparazzi* – afinal de contas, o motivo pelo qual são pagas. No entanto, algumas vezes o holofote se volta para atividades pouco desejáveis. As capas dos tablóides vendidos em supermercados reproduzem as mesmas celebridades que algumas Marcas Legendárias vinculam à sua narrativa da marca.

Personagens fictícios

- *Vantagens.* Podem ser criados para se adequar às suas necessidades; pertencem à marca.
- *Desvantagens.* Desgastam-se com facilidade; não são autênticos.

Se você não tem recursos para contratar uma celebridade e seu CEO não é fotogênico, você sempre pode criar um personagem para atuar como seu agente da marca. Mickey Mouse, o agente com uma capa de chuva em estilo militar, da Sprint PCS, o coelhinho Quick, da Nestlé, o chihuahua, do Taco Bell, e o técnico da Maytag são todos exemplos de personagens que personificam a narrativa da marca.

O problema com personagens é que eles não são reais. Embora este fato apresente certas vantagens como custos menores e maior controle, por outro lado, gera alguns desafios. Os personagens requerem atenção constante, para não cansar o público. Por outro lado, algumas vezes são vítimas do próprio sucesso. Muitos gerentes de marca hesitam em aposentar personagens que tiveram uma vida natural e lucrativa, mesmo quando há sinais claros de que a narrativa por eles transmitida está defasada em relação à marca. Pior ainda, o sucesso de um personagem que atua como agente pode conduzir a uma perda de significado.

Por exemplo, Mickey Mouse é sem margem de dúvida o agente da marca para The Walt Disney Company. Ele tem desempenhado este papel por mais de 75 anos. Quando estreou, em 1928, obteve fama instantânea como um Ser Comum, modesto e caprichoso, apresentado como um ratinho. De modo análogo ao vagabundo adorável de Chaplin, Mickey pulava inocentemente de uma aventura para outra, enquanto almejava metas simples: pilotar um avião de ponta-cabeça, para roubar um beijo da encantadora, porém tímida, Minnie Mouse (*Plane Crazy*), ou conduzir um barco a vapor na correnteza de um rio, enquanto é perseguido por um gato enfurecido (*Steamboat Willie*). Aventuras como estas tornaram Mickey um personagem reconhecido instantaneamente em todo o mundo. Ele era um agente carismático e esperto para a narrativa da marca Disney e a personificação animada de Walt Disney. Felizmente, o público foi poupado da angústia de observar a saúde de Walt Disney deteriorar-se e vê-lo perder progressivamente as faculdades mentais. O destino não foi tão bondoso para Mickey.

Mickey atualmente é mais um logo do que um personagem que transmite a narrativa da Disney. Ele está relegado ao papel de porta-voz da corporação, mudo ou dublado, comparecendo a eventos públicos e exibido de forma onipresente em cartões de visita, pastas, cadernos e uma parafernália de objetos que refletem a identidade corporativa. Compare Mickey a Bugs Bunny. Bugs é tão travesso atualmente como era nos anos 30. Nossa expectativa é que ele nos engane, arrume uma encrenca e seja mais esperto que os outros personagens na tela. Seu valor para a Warner Brothers como um agente da marca persiste porque ele não perdeu a essência de seu caráter.

Locais que são agentes da marca

Lugares onde a empresa opera

- *Vantagens.* Controle total da narrativa; representação autêntica da marca.
- *Desvantagem.* Oneroso.

Enquanto discutimos o tema Disney, é uma questão de justiça relatar aquilo que a empresa faz bem. Um parque temático Disney é o agente da marca indispensável. Entrar nesse local é entrar literalmente no interior da narrativa da marca Disney. Deixando de lado o exagero de querer vender aos visitantes um grande número de bens e serviços, o parque temático Disney absorve o visitante em termos de imaginação, admiração e fantasia. Nada disto ocorre por acaso. Cada centímetro do parque é projetado tendo uma história em mente. Dê crédito a dois grupos de pessoas por este efeito fenomenal: os operadores do parque, que são os heróis não reconhecidos, que cuidam tenazmente de cada detalhe 365 dias por ano, e os gênios criativos abrigados no Walt Disney Imagineering, que mergulham incansavelmente na história para fazer com que mesmo as coisas comuns pareçam mágicas.

Você não precisa construir um parque temático para dar vida à sua marca em determinado lugar. Muitas Marcas Legendárias comunicam sua história por meio de lojas varejistas. Quando bem estruturados, estes locais permitem que a marca tenha a oportunidade de criar um ambiente físico que transmite a narrativa da marca. Visite uma Gap, uma loja Apple, The Body Shop ou um Armani e você fará um elo instantâneo com a narrativa da marca. A Prada inaugurou recentemente uma loja luxuosa e moderna no coração do bairro SoHo, em Nova York. A loja de 2.205 m² projetada pelo famoso arquiteto Rem Koolhaus abriga um auditório com 200 lugares, camarins com monitores que funcionam com o toque dos dedos, e espelhos que permitem aos clientes ver por todos os ângulos. A loja principal, com decoração primorosa, é uma demonstração adequada da narrativa da marca Prada, que combina a atenção aos detalhes, própria do Velho Mundo, com designs elegantes e modernos.

Locais de ocupação conjunta

- *Vantagens.* Permite à marca narrar onde outros estão somente fazendo ruído.
- *Desvantagem.* Muito ruído.

Outra escolha para muitas Marcas Legendárias consiste em criar um local para narrar a história da marca em um ambiente sem marca ou com muitas marcas. Por exemplo, Calvin Klein raramente permite que seus produtos fiquem na mesma prateleira, junto de produtos concorrentes. A cada ano, Calvin Klein cria ambientes que expõem a sua marca nas principais lojas de departamento. Estes ambientes se destacam do resto da loja e recebem a narrativa por meio de *displays* especialmente criados. Todas as mercadorias associadas à marca são apresentadas no ambiente que a representa, demarcado nitidamente a fim de diferenciar o espaço sagrado de Calvin Klein do mundo comum que ocupa o restante da loja.

Locais patrocinados

- *Vantagens.* Oportunidade para aproveitar a narrativa de outra marca; possibilidade de aumentar as vendas.
- *Desvantagens.* Pode ficar confuso; pode não transmitir nada de sua marca.

Patrocinar um local é, para muitas Marcas Legendárias, um modo de criar um agente da marca. Os benefícios de patrocinar um local, como um parque esportivo, um estádio, um teatro, um parque temático, dependem da habilidade para aproveitar a narrativa e associar a afinidade do consumidor a esse lugar. Tais oportunidades são particularmente valiosas quando o local é puro e livre de mensagens de marketing dos concorrentes. Infelizmente, muitos espaços que podem ser patrocinados já estão ocupados. O desafio para a Marca Legendária consiste em identificar uma atividade que vincule a narrativa do local à narrativa da marca de um modo que as torne inseparáveis na mente do consumidor.

Por exemplo, os estádios de beisebol apresentam excesso de patrocínios. Eles exibem tantas marcas que os consumidores nem prestam atenção. A Nestlé adotou um método diferente para patrocinar o estádio Edison, em Anaheim, Califórnia, sede do Anaheim Angels da Liga Americana. Escolheu a área de descanso fora do campo e a denominou "Área da Família Nestlé". Trata-se de um espaço destinado aos fãs do beisebol que levam crianças pequenas, as quais muitas vezes ficam inquietas durante o primeiro tempo. A Área da Família Nestlé oferece artigos especiais orientados especificamente às crianças (predominantemente os produtos Nestlé, é evidente). Possui murais coloridos e características interativas que atraem as crianças. É também a área designada para toda a programação dirigida às famílias, durante a temporada.

Locais artificiais

- *Vantagens.* Preço reduzido; capacidade de empregar elementos lineares da marca.
- *Desvantagens.* São bidimensionais.

Agora é possível criar um local artificial para a narrativa da marca – especificamente por meio da Internet e de outros ambientes digitais. Um site, caso seja bem planejado, pode criar um ambiente propício à transmissão da narrativa da marca. Há alguns anos, por exemplo, a Mercedes-Benz criou um ambiente temático on-line para mostrar o veículo utilitário esportivo classe M. Ele apresentava muitos tipos de mídia e era vinculado a um tema de espionagem internacional. As informações sobre o carro chegavam por meio de "relato dos fatos" em "pastas" e "listas de tarefas". Elementos de navegação apareciam como artefatos de uso prático. O ambiente, pleno de significado, proporcionava uma narrativa que combinava bem com o sofisticado estilo Mercedes-Benz e sua variação, o veículo utilitário esportivo. Em vez de obter dados de clientes potenciais de um modo convencional, a Mercedes explorou a narrativa do ambiente para captar informações. Os usuários eram solicitados a indicar seus "apelidos" e, para conhecer as características mais importantes do produto, eram convidados a avaliar que tipo de missão aceitariam. Em cada ponto de contato, a Mercedes manteve-se fiel à narrativa.

Objetos como agentes de marca

Produto

- *Vantagens.* Relacionamento direto – é o objetivo da marca.
- *Desvantagens.* Podem ser entediantes e maus narradores.

Uma bolsa Kate Spade é o melhor agente que a marca poderia ter. Seu design faz um grande relato sobre a marca. O estilo das bolsas Kate Spade é engenhoso, inspirado e constante. Esta constância, ou repetição com variação, cria a história. O mesmo se aplica a um Macintosh, a um Palm (particularmente o Palm V), ao Nokia, ao Restoration Hardware e ao Coach. Cada uma destas Marcas Legendárias transmite a narrativa da marca por meio do agente de seu produto.

O desafio colocado pelo agente orientado ao produto é que ele requer trabalho constante. Alguns produtos atingem a meta por meio de continuidade (Kate Spade, Mont Blanc, Rolex) e outros por meio de variação engenhosa (Apple, Restoration Hardware, The Body Shop). O desafio consiste em saber o que se adapta à sua marca.

Itens promocionais e outros objetos

- *Vantagens.* Muito flexíveis – podem ser desenvolvidos e implementados conforme surgir a necessidade.
- *Desvantagens.* Tendência a serem direcionados por impulso, em vez de estratégia; muitos fracassam em transmitir qualquer tipo de narrativa.

Algumas vezes uma Marca Legendária identifica um objeto, que não é o seu produto, para contar sua história da marca. Não é uma tarefa fácil e existem poucos exemplos. Um deles é a marca da rede de restaurantes, regional, porém legendária, Jack in the Box. Discutiremos o sucesso do Jack in the Box no próximo capítulo, contudo, um de seus agentes da marca merece ser examinado agora: uma bola de plástico em miniatura mostrando a face pintada do Jack in the Box, juntamente com o gorro em formato cônico. O item promocional, que traz retorno financeiro, é para ser afixado à antena do carro. As origens da bola para antena remontam há muitos anos, antes que tivesse início o trabalho de tornar legendária a marca Jack in the Box.

Quando a idéia foi redescoberta, provou ser um método eficaz para sustentar a narrativa da marca do executivo fictício e compenetrado, com a cabeça ridiculamente grande e em formato de bola.

O McLanche Feliz do McDonald's, de certa maneira, tem a mesma finalidade. Como o McDonald's é uma marca de família, que atrai especialmente crianças pequenas, foi um modo de sustentar a narrativa da marca, embora em anos recentes tenha se tornado mais um veículo promocional de entretenimento do que um ponto de conexão significativo entre o consumidor e a marca.

O problema com itens promocionais e objetos que não sejam produtos da empresa é que eles facilmente se tornam modismos, a versão, no mundo do marketing, do sucesso único. Ao longo do tempo, podem ficar gravados nostalgicamente na memória, porém perdem o poder de ativar a narrativa da marca.

GERENCIANDO OS AGENTES DA MARCA

Gerenciar agentes da marca não é tarefa fácil. É um esforço que muitas vezes impulsiona e destrói a carreira dos gerentes de Marcas Legendárias. Você precisa se concentrar essencialmente em três conjuntos de atividades: promoção do crescimento do valor associado ao agente, diminuição dos riscos associados ao agente, e sustentação do alinhamento entre agente e narrativa.

Para determinar que conjunto de atividades deveria merecer sua atenção, considere o quadro reproduzido na Figura 10.1. O eixo horizontal refere-se à força da sua narrativa da marca, independentemente do agente. Para determiná-lo, você precisa considerar a força global do mito da marca subjacente.

O eixo vertical diz respeito à força do(s) agente(s) da marca. Há uma variedade de maneiras para avaliar a força do agente, incluindo uma análise quantitativa direta, com ajuda e sem ajuda.

Gerenciando relacionamentos simbióticos entre o agente e a narrativa

O sonho da maioria dos gerentes de marca é participar do Quadrante I. Marcas que pertencem a este quadrante possuem um forte conjunto de agentes da marca e uma forte narrativa da marca, que presumivelmente operam juntos.

FIGURA 10.1 Força dos Agentes da Marca

Narrativa da Marca

	Forte	Fraca
Agente da Marca — Forte	**Quadrante I** • Relacionamentos simbióticos • Diversificação • Rejuvenescimento freqüente	**Quadrante II** • Agentes possuem um poder de mercado razoável • A narrativa da marca aproveita a narrativa do agente
Agente da Marca — Fraco	**Quadrante III** • A narrativa da marca é mais percebida do que demonstrada • Os indícios para os agentes da marca provavelmente situam-se na cultura	**Quadrante IV** • A narrativa da marca pode ter envelhecido ou não ter mais utilidade • Os agentes podem ter mais ressonância com a cultura

Neste cenário ideal, os agentes da marca estão reforçando as crenças sagradas da marca (e do consumidor), e a conexão entre os dois é articulada perfeitamente pelas atividades narrativas da marca.

Se você for suficientemente feliz para pertencer a esse quadrante, seu trabalho é ilusoriamente fácil. Você tem tudo para acreditar que está fazendo o certo, o que é mais fácil, certo? Errado. Sua marca tem o máximo para perder e se torna mais vulnerável às pressões exercidas por ataques diretos dos concorrentes, pela extorsão do agente e pela apatia dos consumidores. Como uma aeronave em um vôo planado, a menor turbulência pode fazer com que estes sistemas de marca mergulhem rumo ao desastre.

Promovendo o crescimento de um sistema simbiótico. Cuidado para não saturar excessivamente o mercado com o agente. Os consumidores ficam exaustos com agentes da marca que permanecem por muito tempo. O problema torna-se mais complexo quando seu agente da marca não está inteiramente sob seu domínio. Por exemplo, se você contratou uma celebridade importante ou um atleta profissional para atuar como agente de sua marca, você precisa controlar o nível de atuação do agente que a pessoa desempenha para outras marcas. Alguns agentes que atuam como celebridades têm o hábito de se transformar em veículos NASCAR humanos, endossando uma dúzia ou mais de marcas ou produtos. A cada marca adicional que representam, tornam-se menos valiosos para a sua. Eis algumas sugestões de precauções a serem tomadas.

- Analise imediatamente todos os acordos de endosso existentes – e previstos – assinados pelo agente.
- Procure se assegurar de que seu acordo com o agente proporcione mecanismos de segurança que o protejam de um número excessivo de contratos assinados com outras marcas. Tais mecanismos podem incluir cláusulas de rescisão antecipada que o beneficiem, ou penalidades por um número excessivo de contratos.
- Se você estiver seguro de que o agente trabalha bem para a sua marca, consiga um contrato de longo prazo, desde que você possa se resguardar de um número excessivo de contratos paralelos. Os contratos em longo prazo o protegem da apropriação pelos concorrentes e da extorsão do agente, um conceito que discutiremos logo mais em maior profundidade.

Algumas vezes, o excesso de saturação tem pouco a ver com as ações do agente. Pode ser causado pelo gerente da marca. Lembre-se de que sempre pode existir algo muito bom. Quando uma marca estabelece um agente poderoso para a narrativa da marca, a tentação é "fazer algo grande". Após um período, o consumidor não pode se afastar do agente e da marca. A todo instante ele se depara novamente com o agente e a marca. Esta resposta freqüente do consumidor demonstra uma perturbação ou apatia – nenhuma beneficia a marca.

Quando você descobre a fórmula mágica envolvendo o agente da marca e a narrativa da marca, compete a você inovar. Não se contente com o que conquistou. Encontre novas maneiras de apresentar o agente no contexto da narrativa. Crie novos arcos da história que direcionem novas campanhas. Surpreenda o público da marca criando vertentes inesperadas na narrativa.

Embora seja em grande parte impulsionado pela propaganda, um bom exemplo de campanha que manteve alinhamento por meio de inovações é uma do McDonald's que apareciam Michael Jordan e Larry Byrd. Nenhum dos dois custou barato. Ambos tinham outros contratos de endosso para cumprir. O McDonald's administrou a situação com o próprio poder perante a mídia. A criatividade, no entanto, manteve o investimento vivo. O primeiro comercial foi ao ar, em múltiplos segmentos, durante a final do campeonato de futebol americano – Super Bowl.

Em cada segmento, Jordan ou Byrd desafiavam-se mutuamente para uma jogada aparentemente impossível. O vencedor ganhava um Big Mac.

A agência do McDonald's, DDB Needham, poderia parar nesse ponto e transmitir o mesmo comercial muitas vezes seguidas. Poderia colocar a foto de Byrd e Jordan em tamanho real em cada lanchonete McDonald's. Em poucas palavras, poderia ter utilizado exaustivamente essa campanha até que se esgotasse prematuramente. De forma inteligente, o McDonald's manteve-a viva mediante variantes. O grande final coincidiu com o lançamento do filme *Space Jam*. O McDonald's participou como sócio promocional. Resultado: Jordan recriou o comercial original, desta vez contra Bugs Bunny. No filme, ele joga contra uma liga de adversários animados. A campanha terminou, mas gerou um retorno significativo para o McDonald's por ter inovado e identificado novas maneiras de usar o agente da marca no interior da narrativa da marca.

Além da variação em seus arcos da história, considere também a variação em seus canais de comunicação. Este não é um convite para alardear sua comunicação de marca em todo canal disponível. Tal procedimento conduz a um excesso de saturação com a mesma rapidez que a repetição, talvez até mais depressa. Variar os canais de comunicação significa selecionar o canal apropriado para a mensagem e surpreender os consumidores pela forma e não pelo conteúdo que você escolhe para envolvê-los.

Ironicamente, esta é uma área na qual o McDonald's muitas vezes falha. O McLanche Feliz pode ser a maior invenção promocional na história do marketing. No entanto, o McDonald's reduziu o McLanche Feliz a uma fórmula de marketing cansativa dirigida à juventude.

Diminuindo o risco em um sistema simbiótico

Os fatores de risco externo constituem sua maior preocupação. Riscos externos nada têm a ver com as ações do gerente da marca. Eles são impostos por aspectos além de seu controle. Não existindo uma bola de cristal nem um encontro com Shirley Maclaine, realmente não há como prever um fator de risco externo. Há, no entanto, algumas medidas preventivas que você pode tomar.

- Diversifique o conjunto de agentes; não permita que sua narrativa se apóie somente em um agente. A possibilidade de um fator de risco externo afetar todas as três formas de agente da marca (pessoa, local, objeto) fica reduzida.

- Prepare um plano de contingência. Seriamente. A Casa Branca e o Pentágono consideram um procedimento operacional freqüente fazer exercícios envolvendo situações aleatórias, de uma invasão estrangeira a uma queda catastrófica no valor das moedas. Sua marca deveria determinar, por exemplo, como reagirá no caso de seu agente da marca, supostamente saudável e orientado à família, ser fotografado de forma ilícita em um bordel de Nevada, jantando com Larry Flint, o CEO da *Hustler*.
- Desenvolva outra narrativa da marca, talvez aproveitando um tema do passado, e a mantenha pronta para divulgação. É um plano próximo da proposta anterior, com a diferença de lhe permitir alterar todo o foco de comunicação da sua marca. Ter uma narrativa secundária, elaborada e pronta para ser divulgada, pode lhe permitir mudar a marcha sem despender esforços e sem parecer muito reativo. Lembre-se: vôo planado, correções de rumo sutis.

Gerenciando marcas com narrativas fracas e agentes fortes

De uma perspectiva de risco, uma das posições mais insustentáveis para a sua marca está no Quadrante II, onde você tem um agente da marca forte, mas uma narrativa geral fraca. Primeiro, é possível que você esteja emprestando uma narrativa de seu agente, o que é aceitável se você também estiver tomando medidas para transplantar essa narrativa e torná-la uma parte inseparável da sua plataforma da marca. Infelizmente, os agentes muitas vezes possuem vidas finitas, ao passo que as marcas duram. Se você não desenvolver uma narrativa da marca que seja independente, arrisca-se a perder sua base de clientes, caso algo aconteça a seu agente da marca.

Considere o caso do computador portátil Palm e Palm V. O Palm V foi revolucionário. Seu estilo transmitiu uma corajosa mensagem sobre o futuro da tecnologia. Com frente e verso na cor grafite, e linhas curvas, essa máquina portátil não tinha qualquer semelhança com a primeira geração, que era volumosa, feita de plástico e não despertava interesse. Da noite para o dia, o Palm V tornou-se um instrumento de posse obrigatória. Os varejistas viam seus estoques se esgotarem rapidamente. Palm, a companhia, deveria ter aproveitado a ocasião e estabelecido uma narrativa da marca que orientaria todos os seus produtos e o seu marketing. Em vez disso, passou a realizar várias ofertas públicas de ações. Seus concorrentes, incluindo a Microsoft, imitaram seu design e acrescentaram novas características. Para piorar as coisas, a próxima geração do Palm, o Palm VII, não apresentava a perfeição de design de seu antecessor. Em pouco tempo, o destino do Palm foi o de ser apenas outro computador portátil oferecido em *displays*, sem qualquer atração, em meio a um conjunto de imitadores. O Palm não tem uma história de marca dominante para contar, e, no momento, nenhum agente da marca em quem se basear.

Compare o destino do Palm com o da Nokia. Quando a Nokia estreou, era um participante do terceiro escalão. A Motorola dominava o mercado de telefones sem fio com seu StarTac esguio e atraente, um telefone de frente e verso na cor preta, que era um sinal de distinção em círculos corporativos. Por meio de uma série de iniciativas brilhantes de incentivo, a Nokia convenceu os revendedores de celulares a oferecer seus telefones a preço reduzido. Eles conseguiram participação de mercado; no entanto, foi com um telefone que, embora maior e mais volumoso do que o StarTac, possuía itens personalizáveis. Você podia mudar a parte frontal de um telefone celular Nokia. Você podia participar de jogos. Você podia enviar mensagens a seus amigos. Um anúncio da Nokia mostrava um homem e uma mulher jovens, sentados em um sofá em uma festa barulhenta. O jovem tenta falar algo à mulher, porém ela não consegue ouvi-lo. Ele então lhe envia uma mensagem comentando a respeito da qualidade do queijo servido. Era um retrato irreverente de como a marca se enquadra em um estilo de vida mais jovem e mais informal. Embora os usuários empresariais não se importassem inicialmente com essas características, o público mais jovem se mostrou interessado. A Nokia estabeleceu uma narrativa da marca em um segmento crítico do público. Enquanto a Motorola tinha a ver com o StarcTac e nada mais, a Nokia tornou-se a marca preferida para um segmento de mercado mais jovem e voltado à cultura popular. Usando um estilo e um design que têm permanecido admiravelmente constantes, a Nokia continua, até o momento em que este livro é redigido, como o ator dominante. Sua narrativa difundiu-se para alguns produtores de dispositivos sem fio, que usam a Nokia como um agente para a sua marca.

Se sua marca permanece no Quadrante II, você precisa agir imediatamente, mesmo que o atual clima de negócios pareça favorável.

- Diversifique seu portfólio. Você não dispõe de uma narrativa para recorrer em uma emergência e, portanto, aja rapidamente para estabelecer novos agentes da marca, especialmente sob formas diferentes. Se o seu agente da marca é uma celebridade como Michael Jordan, concentre seus esforços para tornar seu produto ou seus locais um agente da marca válido.

- Evidentemente, para agregar esses novos agentes da marca, você precisa definir e estabelecer sua narrativa da marca. Felizmente, você tem indícios a respeito daquilo que faz eco para seus clientes. Desfaça o agente forte que você já tem e trilhe o caminho inverso, em direção às crenças sagradas e à narrativa oculta que ele representa.

As medidas anteriores têm por finalidade eliminar sua dependência de um agente da marca forte. Empenhar-se para estabelecer uma narrativa da marca mais forte não significa precisar abandonar o agente que está trabalhando tão bem para você. Muito pelo contrário. Se uma ação em sua carteira de investimentos continuar a se valorizar, você provavelmente não a venderia, até convencer-se de que tivesse atingido o preço máximo. Você pode ter pela frente muitos anos de vida produtiva com esse agente, mas deve estar preparado para continuar sem ele no futuro.

Gerenciando marcas com narrativas fortes e agentes fracos

Parabéns. Você está em um quadrante que lhe permite ter flexibilidade suficiente para criar e desenvolver sua marca. As marcas no Quadrante III encontram-se na transição para a grandeza. Elas têm uma narrativa que é percebida pelos consumidores; no entanto, um agente forte é o elo faltante entre o bom e o excelente. Desde que possuam recursos adequados, essas marcas somente podem ascender.

Bem, talvez o panorama não seja tão róseo. Não sendo o CEO nem um membro influente da equipe de direção, a maioria dos gerentes de marca tem influência limitada sobre duas das três categorias de agentes da marca (produto e local). Há alguns que exercem somente uma influência parcial sobre o terceiro.

Os livros didáticos muitas vezes alegam que um ambiente de negócios ideal conduz o marketing em vez de segui-lo. Nesta idealista estrutura de negócios, a equipe de mercado "define o valor" que os engenheiros e as equipes de venda proporcionam efetivamente ao consumidor. Tal sistema empresarial é um nirvana e realmente existe quando o CEO, o fundador ou algum outro líder influente tem o poder de dispor de recursos maiores que o orçamento de propaganda. Steve Jobs, por exemplo, pode dar-se ao luxo de definir o valor. Ele é, ao mesmo tempo, um excelente profissional de marketing e um CEO.

A maioria dos gerentes de marca controla um orçamento limitado, que é direcionado principalmente para gastos tradicionais de propaganda e promoção. Poucos, entre eles, encontram boa receptividade no departamento de engenharia ou de desenvolvimento do produto, um fato que limita sua habilidade para influenciar o design do produto, a fim de facilitar a narrativa da marca. O mesmo é verdadeiro para as operações, que geralmente administram os locais em que a marca atua. Isto torna difícil para o encarregado da narrativa da marca ter influência sobre os locais como um agente da marca.

O único fator que os agentes de marca, em sua maioria, podem controlar é a dimensão humana. Eles podem ser os guardiães do fundador ou do executivo graduado que atua como agente da marca. Podem ter um orçamento que assegure a contratação de terceiros, a obtenção de locais e objetos como agentes da marca substitutos. Os orçamentos de patrocínio corporativo geralmente são administrados pelo departamento de marketing. No entanto, mesmo neste caso, muitos gerentes de marca se defrontam com uma batalha árdua. As celebridades atraem a atenção, e o patrocínio de eventos torna-se um projeto em que se desperdiça dinheiro mais do que em um mecanismo de marketing. Estas influências muitas vezes atraem a interferência dos executivos de alto nível com motivação oculta.

O que um gerente de marca deve fazer? Inicialmente, ter esperança. Você equacionou o maior desafio – estabelecer uma sólida narrativa da marca. Agentes acabam sendo necessários, porém o impulso da marca não acabará da noite para o dia por estar faltando um agente apropriado. Eis algumas sugestões:

- Identifique um líder do alto escalão da companhia, de preferência o CEO. Caso acreditem nas virtudes da narrativa da marca, tais líderes podem mover céus e montanhas para alinhar o restante da companhia ou dar-lhe condições para fazê-lo.
- Partilhe o que você sabe com os grupos de design, produção e operações. Partilhe seus conhecimentos de modo aberto e freqüente. Não mantenha a narrativa da marca oculta no departamento de marketing. Dê-lhe credibilidade, apoiando-a por meio de uma excelente pesquisa com os consumidores. (Você terá de fazer sua lição de casa.) Engenheiros e gerentes de operações relutarão em fazer uma aposta em seu julgamento, caso não exista uma prova digna de crédito de que você está certo, do mesmo modo que eles deveriam estar.
- Se você tiver sorte e contar com uma equipe de design do produto ou um grupo de varejo excelente, assuma a liderança da equipe ou do grupo. O problema, com muita freqüência, não é que estas divisões não cooperarão; o problema é que eles estão certos e o profissional de marketing está errado.

Esteja disposto a aproveitar o trabalho que eles realizam. Lembre-se de que sua narrativa da marca deve basear-se em um mito atemporal. Existem muitas maneiras de contá-lo. É possível que suas equipes de design estejam contando a narrativa, porém elas estão se concentrando em cenas, personagens ou arcos da história diferentes, que você não está focalizando. Torne seu trabalho fácil, siga sua liderança.

- Concentre sua atenção nos 80% da equação que você *pode* controlar – o orçamento de marketing. Utilize os recursos que você tem para assegurar agentes da marca rentáveis. Você não precisa ter um orçamento anual de patrocínios no valor de US$ 100 milhões para assegurar celebridades, organizações culturais, iniciativas de entretenimento ou atletas de primeira linha. A maioria dos gerentes de marca comete o erro de perseguir o que todos desejam. Isto conduz a uma guerra de ofertas e à inserção de sua marca em um ambiente confuso e de preços exagerados. Basicamente você reduz sua eficácia. De modo idêntico a muitas outras atividades descritas neste livro, vá além do valor superficial. Você realmente tem de patrocinar um time de beisebol de uma liga importante, em cujo estádio você partilhará com outras 25 marcas a área que circunda o campo? Por que não patrocinar um clube de uma liga menor? Melhor ainda, por que não considerar uma iniciativa distinta do domínio esportivo?
- Considere, finalmente, criar seus próprios agentes da marca. Por exemplo, se você decidir que sua narrativa da marca precisa de um agente ousado e jovem, você poderia organizar um circuito nacional de *skateboard*. Poderia juntar-se a uma organização que administra tais assuntos, mas reter o controle exclusivo. O aspecto negativo é o custo. O aspecto positivo é que você tem controle total. O exemplo do *skateboard* é meramente ilustrativo, porém o conceito possui um mérito verdadeiro, embora raramente utilizado.

Gerenciando marcas com narrativas e agentes da marca fracos

Marcas novas ou emergentes não possuem narrativas da marca consolidadas e os correspondentes agentes da marca. Os clientes não têm familiaridade com estas marcas, o que prejudica a habilidade para ter significado e narrativa compartilhados, embora não completamente. Em termos gerais, você terá mais sucesso caso se concentre na narrativa da marca emergente. Agentes da marca podem ser facilmente agregados em uma ocasião futura. Na realidade, durante o processo de elaboração da narrativa, a maioria dos gerentes de marca revela simultaneamente os agentes. Isto é intuitivo e orgânico.

Existe um outro cenário no qual uma marca pode deparar-se com a falta de uma boa narrativa ou de um bom agente da marca. Ocasionalmente, uma marca venerável desperta para constatar que perdeu seu significado. Seja qual for a razão, seus agentes da marca se atrofiaram ou escaparam. Sua narrativa da marca pode ter perdido relevância lentamente, ao longo do tempo, ou pode ter sido fraca desde o início. O gerente de marca tem duas opções: se a marca for uma pretendente a uma nova oportunidade, deve iniciar de novo, ou então aproveitar os benefícios da marca. Poucos gerentes de marca escolhem a segunda opção; a primeira é mais fácil de ser planejada, pois a bagagem da marca continua a basear-se em seu passado.

Se sua marca é nova, perdeu a narrativa ou requer um rejuvenescimento da narrativa, uma alternativa consiste em identificar agentes da marca que possam providenciar rapidamente uma narrativa. A Fidelity Investments adotou esta estratégia há alguns anos, quando contratou vários comediantes para aparecer em seus anúncios na televisão. Peter Lynch, o próprio agente da marca Fidelity, foi mostrado em encontros inesperados com esses rostos famosos, e lhes dando conselhos a respeito de investimentos. Em cada caso, Lynch transmitiu uma análise muito objetiva do mercado de ações, enquanto os comediantes faziam comentários esclarecedores ou demonstravam falta de interesse. A mensagem era simples: a Fidelity raciocinou em seu lugar, porque você se importa somente com o desempenho de seu dinheiro, com o resultado final, e não com o processo. Porém, a narrativa teve um impulso maior. A Fidelity tornou-se mais do que uma instituição, tornou-se a narrativa do consumidor médio.

Se você decidir usar agentes da marca para sua narrativa da marca, siga estas diretrizes:

- A não ser que você preveja a necessidade de um agente por um longo período de tempo, vincule-se a ele por meio de um contrato razoavelmente curto. Você se arrisca a precisar dele no futuro e a tornar-se um refém, quando o sucesso que ele produz leva a uma despesa maior, porém assegura a flexibilidade de buscar outro caminho e eliminar uma narrativa da marca que esteja muito vinculada ao agente da marca emprestado.
- Selecione muitos agentes. A campanha da Fidelity não se apoiou somente em um comediante. Ela empregou diversos. Uma famosa campanha da Discover convidou algumas celebridades para mostrar o que compraram

com seu cartão Discover. A campanha Temos Leite mostrou centenas de celebridades com um "bigode de leite". Se você deseja gerar uma narrativa aproveitando os gerentes de marca, jogue a rede em um espaço amplo. Isto também o ajudará a identificar o arquétipo da marca e o gênero apropriado para dar substância à narrativa subjacente da marca.

CAPÍTULO 11

MARCAS NÃO-LINEARES
O Mito do Local

Ao longo da história, um grupo seleto de cidades tem atuado como uma fonte abundante para a inspiração de narrativas. Londres, Paris, Roma, Jerusalém, Beijing – são cidades importantes do mundo moderno que se vinculam a narrativas de histórias. Pensar nesses locais invoca imediatamente uma narrativa real ou imaginária; esses, muitas vezes, transmitem temas místicos e quase sempre atuam como cenário para magníficos eventos narrativos. Algumas cidades são abençoadas e outras amaldiçoadas por poderes arquetípicos. As pessoas são conhecidas como habitantes de Nova York, de Los Angeles, da Área da Baía de San Francisco ou de Boston. Em cada caso, a referência serve para descrever um retrato instantâneo da personalidade do indivíduo. Dizer a alguém que o homem que você acabou de conhecer era um texano completo diz mais do que descrevê-lo como "positivo", "independente" e "orgulhoso".

"As crônicas da vida urbana estão divididas entre o real e o fantástico, pois os homens e as mulheres sonharam com cidades douradas, cidades ocultas, cidades invisíveis, atrações em ruínas como Pompéia, reinos místicos como Shambhala e mundos labirínticos como Tlön, de Jorge Luis Borges...", afirma o mitólogo Phil Cousineau. Em seu livro *Once and Future Myths*, ele descreve o poder notável das grandes cidades – mantendo sua narrativa viva durante séculos.[1]

As grandes cidades míticas são Marcas Legendárias. A narrativa da marca é transmitida pelos eventos sensoriais que elas abrigam e pelo modo como se acumulam em uma experiência de consumo coletiva. Um jogo do Yankee, um show na Broadway, a Estátua da Liberdade, e realizar compras na Quinta Avenida são todos eventos e locais dentro e em torno de Manhattan que ativam a experiência de estar em Nova York. O mesmo é provocado pelo odor dos *hot-dogs* vendidos nos carrinhos dos ambulantes, a percepção do vapor quente saindo dos respiradouros do metrô e o sabor da excelente comida servida nas *delicatessens*. São as imagens, os sons, os sabores, os cheiros e a sensação de cada evento ou lugar que provocam a narrativa e transmitem a experiência. Cidades como Nova York perpetuam uma antiga prática de atribuir um mito à cidade.

No Oriente Médio, Jerusalém é um lugar tão mergulhado no mito e na narrativa que as pessoas continuam a perder a vida em busca deles. É um dos raros lugares no mundo onde se cruzam os centros de três religiões poderosas, cada uma alegando significado histórico e espiritual. Jerusalém é um lugar que inspira devoção, peregrinações e guerras santas. Aqueles que visitaram a Cidade Sagrada dão vida a seus relatos da viagem com imagens profundamente tocantes ligadas à narrativa da fé que professam.

Paris é o equivalente secular. Conforme tem feito há séculos, a Cidade Luz atrai artistas, filósofos e boêmios. É uma cidade com grande poder mítico. As pessoas se deixam perder em Paris, plena de romance e idealismo. Provavelmente porque os franceses se empenham com veemência em preservar a tradição francesa. Sem ela, Paris poderia perder suas qualidades míticas e seu poder de inspirar o artista e o amante que existem no interior de todos nós.

ATRIBUINDO UM MITO AOS ESPAÇOS DO CONSUMIDOR

Visite um parque temático Disney. Você terá de procurar muito para encontrar a narrativa e o mito. Os parques temáticos Disney são construídos de acordo com uma história, que é a base de toda atração, de todo restaurante, de toda instalação de atendimento ao cliente. Nada existe em um parque Disney que não seja elaborado em torno de uma história. Quando se cria o ambiente de um parque Disney, "a função óbvia de uma construção é secundária em relação à sua finalidade principal: ajudar a narrar a história"[2]. A "mágica" de um parque temático ou de um *resort*

Disney emana dos pontos de contato narrativos incorporados ao projeto arquitetônico ou ambiental.

Recorde-se da última vez que você esteve em uma loja Victoria's Secret ou Gap ou Restoration Hardware ou um café Starbucks. Estes não são ambientes de varejo convencionais. Cada um mantém uma coerência de design e uma atenção ao detalhe que provoca a narrativa da marca pelo impacto. O Victoria's Secret planeja meticulosamente seus ambientes de varejo. Remanescentes do estilo vitoriano podem ser vistos da rua, agindo como um indício provocante de que algo íntimo aguarda você no espaço interno.

Restoration Hardware é uma pequena rede varejista e de venda por catálogo. De acordo com sua diretoria, em torno de cada canto de uma loja Restoration Hardware "você descobre algo inesperado e, contudo, agradavelmente conhecido, seja uma bela cadeira estofada em couro, aquele acessório delicadamente niquelado para o banheiro ou lençóis de cama com uma trama especial. É uma loja de produtos como qualquer outra, plena de artigos que possuem em comum design clássico, preço acessível e um grande número de informações sobre o produto"[3].

A descrição é mais do que exagerada. Entrar em uma loja Restoration Hardware é o mesmo que voltar no tempo. É como se você virasse em uma esquina e de repente estivesse no meio da Main Street, nos Estados Unidos. A companhia incentiva esta progressão do pensamento narrativo colocando no ambiente itens nostálgicos entre os produtos modernos em estilo clássico. Muitos dos itens nostálgicos estão à venda, como, por exemplo, um toca-discos Crosley. (Lembra-se dos discos? Aqueles de vinil preto que usávamos para tocar música gravada?) O toca-discos Crosley era um produto popular, lembrado por muitos com afeto. Ele se fechava como uma valise de couro sintético. Ao ressuscitar e oferecer o toca-discos Crosley, a Restoration Hardware apontou um indício que evoca memórias emocionais para muitos consumidores, e usa estas memórias para sustentar sua narrativa da marca.

Indícios são uma parte importante das marcas não-lineares. Lembre-se de que todos partilhamos um inconsciente coletivo. Se sua narrativa carrega um significado local, regional ou cultural, pode ser ativada mediante um esforço delicado. Não existe indicação na parede de um Restoration Hardware que detalhe a história da marca. Eles não distribuem folhetos que relatam uma história ficcional para apoiar sua narrativa da marca. Como alternativa, proporcionam indícios sensoriais. O cuidado artesanal dos produtos em madeira maciça, o odor da mobília estofada em couro genuíno, as cores clássicas, o estilo do ambiente, a exposição de produtos reverenciados pertencentes ao nosso passado coletivo – são todos indícios plenos da essência da narrativa. Eles são mais do que suficientes para transmitir aos consumidores uma compreensão clara da história por trás da marca.

Criar indícios sensoriais não é uma tarefa fácil, porém, quando bem executados, os indícios tornam a narrativa persuasiva, a partir da experiência do consumidor, em um nível mais profundo do que qualquer outra forma de atribuição de marca. As diretrizes para gerar tais experiências são obtidas com o estudo dos lugares sagrados e de outros com grande significado cultural. Precisamos estudar um caso, para examinar sua aplicação às marcas dos produtos de consumo.

ESTUDO DE CASO: Ian Schrager Hotels

Ian Schrager é uma lenda de seu tempo, e seu senso único de estilo permeia atualmente a rede hoteleira que leva seu nome. Schrager foi co-fundador do Studio 54, o clube noturno estilo disco da década de 70, que inspirou milhares de pessoas e tornou-se parte da mitologia daquele período efervescente. O Studio 54 era um lugar tão pleno de narrativa, que poderia figurar sozinho como um caso independente. É pena, mas ele não está mais em operação. Felizmente, o último projeto de Schrager é igualmente abundante na utilização de dispositivos não-lineares da marca. Os Ian Schrager Hotels se tornaram tal sensação, a ponto de serem imitados, principalmente pela rede de hotéis W, de propriedade do Starwood Hotels and Resorts.

Embora existam somente alguns hotéis Schrager, cada um deles projeta certa fama. Shrager Hotels é uma Marca Legendária pequena, em termos físicos e geográficos, porém enorme em reputação narrativa.

Demarcando o espaço sagrado e profano

O primeiro passo, em qualquer exercício de atribuição de uma marca não-linear, consiste em diferenciar entre o espaço que a marca ocupará (espaço sagrado) e o perímetro do mundo exterior (espaço profano). O termo *profano* deriva-se efetivamente do latim e significa "fora do templo" – *pro* significa "defronte" e *fanu* "templo". Os povos antigos consideravam sagrados locais tão rudimentares como um círculo de pedras.[4] O perímetro pode ser simplesmente as paredes de seu ambiente de varejo ou os painéis de sua tenda de hospitalidade ou os limites de seu site na Internet. Os parques temáticos Disney são definidos pelos *limites* do parque, um termo usado para descrever as paredes e os portões que circundam a área. O Restoration Hardware normalmente separa o espaço sagrado do profano com paredes em estilo clássico revestidas por painéis.

Os Schrager Hotels, objeto de nosso caso, tornam seu perímetro muito claro. Percorrendo a Rua 44 Oeste, na parte central de Manhattan, você não consegue deixar de ver a entrada do Royalton, um dos quatro Schrager Hotels da cidade. Localizado entre prédios de escritório comuns e cafés que dão para a rua, o Royalton é iluminado por uma cor intensa, tem portas de mogno e uma fachada majestosa apoiada por colunas dóricas. Seu perímetro cria um forte contraste com a cena típica de uma rua de Manhattan, demarcando claramente o perímetro da narrativa da marca.

Pórticos: Entrada no espaço da marca

As pessoas entram nos espaços sagrados passando por um pórtico que significa fisicamente uma mudança de espaço e tempo. O profano, ou comum, é deixado para trás logo que a pessoa cruza um pórtico. Em locais de veneração associados à maioria das tradições religiosas do mundo, pórticos constituem parte integral do projeto arquitetônico. Algumas vezes, permanecem misteriosamente sozinhos, demarcando a entrada para dimensões místicas ou metafísicas. A região rural japonesa apresenta muitas estruturas independentes e sem portas que honram várias divindades. Viajantes geralmente param em cada pórtico e fazem um ritual ou meditam. Muitos acreditam que passar pelo pórtico santifica a alma e os protege de danos ao longo da jornada.

Os pórticos são tão importantes para a narrativa do local a ponto de muitos incluírem guardiães do pórtico – uma entidade criada para proteger o espaço sagrado de profanadores potenciais. As gárgulas posicionadas nos telhados da Catedral de Notre Dame têm por finalidade afastar aqueles que não são bem-vindos ao interior da catedral. Joseph Campbell observou que a idéia de pórtico e guardião tem um significado narrativo constante. Nas histórias importantes, o herói muitas vezes é forçado a cruzar um pórtico vigiado por uma criatura temível. O herói nobre demonstra sua honra por meio da habilidade para cruzá-lo, apesar dos obstáculos impostos pelos guardiães ameaçadores.[5]

Todo hotel Schrager inclui um pórtico. Talvez o mais impressionante seja o Delano Hotel, localizado no distrito Art Deco de Miami Beach. Trata-se de um hotel luxuoso, de frente para o mar, e, apesar de seu estilo elegante, inspirado na década de 30, é totalmente moderno, excêntrico e pleno de estilo – criação do famoso designer Phillipe Starke.

Para entrar no Delano Hotel, os visitantes passam por um caminho que cruza um jardim e conduz a um conjunto de escadas, com poucos degraus, e a um pátio acortinado. Painéis translúcidos, de tecido branco e leve, sucedem-se das vigas ao solo. A progressão de caminhos reclusos e de passagens luxuosas formam uma linha divisória nítida entre o mundo exterior e o oásis interior – um pórtico. E, como todo Schrager Hotel, um porteiro, vestindo elegantemente um terno no estilo Armani, e julgando tranqüilamente a conveniência de cada transeunte, atua como guardião do pórtico.

Quando você entra em um Schrager Hotel, não há dúvida de que chegou a um novo ambiente e de que uma narrativa o envolve. Cada hotel oferece transformação própria, passando do mundo exterior para o universo de Ian Schrager. Em Nova York, no Hudson Hotel, os visitantes transpõem portas de néon amarelo, acionadas eletronicamente, que dão para escadas rolantes que os levam ao nível do lobby. Literalmente fazem uma jornada pelo pórtico, para atingir um novo mundo.

Indícios sensoriais: Resíduo narrativo

A função do profissional de marketing consiste em oferecer pistas, por todo o ambiente, para proporcionar a narrativa pretendida. Levando em conta todos os cinco sentidos, esses indícios podem assumir um grande número de formas. Godiva e Starbucks expõem amostras do produto, permitindo que os consumidores experimentem a narrativa.

Os Schrager Hotels destacam-se na disseminação de sugestões sensoriais, sem restrições. Uma visita a um hotel Schrager promete ser uma experiência visual. No Mondrian Hotel, em Los Angeles, os hóspedes se deparam com árvores gigantes, plantadas em vasos, no pátio externo adjacente à piscina construída com estilo. Estas árvores têm uma característica que lembra *Alice no País das Maravilhas* por causa de seu enorme tamanho e da proximidade entre elas, de forma a esconder os clientes que estão jantando ali.

O Mondrian abriga o SkyBar, um dos bares mais na moda em Los Angeles. Ele fica no interior de uma pequena cabana junto à piscina e proporciona, do céu de Los Angeles, uma vista de tirar o fôlego, que aparece através de grandes painéis de vidro. É como se o visitante vislumbrasse a cidade "pelo espelho". Na sexta-feira à noite, toda a área externa cria um impacto visual marcante e complementar com pessoas espalhadas em poltronas. O cenário é permeado por uma atmosfera de voyeurismo, e por meio dele a narrativa da marca expande-se para os consumidores. Naquele momento, eles estão vivenciando ou observando o estilo de vida glamouroso de Hollywood.

O Mondrian vai além do estímulo visual. No lobby, a *house music* cativa seus ouvidos. Todos os hotéis Schrager transmitem uma trilha sonora diferenciada, de *house music* eclética, rítmica, que dá o tom para o ambiente. Embora sutil, e algumas vezes pouco audível, em razão das conversas e do ruído no ambiente, esta *house music* exerce um efeito dramático nas pessoas. Sua pulsação rítmica é similar aos estilos musicais que acompanham muitas tradições religiosas. Provoca um efeito parecido com um transe que tem sido estudado por neurocientistas. Na realidade, o ritmo reorienta, nas pessoas, o sentido de tempo e lugar.

A ação em um hotel Schrager se desenrola em seus lobbies e bares – sendo algumas vezes uma ação verdadeira. Estes espaços públicos, que encerram vida intensa, também são encontrados próximo aos restaurantes com a chancela Schrager. Assim, o paladar e o odor tornam-se tão penetrantes como a *house music,* e os gostos não são comuns. O Mondrian abriga o Asia de Cuba, um restaurante diferenciado que funcionou inicialmente no Morgan's, um hotel Schrager de Nova York. Asia de Cuba serve uma série de pratos inspirados na cozinha cubana com um toque claramente asiático. Os clientes podem experimentar bolinhos recheados com feijão preto ou deliciar-se com camarões grelhados servidos com molho asiático. Estas possibilidades díspares sugerem a dupla narrativa do hotel, que combina dois aspectos de Los Angeles: a elegância sofisticada e a irracionalidade. Acrescente a todos estes pratos de dar água na boca uma profusão de coquetéis e vinhos.

Finalmente, hotéis Schrager como o Mondrian são uma tentação para o tato. O ambiente proporciona uma sensação da marca. Embora seja verdade que o apartamento de um hotel Schrager tenha pouco espaço, isto é mais do que compensado com a despesa extra de lençóis com trama especial, travesseiros com penas verdadeiras de ganso, almofadas de veludo e cetim, e colchões de alta qualidade. Você pode tocar um hotel Schrager, e , quando o fizer, sua narrativa permeia os seus sentidos. É uma narrativa de estilo, luxo e gratificação.

Trajetórias narrativas

Ambientes de marcas não-lineares estão abertos à interpretação, e o consumidor consegue manter grande controle. Quando uma consumidora entra em um estádio de beisebol, sua primeira parada pode ser em uma loja. Ela pode também dirigir-se inicialmente ao toalete. Ou pode ir direto a seu lugar ou talvez caminhar sem pressa perto de uma base de revezamento para observar os jogadores durante o aquecimento. Você não pode determinar com certeza aonde a consumidora irá, ou a que elementos da história ficará exposta. Se a história requer uma estrutura linear em três atos, o ambiente não-linear ameaça apresentar o terceiro ato antes do primeiro.

Embora o consumidor tenha muitas opções em um ambiente de marca não-linear, as empresas ainda conseguem algum controle sobre a transmissão da narrativa. A solução consiste em apresentar segmentos distintos, porém completos, da narrativa por meio de uma série de trajetórias narrativas. Considere esta possibilidade como um romance composto por diversas histórias curtas. Cada capítulo é uma história em si, com começo, meio e fim completos. A soma de todos os capítulos cria uma narrativa maior, com estrutura própria em três atos. Deste modo, cada evento sensorial que você introduz em seu ambiente deveria ter uma estrutura em três atos, mas contribuir para uma narrativa maior.

Os parques temáticos conseguem fazer isso segmentando o ambiente inteiro em parcelas menores da história. A Disneylândia expressa ao menos seis segmentos principais da história: Terra da Aventura, Terra da Fantasia, Terra da Fronteira, Rua Principal, Terra do Futuro e Cidade dos Desenhos Animados. Em cada um destes segmentos existem áreas menores com história própria. Por exemplo, dentro da Terra da Fronteira há a Praça Nova Orleans. No interior desta área, você encontra atrações como os Piratas do Caribe. Portanto, não importa por onde o visitante do parque caminhe, ele sempre encontra uma narrativa. Ela é reduzida ao nível da atração, porém, no conjunto, faz parte de algo maior.

Os Ian Schrager Hotels fazem o mesmo. O hotel pode girar em torno de um tema narrativo, porém cada parte componente relata sua história completa, que se agrega ao mito maior. No Delano, a área da piscina narra sua história. É um ambiente luxuoso e surrealista – *art déco* ao extremo, no qual Salvador Dali encontra Phillipe Starke. A piscina invade o gramado gradualmente, lembrando o mar que se encontra com a praia. Nas partes mais rasas da piscina, mesa e bancos repousam a alguns centímetros da água. Enquanto isso, cabanas privativas ladeiam a extravagância refinada da piscina, oferecendo intimidade artística com o estilo de época. A narrativa luxuriante do hotel mostra-se presente aqui, mas a área da piscina revela uma história própria.

O bar, no extenso lobby, oferece história distinta, com seus sofás luxuosos, de tecidos gastos, e corredores contendo painéis de tecido branco que se estendem do chão ao teto (dando continuidade ao tema da varanda). Detalhando um pouco mais, no interior do bar localizado no lobby existe um bar menor, vizinho a uma mesa de bilhar. Esta área conta uma história diferente, porém complementar. Agregando todos esses ambientes, surge uma narrativa plena de elegância, provocação e sensualidade.

Encontre o centro do mundo

"Nosso mundo sempre se localiza no centro", escreveu Mircea Eliade em seu livro *The Sacred and Profane*. Ele estava se referindo ao fato de que praticamente em toda tradição cultural os lugares sagrados contêm um centro nitidamente definido, no qual as pessoas podem orientar-se no tempo e no espaço sagrados. "Um universo nasce de seu centro; ele se dissemina a partir de um ponto central que é, como foi, seu umbigo."[6]

Quando você considera um ambiente não-linear, e isto inclui a criação de ambientes digitais, como sites na Internet, focalize sua atenção no centro. Os centros proporcionam um meio significativo para as pessoas percorrerem o espaço sagrado. Ele oferece uma bússola e a garantia de que existe ordem.

Os parques temáticos Disney são famosos por seu projeto radial, isto é, quando você entra em um parque, como a Disneylândia, você sempre percorre a Rua Principal até um ponto central. A partir deste ponto surgem os caminhos para as várias terras temáticas. Trata-se de um conceito tão antigo como a civilização. As cidades antigas muitas vezes eram construídas assim. Geralmente o templo, ou local sagrado, ficava no centro da cidade com todo o restante em torno dele. Os norte-americanos ampliaram a idéia para a praça da cidade, onde normalmente ficava a prefeitura. Faz todo sentido para um país fundado no ideal da democracia.

Todo lobby de hotel representa o centro do universo de Ian Schrager. É aqui que se encontram os elementos mais engenhosos do design e a maior atenção aos detalhes sensoriais. É verdade que a maioria dos hotéis tem início com um lobby. Os hóspedes precisam atravessar um determinado espaço para chegar a seus apartamentos. Os hotéis Schrager, no entanto, engrandecem o lobby para que se torne um espaço sagrado de enorme proporção. A própria escala muitas vezes gera o impacto. O teto do lobby do Delano está a mais de seis metros de altura. No hotel Clift, em San Francisco, o lobby conduz à famosa Sala Vermelha, que exibe painéis de sequóias vistosas, todos originados da mesma árvore. *Displays* com telas planas giram mostrando arte decorativa digitalizada, enquanto a música rítmica e a iluminação discreta criam a atmosfera. Os lobbies dos hotéis Schrager se ligam a um labirinto de espaços semiprivados que aguardam para ativar a narrativa viva do consumidor. Porém, todos eles conduzem de volta ao lobby, um verdadeiro palco para a ação dramática. É no lobby que o universo de Ian Schrager desperta para a vida. É o centro da narrativa Schrager e o ponto definidor de todo o lugar.

A coerência é fundamental

Para criar ambientes como estes, é essencial que haja coerência. Os profissionais de marketing costumam transmitir mensagens múltiplas em seus ambientes de varejo que vendem a marca. Certo estilo e design são usados em uma parte do ambiente, para criar um tema narrativo, mas aparece um design de estilo conflitante em outro ambiente. Muitas vezes o estilo conflitante acontece em espaços considerados sem importância, como toaletes e áreas de atendimento aos hóspedes.

Entre no toalete de um hotel Schrager e você ficará surpreso. No Mondrian, em Los Angeles, quadros-negros ocupam parte de uma parede para que "pessoas bonitas" possam deixar sua mensagem. Muitos hóspedes do Royalton surpreendem-se por não encontrar mictórios no toalete masculino localizado no lobby. Na realidade, uma das paredes é o mictório, construído tão engenhosamente em mármore, e com um fluxo constante de água, que muitos o confundem com arte.

A coerência precisa ser muito enfatizada. Para criar um ambiente narrativo verdadeiro, você precisa narrar toda a história. Se um consumidor for vê-la, tocá-la, cheirá-la ou ouvi-la, ela precisa estar relacionada à sua narrativa. Aspectos aparentemente de menor importância muitas vezes produzem efeitos dramáticos.

NÃO-LINEAR, DESDE QUE NÃO SEJA NÃO-NARRATIVO

Mais do que um longo discurso em defesa do oásis que é um hotel Schrager, este capítulo teve por alvo sugerir o valor da marca não-linear. Trata-se de um modo significativo e pessoal de vincular-se a seu consumidor, o que infelizmente não ocorre com a freqüência necessária e, quando ocorre, muitas vezes é de modo incoerente ou com pouco entusiasmo. Se você decidir dar vida à sua narrativa da marca de um modo não-linear, faça-o com prazer. Procure ativar os cinco sentidos. Leve seus designs a pontos extremos.

No teatro, os cenários que você vê no palco normalmente se estendem muito além do campo de visão do público. Muito dinheiro poderia ser economizado com a diminuição dos cenários para gastar menos material, porém nenhum produtor ou cenógrafo esperto jamais tomaria tal decisão pelo simples corte de custos. Se o cenário fosse apenas alguns centímetros menor, alguém da platéia poderia ver o que se passa atrás do palco, desfazendo a suspensão da incredulidade e intrometendo-se na narrativa apresentada. Quando você criar um ambiente não-linear, pense desta maneira. Faça um pouco mais, para assegurar que sua narrativa nunca seja interrompida.

CAPÍTULO 12

SALVANDO A MARCA EM DIFICULDADE

A atmosfera espessa o atingia pesadamente nas costas, enquanto o cheiro de enxofre lhe penetrava os seios da face. Os sons emitidos pelas pessoas em agonia ecoavam na escuridão, enquanto fluxos minúsculos atravessavam sua pele como presas de víboras. Era o inferno puro – o Hades, para ser preciso –, porém Orfeu, o herói mítico dos gregos, estava determinado a não deixar que nada o impedisse de resgatar sua noiva Eurídice do poder da morte. Seus esforços heróicos formam uma das mais importantes histórias do mundo antigo, juntando-se a uma repetição de sagas similares em todas as culturas do mundo. Poucos gêneros históricos satisfazem mais o público do que a trama que conduz à ressurreição.

O que você faz quando sua marca encontra dificuldades? Não estamos nos referindo a pequenas perdas de participação de mercado, mas a eventos verdadeiramente catastróficos que colocam em dúvida a longevidade de sua marca. A marca em crise constitui o maior desafio para o profissional de marketing. As apostas são elevadas, a pressão intensa e a margem de erro minúscula. Enquanto isto, toda ação é examinada de perto e observada pelos consumidores e pela mídia.

As marcas que sobrevivem a tais crises muitas vezes são as mais preparadas para suportá-las. Suas histórias são verdadeiramente heróicas e com freqüência inspiradoras. Quando sua recuperação se completa, elas obtêm uma força repentina graças ao apoio público. Estas são as histórias que conquistam o brilho glorioso da atenção da mídia nacional, mudanças instantâneas na participação de mercado e a menção honrosa como Marcas Legendárias. Não deveria ser uma surpresa o fato de a narrativa exercer um papel importante em sua elevação.

A trama da ressurreição descreve pessoas dando o melhor de si: abatendo demônios (internos ou externos), utilizando uma inteligência admirável e tendo perseverança, enquanto mortais comuns se submeteriam às condições impostas. Seja a história de Orfeu, os trabalhos de Hércules, São Jorge e o dragão, ou *Ferris Bueller's Day Off*, o público aprecia o retorno do herói vencido.

Neste capítulo, examinamos a jornada do herói e sua aplicação às marcas que deixaram de brilhar. Como a Fênix, estas marcas ressurgem das cinzas e renascem a partir de raízes narrativas. Acompanharemos a ressurreição de uma marca em particular – Jack in the Box, que foi até o ponto máximo que uma marca poderia ir no mundo dos mortos, mas retornou triunfante.

QUANDO COISAS RUINS ACONTECEM A MARCAS BOAS: O caso do Jack in the Box

Em 1993, quatro crianças morreram e centenas de pessoas ficaram doentes por causa de uma contaminação pela bactéria *E. Coli*, relacionada à carne malcozida servida nos restaurantes Jack in the Box, em Seattle, Washington. Foi uma das piores contaminações na história dos Estados Unidos, e causou pânico e indignação generalizados. Eclodiu a crise de produto mais desencorajadora desde a violação dos frascos de Tylenol dez anos antes, e ameaçou o futuro da marca Jack in the Box.

Jack in the Box é uma rede nacional de restaurantes de *fast-food* nos Estados Unidos. As franquias operavam predominantemente na Costa Oeste, desde 1951, e era mais conhecida pelo atendimento feito diretamente nos carros, através de janelas nas quais os clientes faziam seus pedidos a um cardápio em forma de quadro com uma grande cabeça de palhaço que falava. A imagem associada ao palhaço caprichoso desapareceu em 1980, quando a companhia optou por se concentrar na qualidade e variedade dos alimentos, fazendo com que seus dirigentes destruíssem, de modo sumário e público, o ícone adorável. O fato se deu em um comercial de estilo chocante, transmitido pela televisão, que mostrava a explosão do quadro do cardápio e do palhaço.

Na década seguinte, a marca Jack in the Box desgastou-se em comparação com outros concorrentes no mercado de *fast-food*. Embora a qualidade de seus alimentos fosse superior aos hambúrgueres servidos no McDonald's, Burger King e Carl's, Jr., a variedade crescente dos itens do cardápio e a falta de uma narrativa da marca relegaram a marca Jack in the Box a uma obscuridade indistinta e regional. Em certo sentido, apesar de a companhia continuar a crescer, a marca deixou de ter significado. As pessoas que freqüentavam os restaurantes Jack in the Box o faziam por apreciar o "sabor do mês", eram atraídas por uma promoção de preços ou estavam interessadas em algo diferente de um hambúrguer.

Acontece o desastre

Há de se reconhecer que a crise provocada pela *E. Coli* poderia ter acontecido a qualquer dos concorrentes do Jack in the Box. Em 1993, os padrões de segurança na indústria que serve refeições não eram rigorosos. Só depois da fatalidade é que a regulamentação do setor tornou-se prioridade. A liderança da indústria acabou concordando que as mudanças eram necessárias para assegurar a saúde pública. Antes, os consumidores e as pessoas que atuavam no ramo admitiam como natural que as refeições servidas em lanchonetes eram seguras. A noção de que um hambúrguer vendido por uma rede importante poderia ser perigoso parecia tão irrealista a ponto de a reação inicial dos dirigentes do Jack in the Box ser negar veementemente as acusações do número crescente de clientes seriamente afetados.

Nada colabora mais para a fascinação da mídia do que causar dano a crianças. Quando as crianças morreram por causa de uma corporação importante, a mídia deu atenção especial ao caso. O Jack in the Box viu-se iluminado pelos holofotes e seus executivos ficaram muito assustados. O que já era uma tragédia tomou proporções muito sérias. De acordo com o CEO Robert Nugent, que assumiu o posto após o ocorrido, a direção da companhia cometeu um grande erro ao ouvir os advogados da companhia e não os seus consumidores.

Embora o Jack in the Box tenha respondido inadequadamente à mídia, internamente a empresa realizou ações imediatas e enérgicas para alterar o modo como operava. A companhia não somente melhorou os padrões de segurança dos alimentos servidos como também pressionou para que ocorressem reformas em toda a indústria. Posteriormente, naquele mesmo ano, tornou-se o primeiro restaurante a implementar um sistema abrangente de segurança alimentar denominado Análise de Riscos e Aspectos de Controle Crítico, originalmente desenvolvido pela NASA, a fim de assegurar alimentos seguros para os astronautas. Em 1997, o Jack in the Box ajudou a aprovar a legislação do Estado da Califórnia, que exigia temperaturas mínimas de cozimento.

Além de mudanças em suas operações, o Jack in the Box preocupou-se com as vítimas. Seus executivos cobriram os custos médicos e pagaram indenizações às famílias do melhor modo que puderam. Apesar destes esforços pró-ativos, o Jack in the Box permanecia como a marca que matava crianças. Se o Jack in the Box fosse sobreviver como marca (o que parecia duvidoso), ele precisava renascer. Precisava significar algo mais do que uma melhor variedade de alimentos e de sabor.

O ressurgimento do espírito de uma marca

"Pelo menos de modo metafórico, precisávamos pendurar um cartaz com os dizeres Sob Nova Direção na porta de todo Jack in the Box", disse Steve Le Neveu, o planejador da conta na Chiat\Day, a agência de propaganda que o Jack in the Box contratou para salvar a marca. Isto era tudo, menos fácil. Le Neveu constatou, por meio de uma pesquisa de campo, que a maioria dos consumidores não tinha um vínculo específico com a marca, e, se tivessem alguma opinião a respeito da marca, era negativa, como resultado da contaminação por *E. Coli*.

Bob Kuperman, o diretor da filial da Chiat\Day em Los Angeles, naquela ocasião, havia trabalhado anteriormente com a conta Jack in the Box, quando ela pertencia à Wells, Rich, Green, a agência que destruiu ritualmente o quadro, com o cardápio mostrando o palhaço, nos comerciais transmitidos pela televisão. Kuperman sugeriu que trazer Jack de volta poderia ser uma base para a plataforma da marca. A partir daí, Le Neveu realizou nova pesquisa e constatou que, embora tivesse sido registrado como de pequena intensidade, ainda havia alguma vinculação remanescente do consumidor com a marca.

"Tínhamos três idéias para analisar: sob nova direção, trazer Jack de volta e as ligações emocionais anteriores das pessoas com o palhaço. Nós as juntamos em uma única, que era trazer Jack de volta e torná-lo o novo CEO.

Esse núcleo de inspiração, apoiado pelo criativo diretor Dick Sittig, inspirou a narrativa que acabaria insuflando vida à marca Jack in the Box. Repentinamente, Jack não era um ícone, mas um personagem. Sittig, que também atuou como a voz de Jack, lançou Jack em cena como a única pessoa que poderia fazer renascer a companhia – o herói mítico que voltou para salvar a empresa.

Toda narrativa precisa de um herói

A beleza da propaganda Jack in the Box era seu espírito. Jack não retornou como um personagem animado. Era tão humano como você e eu, exceto que tinha a cabeça de um palhaço de brinquedo. Vestindo ternos formais, no interior de um escritório conservador, e falando com a voz severa e racional de Sittig, Jack era tão educado quanto um executivo como Michael Eisner, Jack Welch e Herb Kelleher incorporados em uma única pessoa. A justaposição da cabeça ridícula do palhaço com a *persona* empresarial positiva tornou a campanha "Jack Voltou" um sucesso instantâneo.

No primeiro comercial, Jack dirigiu-se diretamente à audiência. Ele relembrou aos telespectadores seu infeliz acidente (a explosão do quadro contendo o cardápio). Por causa do milagre realizado em uma cirurgia plástica, havia retornado e estava presente para mudar a maneira como as coisas eram feitas no Jack in the Box. Sem nenhuma referência direta à catástrofe *E. Coli*, ele deixou claro que a companhia enfrentava problemas e que faria algo para resolvê-los. Na realidade, Jack conquistava a vingança final. Ele explodiu a sala do Conselho de Administração do Jack in the Box.

Os próximos comerciais mostraram Jack reorganizando a sede da corporação. Ele simplificou os cardápios e retornou o foco para os itens clássicos que consolidaram a empresa, como o hambúrguer Jumbo Jack. Mais do que isto, Jack apareceu para tornar a companhia simpática ao cliente. Em certo comercial, um cliente bem-humorado brinca no microfone da janela de atendimento do *drive through* que deseja falar com Jack. O empregado solícito concorda e em questão de segundos o cliente ouve a voz familiar de Jack no alto-falante.

Jack como um fanático pela estratégia

A história de Jack foi mais do que apenas uma campanha de propaganda. Ela permeou toda a cultura corporativa. Le Neveu deu a entender o poder da narrativa: "Penso que indiscutivelmente o mais importante que comunicamos – que fizemos acontecer para o Jack in the Box – foi não apenas uma excelente campanha de propaganda, mas realmente a possibilidade, para todas as pessoas, ou os próprios clientes, de perguntarem 'O que Jack faria?'" A narrativa de Jack tornou-se uma força viva, que atuou como modelo de comportamento, sustentáculo do moral e estratégia administrativa.

Le Neveu compara Jack a Lee Iacoca – uma pessoa severa que coloca o cliente em primeiro lugar e executa as atividades empresariais para atender a esta finalidade. Tal mentalidade chegou aos empregados da linha de frente. Quando a campanha foi lançada, um cartão-postal de Jack foi enviado a cada empregado. Nele, Jack anunciava seu retorno e solicitava aos empregados que pensassem naquilo que poderiam fazer para melhorar a companhia; uma mensagem motivadora inspirada na famosa frase de John F. Kennedy ("Não pergunte o que seu País pode fazer por você, mas o que você pode fazer por seu País"). Muitos empregados reagiram entusiasticamente aos cartões. Eles, evidentemente, ficaram inspirados pela narrativa de Jack.

Em todo caso, sabemos que empregados inspirados não são suficientes para gerar lucros. Foram os clientes inspirados que, no final, forneceram provas do valor da estratégia. A nova campanha gerou resultados rápidos. As vendas aumentaram e as pesquisas mostraram que os consumidores estavam preparados para dar uma segunda oportunidade à companhia. Os comerciais veiculados eram tão poderosos a ponto de permitir que Jack in the Box se livrasse da tradição de planejamento de mídia que limitava sua habilidade para competir.

A equipe da Chiat\Day solicitou ao Jack in the Box que parasse de alterar constantemente o cardápio. A cada mês, um novo item era introduzido ou modificado, porque os dirigentes da companhia julgavam que a variedade apoiava sua vantagem competitiva. O pessoal da Chiat\Day queria evitar que a variação interminável criasse uma base de consumidores instáveis ligados apenas na oferta especial do dia. Além disso, a dependência da propaganda orientada pelo cardápio exigia um orçamento de mídia muito elevado. Cada comercial de um novo produto tinha de ser exibido diversas vezes para impactar o consumidor – era como fazer um lançamento por mês. Chiat argumentou que se a companhia combinasse comerciais com identidade própria, focalizados em Jack, a mídia poderia ser mais eficiente.

Jack promoveu o "retorno ao básico", chamando a atenção para os clássicos que figuram no cardápio. Quando Jack promovia determinado item, as vendas aumentavam. Isto conduziu a uma revelação interessante. Os novos comerciais passaram a atrair intensamente os consumidores. Chiat logo constatou que não era necessário repetir as mensagens que mostravam Jack com tanta freqüência. Havia o receio de que exibir muitas vezes a mesma mensagem pudesse desgastar a popularidade de Jack. Logo depois, o orçamento de mídia foi redistribuído, e os comerciais exibidos em horários estratégicos. Com o investimento em mídia otimizado, uma variedade maior de comerciais de Jack foi criada, ampliando a narrativa e dando oportunidade criativa à equipe.

Quando a narrativa torna-se a realidade

Embora Jack fosse um personagem fictício, os consumidores sentiram um grande apego por ele. Bem no fundo de seus corações, ele significava algo especial. A equipe de Chiat aprendeu muito com o que os consumidores diziam a respeito de Jack. Essas informações foram utilizadas para explorar melhor o personagem e manter a suspensão da incredulidade. Ocasionalmente realidade e ficção se cruzavam, de tal forma que a marca transmitia um "Oba!".

Por exemplo, após a crise da *E. Coli*, os padrões de preparação de alimentos do Jack in the Box suplantaram os cuidados de qualquer concorrente, porém sacrificando o sabor. A companhia grelhava demais seus hambúrgueres. Como a gordura é que dá sabor à carne bovina, grelhar em excesso remove totalmente a gordura, o que significa um hambúrguer sem sabor. Com toda a atenção direcionada ao item principal do cardápio (hambúrgueres), a companhia estava caminhando para o fracasso. Sua marca seria sabotada pelo compromisso com a segurança e a qualidade.

Após muitas pesquisas, alguém finalmente teve a idéia de que aumentar o teor de gordura preservaria o sabor do hambúrguer. A um custo elevado, o Jack in the Box procedeu a uma mudança em todo o sistema. Simultaneamente, Jack foi ao ar dizendo aos consumidores que havia melhorado o sabor dos hambúrgueres. Os consumidores experimentaram novamente o produto e o aprovaram com entusiasmo. Eles acreditavam que Jack tinha realmente algo a ver com a mudança. A vida imitava a arte, que, por sua vez, imitava a vida.

Símbolos da marca colocados em ação

Embora fosse um personagem fictício, Jack atuou como um poderoso agente da marca. Ele personificou um conjunto de crenças que agradava aos clientes. Todo novo comercial santificava Jack e mantinha a narrativa viva. Ao longo do tempo, desenvolveu-se uma cultura da marca dentro e fora da companhia. Tudo ficou bem claro com a introdução da bola para a antena.

Durante pesquisas realizadas nas discussões em grupo, alguém comentou que seria interessante colocar a cabeça de Jack na antena de seu carro. Le Neveu apresentou o conceito à equipe e nasceu um novo produto. Sittig elaborou um arco de história apropriado para o lançamento. Foi criada uma nova série de comerciais para a televisão caracterizando as bolas de antena como uma liga de missionários para Jack. Em um deles, Jack organiza um evento externo com a presença de centenas de membros fiéis da equipe que possuíam a bola para a antena.

A campanha deu certo, e os consumidores gostaram do retorno do símbolo da marca a suas vidas e em seus carros. Jack in the Box relutou inicialmente em produzir um número muito grande de bolas. De acordo com Le Neveu, a equipe da Chiat\Day recomendou que a companhia encomendasse um milhão de unidades. A empresa, ainda não convencida do sucesso, mandou fazer 100 mil bolas, que se esgotaram em 48 horas. Não tiveram apenas uma rápida aceitação, mas propiciaram um pequeno lucro.

A narrativa se encontra com o investidor

O papel de Jack na narrativa da marca não alcançava apenas os consumidores. No relatório anual de 2001, a coleção de arte de Jack é mostrada em "A Arte da Refeição". No interior das páginas do atraente relatório, Jack se dirige diretamente aos acionistas, declarando que o lendário empresário de cassinos Steve Wynn insistiu para que ele partilhasse sua coleção de obras de arte famosas. Reproduções de suas obras exclusivas aparecem nas páginas do relatório anual. Claro que os quadros mostrados são alterações espirituosas das obras dos grandes mestres. O Ícaro, de Matisse, apresenta o logo do Jack in the Box no lugar do coração vermelho. Uma pintura impressionista mostra duas senhoras francesas descansando no parque, tendo ao lado uma embalagem de hambúrguer. As famosas personagens de Keith Harring têm nas mãos hambúrgueres, batatas fritas e refrigerantes.

O prolongamento da campanha, no relatório anual, foi uma aplicação interessante da narrativa por dirigir-se a um público que muitas vezes não recebe atenção das empresas – os investidores. Jack in the Box desenvolveu plenamente sua narrativa da marca, identificando um arco da história que deu bom resultado para cada público, incluindo aquele que detém ações da companhia.

LIÇÕES DO JACK IN THE BOX

A história do Jack in the Box é um excelente caso, que demonstra o poder da narrativa para ressuscitar uma marca em crise. Existem outros com igual mérito: a Apple Computer e "Pense Diferente" ou a Volkswagen e o novo Beetle. No entanto, a história do Jack in the Box merece atenção especial por causa de seu efeito arrebatador em todo o sistema. Comentamos a seguir algumas das lições aprendidas, que podem ajudá-lo caso sua marca venha a ter dificuldades.

Demonstre esperança para o futuro

Jack teve sucesso porque não se fixou no passado. Como alternativa, focalizou o futuro e o fez com grande otimismo. A nova narrativa da marca apresentou uma companhia muito diferente do passado, conduzida por uma personalidade carismática e séria. Tematicamente, a idéia de que um novo CEO entrava em cena para colocar ordem nas coisas teve um grande efeito motivador sobre empregados e consumidores. A atitude de Jack proporcionou esperança e um sentido de que a mudança estava acontecendo.

Faça sua narrativa baseando-se em polaridades intensas

Jack não desapareceu na narrativa Jack in the Box. Ele provocou uma explosão na sala do Conselho de Administração. O impulso inicial da campanha Jack Voltou era que as coisas estavam para mudar. A maneira antiga de realizar negócios não era mais tolerada. Em plano superficial, a radical mudança de atitude era engraçada e motivadora, porém, mais profundamente, demonstrava o compromisso da companhia para compensar a tragédia de 1993.

Se a sua marca precisa ressurgir, sua narrativa deve apresentar uma marca compromissada com a mudança. Coloque seus agentes da marca em posição de conflito – o pior conflito imaginável. Jack não teve uma tarefa fácil. Os comerciais ridicularizavam a idéia de refazer uma companhia, porém a audiência sabia que tal iniciativa era tudo, menos fácil. Toda vez que Jack fazia uma melhoria, ele se defrontava com um desafio maior. Em 1996, Jack até propôs sua candidatura à Presidência – originando a idéia de que aquilo que dava certo para a empresa poderia dar certo para o país.

O público adora presenciar transformações de vulto. Quanto mais sua narrativa puder polarizar a mudança, mais poderoso será o eco de sua narrativa no público.

As reviravoltas da marca precisam de diversos públicos

A história do Jack in the Box é ainda mais poderosa porque não se dirigiu a um único público – dirigiu-se a muitos. Cada público com o qual se comunicou afetou o rejuvenescimento da marca. Os consumidores eram o foco principal, porém o mesmo ocorria com os empregados e acionistas.

Se a sua marca precisa encenar um retorno, inclua todas as partes interessadas. Crie uma narrativa que alcance cada público. Se não proceder deste modo, você se arrisca a transmitir mensagens conflitantes. Você também se arrisca a parecer descompromissado com a transformação. A personalidade de Jack permeou cada peça de comunicação que a companhia divulgou. A narrativa singular, selecionada para cada público específico, tinha o efeito transformador de que a companhia precisava para demonstrar que a crise fazia parte do passado.

Ouça os consumidores e permita que eles orientem suas ações

O grande triunfo dessa história é que o consumidor tinha importância. Ouvi-lo cuidadosamente conduziu aos fundamentos da narrativa da marca. Isso também permitiu o desenvolvimento do personagem e o uso de poderosos símbolos da marca. Embora o excelente planejamento e o excelente desenvolvimento criativo desempenhassem um papel importante, foi a participação dos consumidores que gerou a centelha.

UMA ENTREVISTA COM STEVE LE NEVEU

Steve Le Neveu é diretor de planejamento da Publicis West, e foi o diretor de planejamento da Chiat\Day responsável pela campanha do Jack in the Box.

Larry: Que conselho você daria aos profissionais de marketing que trabalham com uma marca que precisa ressurgir?

Steve: Não é um conselho fácil de seguir, porém eu diria aos gerentes de marca que se deparam com uma crise para pensar como um CEO. Acredito que os gerentes de marca normalmente não são pagos para pensar como CEOs. Eles recebem um salário para "gerenciar" a "marca". É uma dura realidade. Seria ótimo se cada um perguntasse a si mesmo "O que eu faria se esta companhia fosse minha?". Porém eles não são pagos para pensar deste modo. Eles são pagos para não virar o barco. No entanto, em tempos de crise, têm permissão para pensar como o CEO. Quando as coisas caminham bem, os gerentes de marca se deparam com a mentalidade "não está dando errado, portanto não modifique nada". Quando as coisas ficam pretas, eles, potencialmente, precisam apresentar opções muito mais criativas.

Larry: Algo mais?

Steve: Faça perguntas no tempo futuro. Uma coisa que nos prejudica como profissionais de marketing é que muito daquilo que fazemos é no tempo presente, o que significa realmente o passado, pois você está olhando no espelho retrovisor. Em vez de perguntar "O que esta marca é?", você poderia perguntar "O que esta marca poderia *ser*?". Em vez de "Qual é o público-alvo?", você poderia dizer "Quem gostaríamos que fosse nosso público-alvo?". Pense a respeito do tipo de futuro que você deseja criar.

CAPÍTULO **13**

A NARRATIVA DA MARCA E A POLÍTICA

> Nossa democracia precisa ser não apenas o anseio do mundo, mas o propulsor de nossa renovação. Não existe nada de errado com os Estados Unidos que não possa ser sanado por aquilo que existe de certo nos Estados Unidos. E hoje, portanto, nos comprometemos a acabar com a era do impasse e da desorientação, dando início a um novo tempo de renovação norte-americana.
>
> **Presidente William Jefferson Clinton**
> Discurso de posse proferido em 20 de janeiro de 1993

O **panorama político** norte-americano entre 1992 e 1994 pode permanecer como um dos mais interessantes na história recente dos Estados Unidos. Foi interessante por ter focalizado a mudança, a renovação e o interesse público no governo. Iniciando em 1992, com a campanha presidencial lendária de Bill Clinton, e culminando em 1994 com a renovação do Congresso, incentivada pelos republicanos e seu *Contrato com a América*, a saga de dois anos apresentada no Capitol Hill proporcionou farto material para o noticiário noturno e os livros de história.

Foi um drama de ideologias conflitantes, hipocrisias em duelo e plataformas legislativas opostas. No entanto, esta nova narrativa norte-americana da batalha entre Montecchios e Capulettos* continha meios narrativos que não favoreciam qualquer dos lados. Cada partido político usou à sua maneira o fio comum de uma narrativa, para obter a atenção do público e sustentar a marca.

Uma marca não ocorre isoladamente no universo do capitalismo. *Republicano* e *Democrata* são Marcas Legendárias. Candidatos são agentes da marca. E partidos políticos são culturas da marca com filosofias conflitantes e organizadas – ou crenças sagradas. Campanhas são arcos de história e dispositivos temáticos que se valem do fundamento da narrativa.

A história norte-americana oferece exemplos abundantes da mitologia da marca e do uso da narrativa para mudar a opinião pública. Todos os períodos presidenciais importantes e os movimentos políticos mais influentes operaram dentro do ciclo da mitologia da marca definido neste livro. Teddy Roosevelt, Franklin Delano Roosevelt, Kennedy e Reagan seriam excelentes casos de estudo, porém a campanha presidencial de Clinton e os dois primeiros anos de sua gestão merecem atenção por dois motivos: ainda estão vívidos em nossas mentes e tinham uma vitória definidora para cada partido, embora em ocasiões diferentes.

É uma história de dois partidos envolvidos em um amplo conflito. É o drama de William Jefferson Clinton, um herói trágico carismático, caso algum já tenha existido, com fortes traços de personagem arquetípico. Sua narrativa tem início no dia em que ele aceita o chamado para a aventura e procura ter um encontro com o destino. Como em toda boa história, suas ações possibilitam uma série de reações opostas, isto é, do Partido Republicano. Embora o ato final não ficasse concluído até que diversos personagens significativos fossem derrotados, e o presidente fosse objeto de um *impeachment,* o primeiro e o segundo atos desta narrativa operística são exemplos excelentes de Marcas Legendárias e de seu papel na política. Vamos expor ambos os lados do conflito, pois cada um deles baseou-se em uma mitologia diferente e transformadora, para obter o apoio do público.

O SR. CLINTON VAI A WASHINGTON

Em 17 de julho de 1992, o governador Bill Clinton e o senador Al Gore entraram em um ônibus em Little Rock, Arkansas, e literalmente iniciaram o percurso

---

* N. do T.: O autor refere-se ao drama *Romeu e Julieta,* de Shakespeare, cujos personagens pertencem às famílias inimigas Montecchio e Capuletto, respectivamente.

para a chefia do Poder Executivo. Tendo sido indicados apenas recentemente pelo Partido Democrata, para concorrer à eleição, estes parceiros improváveis dispuseram-se a percorrer os Estados Unidos acompanhados de suas esposas, seus assessores e 130 jornalistas. Sua missão: conquistar o voto do povo.

As origens dessa história começaram diversos meses antes, com um amadurecimento surpreendente. Bill Clinton não era o candidato que a maioria das pessoas esperava ser nomeado. Os candidatos preferidos antes das primárias em New Hampshire eram o governador Mario Cuomo, de Nova York, e o senador Bob Kerry, de Nebraska, um membro respeitado do Congresso e veterano da Guerra do Vietnã. A maioria dos habitantes de Arkansas nunca ouvira falar de Bill Clinton. Sua obscuridade desapareceu quando obteve a segunda colocação nas primárias de New Hampshire, apesar da atenção negativa da mídia, apenas algumas semanas antes, em torno de um suposto caso amoroso com Gennifer Flowers.

Se crenças sagradas são o fundamento das Marcas Legendárias, então não causa surpresa o fato de Bill Clinton ter conquistado a Presidência e permanecido dois mandatos na Casa Branca com alguns dos maiores índices de aprovação da história norte-americana. As crenças que representava foram bem criadas antes de ele ter entrado no ônibus naquele dia em Arkansas. Elas resplandeciam em seu interior e ressoavam em suas palavras e atos, muito antes de New Hampshire. Paul Begala foi um dos principais estrategistas de campanha, em 1992. Recordando sua decisão de trabalhar para Clinton, observou:

> Os políticos, em sua maioria, quando conhecem um sujeito como eu, ou como (James) Carville, querem ouvir algo que lhes indique como ganhar... Eles fornecem a estratégia. Clinton nos deu a política... E então analisou os pontos específicos da política e focalizou estes dois aspectos. Ele disse: "De um ponto de vista econômico, estamos afundando, e socialmente nos decompondo". Eu costumava provocá-lo, afirmando que ele tinha três soluções para todo problema, mas ele prosseguia de acordo com seu raciocínio e ficávamos totalmente impressionados.[1]

Fundamentalmente, a campanha de Clinton era um grande sucesso por causa dos mesmos fatores que tornam as Marcas Legendárias um sucesso: um conjunto de crenças sagradas que ressoam fortemente nos consumidores, fortemente unidos a um agente da marca inspirador. Bill Clinton não apenas apoiava uma visão de mundo. Ele *era* a visão de mundo. Esta qualidade lhe proporcionou uma durabilidade considerável. Ao final do dia, ele podia suplantar muitos escândalos que diziam respeito predominantemente a temas não relacionados à sua visão de mundo. Casos vergonhosos envolvendo sexo tinham pouco a ver com melhor acesso à saúde, reforma do sistema de bem-estar e licença-família. George Stephanopoulos lembraria posteriormente:

> ... em janeiro de 1992, muita gente em todo o país estava preocupada com a economia. As pessoas passavam necessidade. E a mensagem verdadeiramente básica – que a campanha deveria ser a respeito do futuro de todos e não do passado – foi muito convincente para muitas pessoas que observavam, especialmente em New Hampshire.[2]

Os pontos fracos da campanha de Clinton eram os fantasmas e esqueletos do passado do candidato. Estas fraquezas não impediram que Clinton cumprisse seu objetivo, da mesma forma que outros heróis trágicos. No livro *The Hero and the Outlaw*, as autoras Margaret Mark e Carol S. Pearson atribuem a resistência de Clinton à sua similaridade arquetípica com Zeus, nos mitos gregos antigos. Todos sabiam que Zeus era sexualmente promíscuo e, mesmo assim, mantinha poder e controle sobre o Olimpo.[3] Nas grandes obras de Shakespeare, os heróis que reverenciamos cometem erros muito conhecidos. Hamlet, afinal de contas, vingou a morte do pai apesar de seus acessos de cólera (assassinando sumariamente Polônio), crueldade (violência emocional contra Ofélia) e depressão.

Outro agente da marca desempenhou um papel central, atenuando os erros trágicos de Bill Clinton que ameaçavam sua capacidade de conquistar a Casa Branca. Como ser humano, Al Gore era em certo sentido uma pessoa diametralmente oposta a Bill Clinton. Muitos ficaram surpresos pelo fato de Gore concordar em participar da disputa, por causa de sua ambição de ocupar o Salão Oval, muito antes de participar, em igualdade de condições com Clinton, na chapa do Partido Democrático. Filho preparado de um respeitado senador pelo Estado do Tennessee, e senador influente por mérito próprio, Gore tinha um raciocínio analítico frio em relação aos temas nos quais Clinton demonstrava uma inspiração emotiva. Gore deleitava-se em idéias, teoria e política erudita, ao passo que Clinton apreciava a conquista de objetivos difíceis e mensuráveis, soluções práticas, porém elegantes, e o comprometimento ocasional. No entanto, como políticos, os dois tinham muitas idéias similares. Quando se tratava da plataforma – a visão de mundo associada à campanha –, eles complementavam, de um modo perfeito, seus pontos fortes e seus pontos fracos.

Al Gore era um agente da marca indispensável para a marca Clinton. No papel de consultor político, Dick Morris comentou:

> Penso que a razão pela qual Clinton escolheu Gore foi o fato de ele exemplificar Clinton. Ele era um tipo parecido com o marcador amarelo que você usa a fim de ressaltar o texto, para que possa se lembrar das principais características apresentadas. Ele procurou alguém que fosse uma metáfora de si mesmo: uma pessoa com a sua idade, de um Estado vizinho, também um democrata moderado e com preocupações em relação ao ambiente. Alguém que, estando próximo, pudesse ressaltar suas virtudes, quase como um cenário em um palco. Se você tiver olhos azuis, vai querer um cenário azul que ressalte seus olhos. Ele, de certa forma, estava usando Gore como um tipo de cenário para a sua candidatura.[4]

Completando o ciclo de mitologia da marca, o circuito de ônibus proporcionou a narrativa que uniu os agentes e a visão de mundo. O circuito de ônibus exerceu tal impacto sobre a campanha Clinton-Gore, a ponto de se transformar em lenda. A editora Eleanor Clift, do *Newsweek*, observou: "Eles obtiveram uma cobertura mais positiva, neste circuito, do que os Beatles em sua primeira excursão aos Estados Unidos. Havia muito mais repórteres satisfeitos com o trabalho. Era quase desconcertante".

New Hampshire foi apenas o preâmbulo da história que se desenrolaria à medida que Clinton e Gore visitavam a "América real". Suas viagens geraram uma história que atraiu a atenção da mídia nacional. Aqueles que não pudessem conhecer pessoalmente Bill, Hillary, Al e Tipper poderiam encontrá-los virtualmente toda noite no aparelho de televisão.

A presença simpática e plena de energia, a aparência de jovialidade e o comando articulado de temas importantes que eram apanágio de Bill Clinton contrastavam com a identidade rígida e apegada ao *status quo* do presidente George Bush. Como os heróis míticos, o personagem de Bill Clinton revelava-se por meio de suas ações. Ele tocou saxofone no programa "Agite o Voto" da MTV. Ele se infiltrava na multidão e se encontrava com cidadãos comuns – não como um político rígido, mas como um homem do povo – e as pessoas em todas as ocasiões o consideraram sincero, simpático e digno de crédito. Ele deu nova vida ao corriqueiro costume político de visitar as cidades e o transformou em um evento transmitido nacionalmente pela televisão. O mais importante é que ele parecia ouvir. Em vez de emitir declarações triviais e usar uma retórica voltada à política, Bill Clinton envolvia pessoalmente aos indivíduos. Ele pedia a opinião deles. Deixava claro que tinha ouvido e compreendido o que eles diziam e que aquilo tinha importância.

Begala afirmou: "Ele é a pessoa mais inteligente que já conheci, porém sua qualidade mais convincente é aquela empatia interpessoal. Quando ele está se comunicando com alguém, todo mundo se emociona". Esta natureza voltada à empatia manifestou-se para que todos a vissem, à medida que a opinião dos eleitores mudava em cada Estado.

A narrativa da marca Clinton deu certo por ter se apoiado em uma representação praticamente idêntica à jornada do herói. A nação veio a conhecer um homem de origem muito humilde, saído do Sul rural. Ainda bem jovem, ele teve a inspiração de ocupar a Presidência. Aos 16 anos, como membro da entidade *Boys for America,* encontrou-se com John F. Kennedy no gramado da Casa Branca. Esta fotografia foi divulgada durante a campanha e ajudou a criar a história do herói chamado para participar da aventura. Após freqüentar Georgetown, Yale, Oxford, e se tornar bolsista da universidade de Rhode, Clinton entrou para o serviço público, tornando-se depois governador de Arkansas, cargo que ocupou por cinco mandatos.

A campanha de Clinton apoiou-se em três narrativas da marca que se entrelaçaram de um modo engenhoso. Primeiro, era a narrativa do homem comum norte-americano – o filho nativo surgido da depressão e da obscuridade, para levar esperança a uma nação. Segundo, era a narrativa da Presidência ocupada por um membro da geração *baby-boom.* É adequado que a mais famosa biografia de Clinton seja *First in His Class,* escrita por David Maraniss. É um título perfeito para a narrativa que gerou uma aura em torno do primeiro *baby boomer* a ocupar a Casa Branca. De certo modo, a gestão Clinton foi o ato final de uma narrativa social que teve início nos anos 60. Finalmente, a campanha apoiou-se na narrativa da parceria entre Clinton e Gore, incluindo também Hillary Clinton. A nação passaria a ter uma equipe de pessoas parecidas – uma equipe de pessoas inteligentes representando seus interesses. Todas essas três narrativas se posicionaram em relação ao cenário envolvente do processo político norte-americano. Deram origem a dezenas de arcos de história que fascinaram o povo e geraram uma cultura da marca. Na hora em que o país estava à deriva, caminhando vagarosamente rumo a uma orientação, após os anos 80 *"Go-Go",* Bill Clinton pareceu para muitos norte-americanos o candidato que era um de "nós". Seu vínculo à sua cultura era tão forte que mesmo um *impeachment* votado pelo Congresso não conseguiria afetar o apreço que lhe devotavam. Com base em dados de pesquisas e opiniões de especialistas, especulava-se amplamente que se Bill Clinton pudesse ter concorrido a um terceiro mandato, poderia muito bem ter permanecido no Salão Oval.

Se a campanha de Clinton fosse uma verdadeira marca de produto de consumo, ela realmente seria lendária. Crenças sagradas, agente da marca e narrativa da marca estavam todos presentes, apoiados pelos símbolos patrióticos e os atributos culturais que fazem parte de uma campanha presidencial. Poderíamos construir o caminho para a Casa Branca em três atos, ou de acordo com a jornada do herói. Foi uma campanha plena de conflito dramático, cada qual mais desafiador para o herói e cada um o impulsionando para a frente. Ela comunicava uma narrativa que apoiava a identidade pessoal de milhões de norte-americanos. Finalmente, continha temas que eram não apenas inspiradores, mas fortemente relevantes.

Em 3 de novembro de 1993, a nação elevou a marca ao *status* de legendária, quando elegeu William Jefferson Clinton para ser seu 42º presidente. Ele obteve apenas 43% dos votos, quase um não-mandato, porém foi o primeiro democrata a ocupar o Salão Oval em 12 anos, e contava com o apoio de um Congresso controlado pelos democratas, ao menos durante um período.

GOVERNO DO POVO PARA O POVO

Em termos bem amplos, a vitória de Bill Clinton para a Casa Branca pode ter demarcado o final do Primeiro Ato da narrativa da marca Clinton, porém, somente deu início ao Primeiro Ato para o Partido Republicano e a narrativa que seus membros iriam iniciar. A eleição de Clinton foi o incidente provocador.

Após a vitória de Clinton, não demorou muito para que o rumo de sua administração mudasse. Talvez a nação tivesse esperado muito tempo para conhecer quem preencheria todos os cargos no Governo. Grandes expectativas geradas durante os últimos dias da campanha exerciam pressão diária em um novo presidente e em um partido político que verdadeiramente não havia lidado com o Poder Executivo em mais de uma década. Quando o gabinete finalmente foi formado, o estilo pleno de inspiração, que favoreceu a campanha, criou um caos temporário.

Enquanto isso, a maioria democrática, em ambas as casas do Congresso, proporcionou ampla cobertura para Clinton, porém tal proteção teve seu preço. O receio de Clinton em repetir o fiasco presidencial de Jimmy Carter o fez curvar-se a líderes democratas experimentados – líderes com um programa legislativo mais liberal. O presidente começou a se distanciar das crenças sagradas que proporcionavam à sua campanha o fundamento de sua marca. Embora ocorressem muitas vitórias de menor importância, falharam as principais iniciativas propostas pela administração Clinton em seus dois primeiros anos de mandato.

Os republicanos observavam as manobras fraudulentas da Casa Branca com grande desprezo. Este era um partido que ainda obtinha satisfação com o brilho de Ronald Reagan, que, como Clinton, era uma figura popular que alicerçava uma poderosa narrativa da marca, apesar do escândalo e da atenção negativa da mídia. Embora o programa verdadeiro de Clinton fosse, sem margem de dúvida, moderado, a trajetória que ele seguiu inicialmente mostrava a antítese óbvia da plataforma republicana. Não eram somente os políticos do partido que estavam aborrecidos. Muitos dos mesmos cidadãos que votaram em Clinton, em 1992, estavam ficando inquietos. O projeto de reforma do sistema de saúde proposto por Hillary Clinton foi um dos muitos fracassos públicos que provocaram impaciência nessas pessoas, causando uma mudança na opinião pública. Esta mudança gerou uma oportunidade para o Partido Republicano.

"Ficou claro para nós que, após um ano na Casa Branca, o presidente Bill Clinton não pretendia governar baseando-se no programa que o havia conduzido à vitória, para liderar o país." Assim se manifestaram os membros da Câmara dos Representantes, Newt Gingrich e Dick Armey, em nome dos republicanos que exerciam mandato na Câmara, em seu livro *Contrato com a América*. "*Contrato com a América* foi um instrumento para ajudar a corrigir uma desunião básica entre os cidadãos e seus representantes eleitos."

Em 1994 houve eleições e, embora os republicanos não conseguissem conquistar a Casa Branca, julgaram que poderiam controlar o Congresso. A idéia parecia ridícula para a maioria das pessoas que atuava em Washington D.C., porém os republicanos viram uma oportunidade para "voltar a cuidar dos aspectos básicos". Eles testemunharam o modo como muitas pessoas no país foram atraídas pela promessa de mudanças durante a campanha de Clinton, em 1992. Desse modo, teve início um esforço improvável em um lugar improvável – o *Contrato com a América*, na Câmara dos Representantes.

De modo análogo à campanha de Clinton, o *Contrato com a América* principiava com um conjunto de crenças sagradas: liberdade individual, oportunidade econômica, governo limitado, responsabilidade pessoal e segurança interna e no exterior. Estas cinco premissas atuaram como o esboço para um conjunto de dez leis a serem aprovadas nos primeiros cem dias do novo Congresso, se os republicanos viessem a controlá-lo.

O *Contrato com a América* foi uma brilhante iniciativa de marca. Os republicanos precisavam de um agente poderoso para defender seu conjunto de crenças sagradas. Sem a ajuda de um "homem na linha de frente" na Presidência, eles criaram um documento. A Constituição e a Declaração da Independência são os agentes da marca permanentes da narrativa da marca norte-americana e o *Contrato com a América* era o agente da marca para o novo Partido Republicano. O documento era apoiado por mais de 300 líderes republicanos no Congresso, eleitos e esperançosos, que se reuniram nas escadarias do lado oeste do Capitólio dos Estados Unidos, em 27 de setembro de 1994. O documento foi divulgado simultaneamente sob a forma de livro e pela Internet, e trouxe a público um novo personagem, o representante Newt Gingrich.

Gingrich foi um herói apropriado para a narrativa da marca republicana, e um oponente igualmente adequado para enfrentar Clinton. Ele possuía doutorado em história e era um professor admirado no West Georgia College. De modo análogo a Clinton, ele resolveu logo cedo dedicar-se ao serviço público, segundo notícias, durante sua visita aos antigos locais de combate da Segunda Guerra Mundial, durante um período em que sua família vivia na França. Muito articulado e carismático, apreciava particularmente conversar sobre temas eruditos e políticos. Assim se tornaria um rosto popular para a narrativa da marca. Em 1995, como Clinton em 1992, Gingrich seria escolhido o "Homem do Ano" pela revista *Time*.

O *Contrato com a América* e a eleição de 1994, no entanto, não tinham relação com Newt Gingrich, que era simplesmente um agente da marca para uma narrativa muito maior. Ele foi um dos autores, seu porta-voz freqüente e parte da liderança, porém o *Contrato com a América* agradava aos norte-americanos por causa daquilo que lhes prometia, e não porque eles gostassem ou não de Newt Gingrich.

É verdade que parte do sucesso dos republicanos, em 1994, foi graças à sorte. A administração Clinton titubeou e ficou vulnerável. O fato foi aproveitado pelos republicanos. Porém é temerário acreditar que alguns passos errados foram responsáveis pela mudança dramática da liderança que ocorreu na eleição. Os democratas perderam o controle de ambas as casas do Congresso. Os republicanos não controlavam a Câmara dos Representantes desde 1952. Se a eleição de Clinton não era um mandato, a mudança na liderança do Congresso era, certamente.

Os republicanos chegaram à vitória valendo-se de um mito verdadeiramente norte-americano. A narrativa da marca, em 1994, era a respeito das pessoas, das oportunidades e do direito do povo de fazer mudanças. O governo (e, por falta, a administração Clinton) era o inimigo. O *Contrato com a América* continha promessas reais, escritas para tornar o Congresso responsável. Estas promessas não eram vagas, estavam ligadas a um cronograma rígido de 100 dias. De modo idêntico à Magna Carta e à Constituição, o *Contrato com a América* era mais do que uma promessa de campanha – era um documento com vida própria, e o projeto de uma história. Até em termos mais profundos, era uma franquia.

Se você não está familiarizado com a mecânica da franquia, eis um resumo rápido: a marca e certos padrões de operação e qualidade competem a uma administração central (o marketing da marca McDonald's tem sua origem em Oak Brook, Illinois). No entanto, as operações diárias e a interação com o consumidor são licenciadas para terceiros, dos quais se exige somente a observância de padrões mínimos da marca.

Todo republicano candidato ao Congresso aproveitou o poder do *Contrato com a América*. A narrativa da marca era controlada e administrada a partir de Washington, D.C. com enorme aptidão, porém a própria narrativa surgia disponível para o franqueado, nos distritos locais e nos Estados que dariam o seu voto. Tip O'Neil, o antigo presidente democrata da Câmara dos Representantes, fez uma afirmativa famosa: "Toda política é local". O *Contrato com a América* provou que ele estava certo. Em vez de introduzir uma narrativa da marca unidimensional e plena de lamúrias, que tinha por alvo, com um toque partidário, o presidente, os republicanos criaram uma narrativa que cuidava de temas nacionais importantes, mas permanecia relevante no âmbito local. Em certo sentido, havia uma história principal apoiada por centenas de histórias menores e acentuadamente pessoais.

LIÇÕES DO GOVERNO

- Campanhas políticas são histórias. São especificamente histórias a respeito de uma Marca Legendária – o candidato. As mesmas regras aplicadas a marcas discutidas em outros capítulos deste livro precisam orientar a campanha política, particularmente quando o prêmio é a Casa Branca. Seu candidato precisa de uma bíblia da marca. Você precisa ouvir seu público da marca por meio de pesquisa do consumidor. De modo mais importante, você precisa cultivar a cultura em torno de sua narrativa.
- Nos Estados Unidos, as melhores campanhas recontam o mito da América. Em virtude de tantos políticos apoiarem-se nesta narrativa, é o candidato

que consegue articulá-la de um novo modo que atrai a atenção. O novo relato idealista de Clinton, por meio da voz da geração *baby boom*, coloca sua campanha à parte. Inversamente, o compromisso sério do Partido Republicano, transmitido por meio do *Contrato com a América*, despertou um gigante adormecido.

- A estrutura narrativa da campanha é tão importante quanto a qualidade do candidato. Ao planejar uma campanha política, você precisa aliar os agentes da marca a gêneros, arquétipos, temas e motivadores estéticos.

UMA ENTREVISTA COM MICHAEL KAYE

Encerro este capítulo indo diretamente à fonte. Michael Kaye é um consultor político experimentado que atuou como assessor de campanha para o senador Bill Bradley durante mais de dez anos. Antes de trabalhar na área política, era diretor de criação da Doyle Dane Bernbach. Suas opiniões e experiência se apóiam nos muitos anos em que administrou Marcas Legendárias.

Larry: Como você vence uma campanha política?

Michael: Esta é uma pergunta cuja resposta vale um milhão de dólares. Creio que uma campanha política, particularmente uma campanha presidencial ou para o Congresso, deve ser tratada como se ela se relacionasse a qualquer outro produto ou marca. É exatamente o mesmo paradigma. Em muitos casos, os candidatos são como produtos idênticos. É muito difícil para o público diferenciar entre eles. Você deseja que o candidato signifique algo para os eleitores. O modo mais fácil de realizar isto consiste em focalizar seu oponente, e não seu candidato.

Sempre cuidei de uma campanha pensando em como diferenciar minha marca da outra marca. Isto sempre se resume à história que o oponente está contando *versus* a história do candidato. O modo de ganhar consiste em decidir que história seu oponente está por contar, para então pressioná-lo.

Larry: Como você prevê a história que seu oponente contará?

Michael: Pesquisa, pesquisa, pesquisa. Disciplina também é importante, porque você precisa saber quando se calar, para ouvir o que o outro está dizendo. Porém a pesquisa e a interpretação daquilo que você descobre são a arma mais importante em seu arsenal. É a única maneira de identificar o calcanhar-de-aquiles de seu oponente. Após ter uma idéia de para onde ele se dirige, você usa a pesquisa para determinar com que sucesso seu candidato está atingindo a população.

Larry: O que você procura conhecer?

Michael: Como eles percebem o candidato? Eles realmente o conhecem? Quais são seus atributos positivos e negativos? Realmente, 98% daquilo que eles falam já deveria ser de seu conhecimento. Então, o que você está efetivamente procurando são pequenas indicações que proporcionam muitas informações a respeito das associações e dos temas que podem tornar seu candidato ótimo. Isto requer prática e exige muita paciência, porque os candidatos notoriamente detestam o custo das pesquisas, mas aprendem a adorar as informações produzidas por elas.

CAPÍTULO 14

O LADO OBSCURO DA MITOLOGIA DA MARCA

A maioria das narrativas que permanecem no tempo, mesmo aquelas com final infeliz, forja um elo com o público por meio de protagonistas que são basicamente pessoas boas e conscienciosas. Identificamos o bem em nossas almas como se participássemos das ações de George Bailey, Atticus Finch e Indiana Jones. Ocasionalmente, gênios como Billy Wilder nos mostram protagonistas com um lado oculto, mas, no íntimo, temos empatia com estes personagens porque eles não são maus, apenas simplesmente humanos e falhos.

Por outro lado, existe um segmento de narrativas em torno de personagens maus. Eles existem em Shakespeare (*Macbeth, Ricardo III, Júlio Cesar*), nas tragédias gregas (*Medéia*) e em filmes modernos (*Taxi Driver, Seven, Entrevista com o Vampiro*). Mesmo nas histórias em que a narrativa central é edificante e positiva, certos personagens antagônicos se destacam e obtêm uma empatia entusiasmada do público (Érica, de Susan Lucci, na série da televisão "All My Children", Iago em *Otelo*, Stanley Kowalksi em *Um Bonde Chamado Desejo* e Darth Vader em *Guerra nas Estrelas*).

Por que as pessoas apreciam tanto ligar-se ao sujeito mau? O que faz os consumidores preferirem produtos que não são bons para eles? Por que surge um vínculo emocional com produtos que são propositalmente opostos aos padrões culturais?

Neste capítulo, examinamos o "lado obscuro" da mitologia da marca. Procuramos compreender por que as narrativas com intenções cruéis ressoam nos consumidores, e aprendemos como utilizar narrativas anti-heróicas no marketing de marca. Discutimos também as responsabilidades do profissional de marketing e a linha tênue que separa o divertimento nocivo das atividades empresariais socialmente irresponsáveis.

O lado obscuro da narrativa da marca é uma área interessante porque lida com todos os temas imorais que nossas mães nos alertaram para evitar. Os escritores têm um ditado antigo sobre tramas: sua história é sobre sexo, violência ou sexo e violência. Eu expressaria esta afirmativa de um modo ligeiramente diferente, para orientá-lo nos meandros do lado obscuro da narrativa da marca. Os temas que exploraremos são sobre gratificação, rebelião ou ambos.

A SUCESSÃO DE NARRATIVAS OBSCURAS

A Figura 14.1 mostra uma escala teórica medindo a magnitude de uma narrativa obscura ou a narrativa contendo elementos anti-heróicos. No lado mais moderado, bem à esquerda, estão as narrativas que se concentram na provocação. As narrativas que recaem nesta ponta da escala geralmente não são violentas, mas incluem personagens e incidentes que abalam propositalmente a cultura tradicional.

FIGURA 14.1 A Sucessão de Narrativas Obscuras

MODERADO ———————————————— **FORTE**

Provocadoras	Gratificantes	Prejudiciais
insubordinação	inveja	intenção criminosa
destruição ligeira	gula	dano a outras pessoas
malícia	cobiça	incitação à desordem/
rebelião	luxúria	ao perigo
	preguiça	auto-agressão

No meio do espectro estão as narrativas gratificantes. Narrativas gratificantes também são provocadoras, mas agem mais para provocar nossos apetites do que para provocar um retorno cultural. Sexo, jogo, abuso de substâncias proibidas e consumo exagerado de alimentos são atividades comuns na narrativa gratificante. Uma outra designação para esta narrativa são os produtos e serviços pecaminosos ou os "prazeres com culpa".

Na ponta direita encontram-se os temas mais fortes e controversos. Esta ponta do espectro é somente para públicos maduros. Na realidade, o que os distingue do restante é o fato de combinarem gratificação com provocação, e a prática de atividades que causam dano, destruição ou conseqüências sérias. Estas conseqüências podem atingir a pessoa, outros indivíduos ou ambos. Das marcas legais que ocupam este espaço, os produtos de tabaco são os exemplos malignos de narrativas de marca fortes e "prejudiciais". De modo análogo aos produtos de tabaco, muitas marcas que ocupam esse espaço estão sujeitas à supervisão e regulamentação do governo e ao escrutínio sério do público.

Para compreender como cada um desses aspectos atua para as Marcas Legendárias, precisamos reanalisar o conceito de narrativa pessoal. Recorde-se de que a teoria pós-moderna indica que cada um de nós molda sua experiência e identidade em torno de uma narrativa. Nossa história é formada em nosso subconsciente, sendo constantemente revisada e ampliada.

A maioria de nós acredita que é uma boa pessoa. Acreditamos que nossas ações estão alinhadas com princípios moralmente apropriados. Os escritores sabem que, a fim de criar um bom vilão, você deve supor que ele acredita estar fazendo a coisa certa. Vilões são os heróis das próprias histórias. Poucos entre nós se propõem a realizar aquilo que está errado somente por fazê-lo. Esta é a definição do mal puro – participar de atividades que causam dano ou sofrimento às demais pessoas sem um propósito definido.

Nossa narrativa pessoal dominante se empenha em realizar o que é certo. Ela geralmente se apóia em princípios que indicam o "norte verdadeiro" – ou aqueles princípios que passaram pelo teste do tempo em termos de pensamento moral. No entanto, se você concorda com a escola pós-moderna, acredita que possuímos múltiplas narrativas que relatam nossas várias identidades. Com freqüência uma destas identidades compensa nossa tendência para "fazer o bem" nas demais.

Freud e Jung referiram-se a este aspecto como sendo o *alter ego* – o espelho de nossa consciência. Jung analisou este conceito, referindo-se, em um ensaio, à *sombra* e *anima*:

A obscuridade que permanece firme em toda personalidade é a porta para o inconsciente e a passagem para os sonhos, a partir dos quais estes dois conceitos difusos, a sombra e a anima, adentram nossas visões noturnas ou, permanecendo invisíveis, tomam posse de nosso ego/consciência.[1]

Existe para cada um de nós uma identidade narrativa que se opõe a nossa narrativa dominante e emerge ocasionalmente motivando o comportamento anti-heróico. O maratonista consciente da saúde poderia abusar repentinamente de um *milk-shake* de chocolate, ou o banqueiro conservador, normalmente acostumado a economizar e a procurar bons negócios, poderia aventurar-se em Las Vegas para jogar na roleta.

Não existe nada de errado com nosso lado mais obscuro. Sob muitos aspectos, nossa sanidade se apóia em nossa identidade narrativa "inferior". Ela atua como uma válvula de pressão, mantendo a psique em equilíbrio.

Narrativas de provocação

Adam Granger (não é seu nome verdadeiro) freqüenta uma escola secundária de prestígio, no subúrbio de San Fernando (área de Los Angeles). Seus pais são profissionais de primeira linha e membros afluentes da comunidade local. Adam freqüenta a escola juntamente com um grande número de adolescentes de famílias ricas.

Todos os alunos da escola de Adam são obrigados a usar uniforme. Violações desta regra são ofensas sérias que resultam em punições, reuniões com os pais e suspensão. A escola estabelece precisamente o que os alunos podem acrescentar a seus uniformes e detalha como o uniforme deve ser vestido – exceto as regras aplicáveis às meias. Adam aproveita esta saída. Ele aprecia vestir meias exóticas, de cores e padrões espalhafatosos. A prática perturbou os dirigentes da escola, a ponto de contatarem os pais de Adam e revisarem as diretrizes contidas no código que estabelece como se vestir.

Quando as meias não eram mais uma opção para Adam, ele descobriu uma nova maneira de perturbar – vestir camisetas com estampas em cores brilhantes por baixo da camisa do uniforme com botões no colarinho. Resultado: as estampas da camiseta aparecem.

Adam é basicamente um bom menino. Ele nunca se meteu em dificuldades sérias. Ele recebe notas altas em suas matérias, participa de atividades atléticas e representa os alunos perante a diretoria. Então, por que motivo um aluno-modelo como Adam desejaria passar dos limites admitidos pela diretoria da escola?

Adam, como muitos de nós, aprecia uma narrativa pessoal de provocação. Para ele, trata-se de uma forma de estabelecer a própria identidade e demonstrar autenticidade. Adam deseja ser a ovelha negra, a fim de se orientar em um mundo desorientado. Além disso, é divertido. Ele tem muito orgulho de identificar aquela coisa "legal" que pode levá-lo a se situar completamente fora dos limites que a sociedade esperava alcançar. Como R. P. McMurphy em *One Flew over the Cuckoo's Nest*, Adam aprecia perturbar o sistema.

Escolho Adam como exemplo porque a narrativa de provocação é encontrada com muita freqüência nas Marcas Legendárias que se dirigem aos jovens. A juventude é uma época de definição em nossas vidas, quando desafiamos o abstrato para nos encontrar. Parte deste desafio consiste em testar limites, para verificar se são válidos. Marcas Legendárias que oferecem a narrativa provocadora encorajam os jovens a definir as próprias fronteiras ou definir fronteiras que diferem daquelas impostas por quem tem autoridade.

O Mountain Dew tem agradado há muito tempo o segmento jovem por meio da abordagem provocadora de seu marketing. Ao associar-se a apreciadores do *skateboarding* e música urbana, e ao se comunicar por meio de comerciais irreverentes, que muitas vezes contêm reversões do impacto, o Mountain Dew se alinha bem com os consumidores que gostam de chocar os outros com um comportamento extremado. O produto em si ganhou fama porque contém um nível elevado de cafeína com o único propósito de "mexer" com a adrenalina de seu consumidor.

Atualmente, a propaganda do Mountain Dew é uma versão diluída de sua antiga individualidade e uma vítima de seu sucesso. O problema é que a propaganda e as iniciativas de comunicação do Dew estão mais de acordo com os padrões vigentes. Em uma tentativa de permanecer ousado e, ao mesmo tempo, crescer agressivamente, a narrativa provocadora é menos efusiva. Ainda é uma marca favorita dos jovens, porém está gradualmente se tornando legítima, aceita e parte da norma cultural. Como resultado, está criando sua vinculação por meio de um canal narrativo que não seja provocador.

Manter uma narrativa provocadora ao longo do tempo é tarefa difícil. Os consumidores são atraídos por esta narrativa por causa do aspecto de rebelião e da habilidade para afirmar a originalidade contida na opinião da minoria. Quando estas marcas se tornam Marcas Legendárias, as raízes provocadoras tendem a desaparecer. Isto resulta em uma mudança nas crenças sagradas e na perda do público original da marca.

Quando esta narrativa atinge seu ponto ótimo, ela apresenta personagens e situações que ofenderão alguns públicos. As ofensas geralmente são menos graves. A maioria de nós alegaria que o material é meramente inconveniente. Carl's Jr., uma rede de *fast-food*, empregou tal estratégia em sua campanha "Não Me Aborreça. Estou Comendo". Carl's decidiu ter como alvo homens jovens, não se preocupando com as mulheres. Mudou suas receitas para adicionar mais temperos aos hambúrgueres. Para promover a mudança, a rede criou uma propaganda que mostrava pessoas comendo hambúrgueres e derramando *ketchup*, mostarda e molho especial em si mesmas. Também criou anúncios que mostravam homens demonstrando comportamento genuinamente masculino: comendo como glutões, vivendo como pessoas desleixadas e mexendo com mulheres bonitas.

As espectadoras normalmente consideram esses comerciais repugnantes, grosseiros ou simplesmente "estúpidos". Os espectadores responderam. A campanha foi tão bem-sucedida a ponto de proporcionar a Carl's uma posição sustentável no competitivo mercado de hambúrgueres.

JOE ISUZU

Em 1986, a Isuzu Motors introduziu um personagem denominado Joe Isuzu em seus comerciais de televisão. Joe, interpretado pelo ator David Leisure, era um mentiroso contumaz. Ele fazia alegações exageradas e falsas sobre os automóveis Isuzu em um esforço para fechar a venda. O humor na campanha tinha duas vertentes. Primeiro, as mentiras de Joe eram tão exageradas que você sabia que ele estava mentindo. Segundo, enquanto Joe mentia na tela, subtítulos negavam suas alegações e ressaltavam que ele realmente estava mentindo.

A campanha da Isuzu foi muito bem-sucedida e permaneceu no ar durante quatro anos, impulsionando a carreira de Leisure e conduzindo seu papel de coadjuvante na série de televisão *"Empty Nest"*, na qual ele aparecia como um personagem enganador similar. Parte do sucesso da campanha era por causa da manipulação do lado destrutivo da narrativa da marca. A campanha Joe Isuzu enfatizou algo familiar a todo comprador de carro – o detestável vendedor de automóveis. As pessoas desprezam os vendedores de carros. Em vez de afirmar possuir um tipo diferente de vendedor de automóveis (a tática do Saturn), Isuzu ridicularizava os próprios vendedores. Joe mentia descaradamente e ríamos a cada alegação exagerada. A Isuzu reconheceu o fato de que até seus revendedores estão sujeitos a personagens desprezíveis, porém tornaram alegre tal fato. Na realidade, o público até gostava de Joe. Ele era um homem que as pessoas adoravam odiar.

Recentemente, a Isuzu retomou a campanha Joe Isuzu. O Leisure voltou, porém seu papel se alterou. Em vez de ser um vendedor repulsivo, agora ele é o porta-voz persuasivo da marca. Em vez de fazer alegações ridículas e mentir descaradamente para a audiência de consumidores, ele é visto como um herói para a marca e, de certo modo, para o consumidor. A nova linha de comerciais não está dando o mesmo bom resultado, o que pode ser em razão do fato de Joe não estar mais associado ao lado obscuro da narrativa da marca. Ele perdeu sua maldade e juntou-se às fileiras dos vendedores de automóveis agressivos e respeitáveis.

Narrativas de gratificação

Existem inúmeras pesquisas de marketing a respeito da utilização do sexo na propaganda. Muito daquilo que vemos e ouvimos se apóia em imagens sexuais. Sexo vende. Talvez seja a atividade gratificante básica. O homem pertence à única espécie do planeta que tem relações sexuais com finalidade não relacionada à reprodução. Também somos a única espécie do planeta que aprecia referir-se ao sexo, observá-lo e fantasiá-lo.

Narrativas gratificantes unem as Marcas Legendárias aos centros de prazer. Narrativas eróticas agradam àqueles entre nós que possuem um interesse voraz pelo desejo carnal ou um sentido distorcido do prazer sexual. Porém o sexo não é a única gratificação das narrativas da marca. Os alimentos são um árbitro freqüente da gratificação. Godiva é uma Marca Legendária que apela abertamente aos nossos desejos de gratificação. Para algumas pessoas, o chocolate é um prazer tão sensual quanto o sexo. Godiva usa imagens sexuais (Lady Godiva percorreu nua a cidade) para tornar seu produto até mais gratificante. Ele tem uma embalagem dourada. É vendido principalmente em lojas exclusivas da marca Godiva, com detalhes elaborados e atendimento especial ao cliente. Até o preço é um exemplo de gratificação, pois os chocolates Godiva custam duas a três vezes mais que produtos concorrentes comparáveis. No entanto, para a marca Godiva, pagar mais é parte do prazer, pois ativa o senso de estar cometendo um pecado agradável.

Las Vegas é uma Marca Legendária criada com base na pura gratificação. Ninguém vai a Las Vegas para conter-se. Las Vegas é sinônimo de excesso, promiscuidade e divertimento. Também está inextricavelmente ligada a sexo, jogo e consumo de bebidas alcoólicas – todos divertimentos gratificantes. Mesmo tendo se reabilitado um pouco em anos recentes, Las Vegas é ostensivamente conhecida como a "cidade do pecado".

Embora algumas pessoas viajem a Las Vegas com o propósito de se liberar e obter gratificação para seus caprichos, outras ficam em casa e obtêm prazer com uma indústria tabu, que está lançando variedade própria de Marcas Legendárias. As vendas de vídeos, DVDs e programação com temática pornográfica suplantam as receitas obtidas com a exibição de filmes nos cinemas dos Estados Unidos, cerca de US$ 12 bilhões em 2001. Conforme um executivo da indústria afirmou, com valores tão elevados não há dúvida de que os filmes pornográficos estão sendo comprados por um público mais amplo do que aquele formado por sujeitos desleixados que vestem capas de chuva em estilo militar.

A Vivid Video é o principal participante na indústria. Em seus mais de 20 anos de existência, a companhia consolidou-se de acordo com diversos critérios, incluindo a qualidade de seus talentos, o conteúdo e o tirocínio administrativo. No entanto, como marca, a Vivid está alcançando gradualmente o *status* de legendária, atendo-se a narrativas gratificantes, mesmo com padrões pornográficos. Ela desenvolveu uma linha de vídeos pornográficos muito bem-sucedida, cujo público-alvo é formado por mulheres. Também aproveitou sua habilidade para atrair as atrizes mais populares da indústria como uma narrativa da marca para os consumidores masculinos. Vivid é marca reconhecível instantaneamente e está começando a transmitir uma narrativa que atinge um certo conjunto de crenças sagradas a respeito do prazer erótico.

As narrativas gratificantes mais eficazes são aquelas que agradam ao apetite libidinoso que existe em cada um de nós. Elas aproveitam os anseios secretos que ocultamos do resto do mundo. Elas fazem isso de modo muito sutil e implícito, como a serpente diabólica do Jardim do Éden. Certa ocasião, Alfred Hitchcock observou ser muito mais assustador oferecer indícios de um assassinato, e permitir ao público preencher os vazios, do que mostrar cada detalhe. O mesmo é verdadeiro para a gratificação. Nós nos envolvemos muito mais quando nossa imaginação é ativada.

Narrativas de destruição

Houve um tempo, nos Estados Unidos, em que o consumidor não tinha consciência dos perigos do fumo. No entanto, nos últimos 15 anos, você deve ter morado em uma caverna para não ter sido exposto a informações contra o hábito de fumar. Programas educacionais nas escolas, anúncios de utilidade pública e iniciativas promovidas pela comunidade médica deixaram bem claro que o fumo é relacionado ao câncer, às doenças pulmonares, às doenças cardíacas e a várias outras enfermidades. E, contudo, as pessoas ainda fumam – e não apenas as pessoas que fumavam antes da divulgação dos fatos. A American Lung Association (Associação Americana de Doenças do Pulmão) estima que 4,5 milhões de adolescentes (pessoas com menos de 18 anos) passam a fumar a cada ano. Os especialistas estimam que, da população de fumantes, 80% começaram a fumar antes de completar 21 anos. Além disso, embora o consumo de cigarros esteja mostrando alguns sinais de queda, os defensores da saúde acrescentam rapidamente que o declínio deve-se em grande parte às pessoas que deixaram de fumar, e não a um decréscimo no número de pessoas que começam a fumar.

Apesar de todas as informações divulgadas a respeito dos efeitos danosos do hábito de fumar, por que as pessoas começam? A resposta remete ao lado obscuro da narrativa. Quando narrativas provocantes e gratificantes se combinam, o resultado é aquilo que pode ser chamado, na melhor das hipóteses, de uma narrativa destrutiva. Neste caso, o consumidor deseja atender a um apetite e causar dano ao mesmo tempo – seja a eles mesmos ou a alguém ou a algo diferente.

Muitas pessoas sentem um desejo irreprimível de participar de atividades que ameacem a vida. *Bungee jumping*, *sky diving* e escalada de rochedos sem cordas protetoras são alguns poucos exemplos de atividades estimulantes, por causa da exposição ao perigo. Na realidade, tal comportamento é mais difundido do que indicam as observações superficiais. Flertar com a morte é um modo poderoso de impor seu lugar entre os seres vivos.

No Japão, *Fugu* é uma especialidade servida nos melhores sushi bares. É um baiacu extremamente venenoso, porém, se preparado adequadamente, torna-se inofensivo. As pessoas apreciam o peixe, não pelo sabor, mas pelo gosto do perigo. Os melhores *sushi chefs* compreendem o fato e tomam o cuidado de deixar um resíduo venenoso suficiente para estimular as glândulas salivares, proporcionando deste modo uma experiência culinária que desafia a morte.

Quando a gratificação e a provocação se fundem, os consumidores estimulam uma reação nas demais pessoas. Muitos fumantes apreciam o fato de serem perseguidos por todo mundo. Eles se deleitam com a ocorrência de muitas pessoas que detestam fumantes. Sendo o fumo potencialmente danoso para eles, o hábito proporciona uma experiência de provocação até maior. Isto não significa dizer que eles fumam porque desejam incomodar aqueles ao redor e impor sua personalidade. Longe disto. Também apreciam o prazer relaxante de uma tragada. Dizem que fumar acalma. Seu prazer é obtido do fato de fazer algo que não constitui um comportamento sancionado e, contudo, ser uma excelente experiência de gratificação.

Embora não seja uma Marca Legendária autêntica, Grim Reapers é um exemplo importante. Grim Reapers é fabricado por Poison*, Inc., uma companhia que produz cigarros baratos na Carolina do Norte. Sua embalagem é totalmente preta e mostra o perfil de um crânio humano. O produto declara ser um cigarro de "sabor integral" e tem despertado grande interesse em um segmento de fumantes.

"Espere alguns anos, até o governo exigir que as companhias produtoras de cigarros coloquem fotografias de pulmões doentes no maço", disse Chuck Peters, um dos fundadores da empresa, em um artigo recente publicado na *BrandWeek*.[2] Ele se refere a um processo judicial recente contra as empresas de tabaco por conta da inclusão de elementos gráficos nas embalagens de cigarros. Peters acredita que esta iniciativa agradará aos consumidores do Grim Reapers e, possivelmente, aumentará as vendas. Eles são fiéis a um produto que não tem papas na língua a respeito da promessa da marca.

MARCA "OBSCURA" E RESPONSABILIDADE DO MARKETING

Praticar o marketing visando à gratificação e provocação é uma atividade controvertida. Você apela ao diabo que existe no interior do consumidor. Você tenta o consumidor por meio de impulsos comportamentais que ele normalmente reprime. Você invoca emoções inquietas e desejos ocultos do caráter.

---

* N. do T. *Poison*, veneno.

A realidade: grande parte da propaganda vista no horário nobre segue este modelo. Os anunciantes apelam rotineiramente para os maus instintos de todos nós. Porém existe uma linha fronteiriça entre iniciativas rotineiras de venda e marketing irresponsável.

Muitos de nós fomos aconselhados por nossas mães e outros mentores para "ouvir nossa consciência". No entanto, para numerosos profissionais de marketing, este conselho é perturbador. Se uma companhia de tabaco o contrata para gerenciar uma marca de cigarro, você não pode dizer a seus acionistas que se sente culpado tentando levar os consumidores ao hábito de fumar. Esta é sua função. Você precisa de uma diretriz mais consistente para percorrer o espaço entre o marketing de marca socialmente aceitável e a irresponsabilidade.

Não iluda o consumidor. Acredite ou não, mesmo quando você gerencia uma marca que causa dano aos consumidores, aplica-se a mesma reverência com foco no consumidor. Você deve colocar os consumidores em primeiro lugar. Você precisa aproveitar a visão de mundo que eles possuem, adotar as crenças sagradas que os guiam e transmitir uma narrativa que apóie estes aspectos. No entanto, você não deve usar qualquer destes elementos para iludir ou enganar o consumidor. A controvérsia que culminou no acordo representativo de um marco entre as companhias de tabaco e o governo centrava-se em um ardil. As companhias de tabaco sabiam, antes do consumidor médio, que fumar era prejudicial, porém estas empresas continuaram a promover o hábito como um estilo de vida invejável. Isto estava errado. As companhias de tabaco enganaram os consumidores e colocaram em perigo sua saúde.

A situação hoje é diferente. Marlboro é uma Marca Legendária venerável. A narrativa da marca Marlboro apresenta uma vida áspera. O Homem Marlboro atrai aqueles que acreditam ser a vida plena de espírito de luta, trabalho árduo e dor. É uma narrativa de caubói que declara não o que o mata, mas o que o torna mais forte. Estes homens conhecem os perigos do fumo, porém o hábtio de fumar provavelmente não desaparecerá de suas vidas. Ele é um símbolo e uma atividade simbólica da visão de mundo que possuem. Eles têm pleno conhecimento de que fumar pode custar a vida, mas conservam uma atitude fatalista. É como se alguém dissesse: "Morrerei de qualquer modo. Então morrerei fazendo algo que me agrada. É assim que sou".

Certamente existe um questionamento a respeito de o Homem Marlboro e a narrativa da marca que ele transmite perpetuarem essa atitude. No entanto, pela minha experiência, a maioria das pessoas identifica-se com a marca Marlboro por ela transmitir crenças que já possuem, e não o contrário. Camel, por outro lado, é exemplo de uma narrativa da marca que passa dos limites. A campanha Joe Camel usou personagens animados para criar uma fantasia. Ela minimiza os efeitos colaterais do hábito de fumar e o iguala a uma atividade de primeira classe. Embora seus gerentes de marca aleguem que a campanha não tem as crianças como alvo, os jovens certamente a conhecem e muitas vezes apreciam o animal de carga que fuma. Camel engana o consumidor. Ele apresenta uma visão exagerada da realidade, para seduzir os consumidores, afirmando irreverentemente que fumar o fará sentir-se bem. Fumar ajudará suas conquistas sexuais. Fumar transmitirá uma imagem de estilo, moda e sucesso. A propaganda do Camel nunca menciona os aspectos negativos do hábito de fumar, ao passo que o Marlboro quase o glorifica, do mesmo modo que poderia glorificar o consumo de bebidas alcoólicas fortes prejudiciais ao fígado e as refeições dos caubóis que causam arteriosclerose. Marlboro não alega que seu estilo de vida é saudável, afirma ser rude. Mostra um herói estóico, autodestrutivo e trágico como Ethan Edwards, o caubói vingador interpretado por John Wayne no filme de John Ford *Rastros de Ódio* ou Jim Stark, o personagem cheio de ansiedade interpretado por James Dean em *Rebelde Sem Causa*. Estes personagens parecem gostar da morte, e seu estilo de vida não inclui uma preocupação com a longevidade. Fumar proporciona um alívio confiável a suas iniciativas tristes. O fumo terá seu preço. Porém, ao contrário das outras coisas da vida, pode-se ter certeza de que trará aquilo que promete. Isto está muito distante da mensagem transmitida pelo Camel, que liga o fumo ao hedonismo. Camel promete um prazer e um benefício excessivos para quem adota o estilo de vida do fumante.

Marlboro não está livre de críticas. Fora dos Estados Unidos, a marca Marlboro é uma entre as muitas que iludem os consumidores com uma afinidade pela narrativa da marca norte-americana. O Japão luta contra uma epidemia causada pela adoção rápida do hábito de fumar nos anos pós-guerra. Os japoneses ambicionavam tudo que fosse norte-americano. O Homem Marlboro resumia a visão que tinham da América verdadeira. Muitos japoneses começaram a fumar por idealizarem a abstração do Homem Marlboro, e a marca incentivou ativamente esta falácia.

A indústria de *fast-food* e a indústria de refrigerantes estão sendo muito investigadas. Enquanto este livro estava sendo redigido, havia dois importantes processos coletivos pendentes nos tribunais. Os mesmos grupos de interesse público que desafiaram a indústria do tabaco declaram que os produtores de *fast-food* e de refrigerantes ludibriaram conscientemente o povo norte-americano à custa da saúde dos consumidores.

Mais de 60% da população norte-americana está acima do peso. Nos anos 70, o índice de obesidade nos Estados Unidos era estimado em 12% a 13%. No ano

2000, este índice aumentou para mais de 25%. Complicando o problema, as autoridades federais da área de saúde estão seriamente preocupadas com o aumento significativo do diabetes tipo 2, particularmente nos adolescentes. Apesar destas preocupações, as principais marcas de refrigerante persistem em usar um marketing enganador. Elas contratam artistas famosas, quase anoréxicas, para promover produtos com alto teor de açúcar. Em comerciais transmitidos pela televisão, com música ruidosa e uma superprodução, estas celebridades endossam o produto de um modo exuberante, com coreografia direcionada diretamente aos jovens. A mensagem enganadora parece afirmar que essas pessoas bonitas são assim e agem desse modo por causa do refrigerante cola que endossam.

De maneira similar, muitas marcas de *fast-food* contratam atletas profissionais e que ganharam medalhas olímpicas, para promover seus produtos. Um comercial recente, durante os Jogos Olímpicos de Inverno, mostrou diversos atletas de alto desempenho comprando Big Macs e se deleitando com batatas fritas. No entanto, quando estes mesmos atletas e celebridades aparecem em locais de Los Angeles ou Nova York, suas figuras esguias e quase sempre musculosas raramente são vistas bebendo Pepsi ou Coke. A água mineral é consumida com maior freqüência. Em virtude de suas carreiras dependerem da aparência e da capacidade física, é pouco provável que alguns deles também consumam regularmente *fast-food*, com seu alto teor de gordura e ausência geral de certos nutrientes essenciais. No entanto, para o público norte-americano, esta é a mensagem comunicada.

Ao gerenciar uma marca cuja narrativa se localiza na ponta direita do espectro mostrado na Figura 14.1, você provavelmente se deparará com discussões e análises absurdas que acabam deixando todos insatisfeitos. Neste domínio do marketing, onde a tentação e o despertar podem conduzir a um dano real, existem temas morais e sociais significativos que não são facilmente equacionados. Se você planeja tirar vantagem do lado obscuro da narrativa da marca, faça-o com o devido respeito e consideração a seus consumidores.

ESTRATÉGIA NARRATIVA E O LADO OBSCURO

Narrativas da marca que focalizam o lado obscuro utilizam as mesmas técnicas e princípios que as demais narrativas da marca. Existem algumas considerações especiais.

Regule a válvula de pressão

A melhor entre as mais obscuras narrativas da marca aproveita os anseios reprimidos do consumidor. O sucesso destas narrativas da marca provém de sua habilidade em permitir ao consumidor vivenciar sua identidade narrativa inferior e que permanece na sombra. Las Vegas é uma Marca Legendária que ativa esta narrativa. O mesmo ocorre com o Porsche. A maioria das pessoas com recursos para ter um Porsche tem vida razoavelmente adversa ao risco. Para alguns desses consumidores, o Porsche abre uma válvula de pressão e lhes permite gratificar-se com um pouco de arrojo ou de consumo conspícuo.

Mantenha a empatia

"O protagonista precisa ter empatia; ele pode ou não ser agradável[3]". Estas palavras sábias de Robert McKee aplicam-se igualmente à sua narrativa da marca. Quando você usar o lado obscuro, tome precaução para incluir, em sua narrativa, um encadeamento que possa ser facilmente percebido pelos seus consumidores. Eles podem não apreciar alguns aspectos de sua marca, mas podem manter contato com algo que ela significa. Você cria empatia, pois sua marca tem a mesma visão de mundo que o seu consumidor.

Conforme vimos na campanha Joe Isuzu, a audiência pode ter uma menor simpatia em relação a alguns de seus agentes da marca, mas continua a desenvolver um vínculo com sua marca. Muitas vezes cheguei a pensar que a Microsoft não consegue ser uma verdadeira Marca Legendária por causa de sua falta de vontade para aceitar o fato de que muitas pessoas detestam a companhia e seu fundador, Bill Gates. Eles aceitam de bom grado que a Microsoft tem os melhores produtos (empatia), mas têm dificuldade para aplaudir a companhia ou o Sr. Gates (simpatia). Em vez de uma propaganda que apresenta um mundo pleno de esperança graças à Microsoft, os consumidores poderiam apreciar uma campanha que reconhecesse e ridicularizasse o imperialismo da empresa. Em vez de um Bill Gates vestindo um suéter e nos dizendo que o "futuro é promissor", gostaríamos muito mais de Gates, ou de um substituto fictício, retratado como o Sr. Burns da série *Simpson*.

Sancione, porém não iluda

Na maioria das vezes, o que os consumidores procuram na narrativa obscura é uma sanção para seus atos irrefletidos ocasionais. Eles buscam aprovação. Marcas Legendárias asseguram um efeito poderoso sobre o comportamento do consumidor. Se a marca demonstrar empatia com o consumidor e sancionar suas gratificações ocasionais, ou os excessos do comportamento provocante, o consumidor passa a ter um senso de alívio, autorização ou inocência.

Quando você seleciona um lado obscuro da estratégia, para ampliar ou desenvolver sua narrativa da marca, seu objetivo consiste em proporcionar este efeito de sanção. Embora não seja sempre uma justificativa pelo comportamento diretamente associado a seu produto ou serviço, normalmente tem alguma associação que não é altruísta. Em virtude disto, você tem uma responsabilidade perante seu consumidor e o público. Um aspecto é inocentar seu consumidor por gratificar-se ocasionalmente com atividades que não causam grande dano. Outro bem diferente é lucrar com os efeitos danosos do comportamento que você provocou.

Para muitas marcas, isto não é um problema. O chocolate Godiva certamente sanciona o prazer do chocolate. No entanto, poucos consumidores correm o perigo de consumi-lo em grande quantidade, a ponto de terem problemas sérios de saúde. Alguns consumidores que adquirem freqüentemente o produto Godiva podem ter outros problemas estomacais ou comer muito freqüentemente doces ou exagerar na ingestão de alimentos, porém você teria dificuldade em culpar a Godiva por estas situações.

Outras marcas têm uma responsabilidade maior. Não existe uma diretriz precisa, porque cada marca e cada produto carregam o próprio espectro de qualidades positivas. Sua função, como gerente de marca, consiste em assegurar que você trace para sua marca um rumo que proporcione as aprovações que os consumidores anseiam, sem enganá-los ou abusar da confiança que depositam em você.

NOTAS

CAPÍTULO 1

1. *Webster's Collegiate Dictionary.*
2. STRINATI, Dominic. *An Introduction to Theories of Popular Culture.* Londres: Routledge, 1995.
3. STRINATI, *Theories of Popular Culture.*
4. GITLIN, Todd. *Media Unlimited.* Nova York: Metropolitan Books, 2001.

CAPÍTULO 2

1. ELIADE, Mircea. *The Sacred and the Profane: The Nature of Religion.* Nova York: Harcourt, 1959.
2. PINKER, Steven. *How the Mind Works.* Nova York: W.W. Norton & Company, 1997.
3. Idem, p. 525.
4. McKEE, Robert. *Story: Substance, Structure, and the Principles of Screenwriting.* Nova York: HarperCollins, 1997.

5. SPENCE, Gerry. *How to Argue and Win Every Time*. Nova York: St. Martin's Press, 1995, p. 126.
6. NEWBERG, Andrew, M.D.; D'AQUILI, Eugene, M.D., Ph.D.; e RAUSE, Vince. *Why God Won't Go Away*. Nova York: Ballantine Books, 2001.
7. APPADURAI, Arjun, organizador. *The Social Life of Things*. Cambridge: Cambridge University Press, 1986, p. 67.
8. CAMPBELL, Joseph. *Primitive Mithology: The Masks of God*. Nova York: Penguin Group, 1959.
9. NEWBERG, *Why God*, p. 80-81.
10. KAWASAKI, Guy. *Selling the Dream*. Nova York: HarperCollins, 1991.

CAPÍTULO 3

1. BRUNVAND, Jan Harold. *The Vanishing Hitchhiker*. Nova York: W.W. Norton & Company, 1981.
2. CAMPBELL, Joseph. *The Hero with a Thousand Faces*. Princeton: Princeton University Press, 1968.
3. COUSINEAU, Phil. *Once and Future Myths: The Power of Ancient Myths in Modern Times*. Berkeley: Conari Press, 2000.

CAPÍTULO 4

1. VRANICA, Suzanne. "Ad Giant Interpublic Shops for Literary, Talent Agencies". *The Wall Street Journal*, 14 jun. 2002.
2. GABLER, Neal. *Life the Movie: How Entertainment Conquered Reality*. Nova York: Vintage Books, 1998.
3. RIESMAN, David; GLAZER, Nathan; e DENNEY, Reuel. *The Lonely Crowd*. New Haven: Yale University Press, 1969.
4. HOLT, Douglas B. "Why Do Brands Cause Trouble? A Dialectical Theory of Consumer Culture and Branding". *Journal of Consumer Research*, 29, nº 1 (jun. 2002).
5. TZU, Lao. *Tao Te Ching: A Book about the Way and the Power of the Way*. Traduzido por Ursula Le Guin. Boston: Shambhala Publications, 1997.

CAPÍTULO 5

1. PINKER, Steven. *The Language Instinct: How the Mind Creates Language*. Nova York: HarperCollins, 1995.
2. McCRACKEN, Grant. *The Long Interview*. Newbury Park: Sage Publications, 1988.
3. Ochs, Elinor; e CAPPS, Lisa. *Living Narrative Creating Lives in Everyday Storytelling*. Cambridge Harvard University Press, 2001.
4. Zaltman, Gerald. "Rethinking Market Research: Putting People Back In". *Journal of Marketing Research*, nov. 1997).

CAPÍTULO 6

1. JUNG, Carl. *The Archetypes and the Collective Unconscious*. Princeton: Princeton University Press, 1969.
2. MARK, Margaret; e PEARSON, Carol S. *The Hero and the Outlaw: Building Extraordinary Brands through the Power of Archetypes*. Nova York: McGraw-Hill, 2001.
3. FORSTER, E. M. *Aspects of the Novel*. Orlando: Harcourt Books, 1927.
4. HOWARD, David; e MABLEY, Edward. *The Tools of Screenwriting: A Writer's Guide to the Craft and Elements of a Screenplay*. Nova York: St. Martin's Press, 1993.
5. McKEE. *Story*.
6. Idem.
7. Idem.

CAPÍTULO 7

1. STEEL, Jon. *Thuth, Lies & Advertising*. Nova York: John Wiley & Sons, 1998.
2. SCHMITT, Bernd; e SIMONSON, Alex. *Marketing Aesthetics: The Strategic Management of Brands, Identity, and Image*. Nova York: Free Press, 1997.

CAPÍTULO 8

1. ROOK, Dennis. "The Ritual Dimension of Consumer Behavior". *The Journal of Consumer Research*, 1985.

2. BELL, Catherine. *Ritual: Perspectives and Dimensions*. Nova York: Oxford University Press, 1997.

CAPÍTULO 9

1. PORTER, Michael. *Competitive Advantage*. Nova York: Free Press, 1986.

CAPÍTULO 11

1. COUSINEAU, Phil. *Once and Future Myths*. Berkeley: Conari Press, 2001.
2. The Imagineers. *Walt Disney Imagineering*. Nova York: Hyperion Books, 1996.
3. Restoration Hardware [Internet]. www.restorationhardware.com.
4. STEVENS, Anthony. *Ariadne's Clue*. Princeton: Princeton University Press, 1998.
5. CAMPBELL. *Hero with a Thousand Faces*.
6. ELIADE. *The Sacred and Profane*.

CAPÍTULO 13

1. "The Clinton Years" [televisão], PBS/Nightline, 2001.
2. Idem.
3. MARK, Pearson. *The Hero and the Outlaw*. Nova York: McGraw-Hill, 2001.
4. Idem.

CAPÍTULO 14

1. JUNG, C. G. "Concerning Rebirth" no livro *The Archetypes and the Collective Unconscious*. Princeton: Princeton University Press, 1959.
2. BEIRNE, Mike. "Fuse Is Burning for Little Tobacco: What Spells 'Healthier' Smoke? FDA?" *BrandWeek* XLIII, nº 14, 8 abr. 2002.
3. McKEE, *Story*.

ÍNDICE REMISSIVO

3Com Park, 205

Abercrombie & Fitch, 89
Absolut, 52
Abstrações, 159-161
Ação isolada, 51-52, 53-54
Ação, 50-55, 133
Adesivos, 185
Adoção rápida, 187
Agente da marca baseado em um local, 222-223
Agente da marca. *Ver* Agente
Agente(s)
 ativação do personagem, 85-86
 baseado em um local, 222-223
 celebridades, 128, 220-221
 CEOs, 219-220
 diversificação dos agentes, 229-230, 231-232
 fatores de risco externo, 224-230
 força do, 227
 fundadores, 219-220
 gerenciamento do, 199, 226-236
 identificação do, 218-226
 indústria do tabaco, 283-284
 itens promocionais como, 225-226
 locais artificiais, 224-225
 locais de ocupação conjunta, 223
 locais patrocinados, 223-224
 movimento político, 262-263, 264-265, 270-271
 múltiplos, 235-236
 narrativa e, 134-135, 230-236
 objetos como, 225
 perfis dos, 125, 127-128
 personagens fictícios, 221-222
 porta-vozes do, 220-221
 relação com o sistema de crenças, 25-35
 saturação do mercado, 227-228
Alavancagem, 203
Alsop, Stewart, 4-5
Alter ego, 275-276
Amazon.com, 194
American Express, 38-39, 204
Análise de dados, 108-107
Anima, 276
Anti-herói, 131
Anúncios de televisão, 56
Anúncios externos, 52
Apple Computer
 agente, 43-44, 46, 219
 campanha de propaganda, 13-14, 168
 cultura, 3
 estudo de caso, 41-47
 narrativa, 82, 119-121
 sistema de crenças, 43, 46
Armstrong, C. Michael, 84

Arney, Dick, 268
Arquétipos, 120-124
Artefatos, 189-190
Árvore de decisão, 101
Associação com a marca, 201-202
AT&T, 206
Ateus, 23-24
Atividade de lazer, 12-13
Ativismo, 9
Atomização, 10
Autenticidade, 87-89
Autenticidade do desempenho, 88
Automóvel, 39-41
Autovalor, 76-77

Baby boomers, 9-10
Begala, Paul, 263
Bell, Catherine, 190-191
Bíblia da marca
   arquétipo, 122-123
   biografia dos consumidores, 123-125
   conteúdo da, 118
   criação da, 116
   estética, 137-140
   história narrativa comentada, 141
   método de baixo para cima, 142-143
   perfis do agente, 125-126, 127-128
   símbolo, 183-184, 185-186
Biblioteca de imagens, 139
Body Shop, 131-132
Bolsa Kate Spade, 89, 218, 225
Brokaw, Tom, 9-10
Brunvand, Jan Harold, 53
Bugs Bunny, 222
Byrd, Larry, 228-229

Calvin Klein, 121, 223
Camel, 283-285
Campbell, Joseph, 65, 121-122, 134, 241-242
Canção, 117

Candlestick Park, 204-205
Capacitação, 83-85
Capitalização de mercado, 4-5
Capps, Lisa, 109
Carey, Mariah, 217
Carl's, Jr., 278
Causa, 136, 137
Celebridades, 128, 217-218, 220-221
Centro, 245-246
Chiat, Jay, 156
Citgo, 209-210
Clancy, Tom, 217
Clift, Eleanor, 265
Clímax, 53, 133
Clinton, Hillary, 266
Clinton, William Jefferson, 262-271
CMGI, 209
Coca-Cola, 88
   amostras do produto, 140
   campanha de propaganda, 164-165
   cultura da marca, 193
   narrativa da, 141
   parcerias de distribuição, 202-203
   patrocínio da, 157
   símbolos da, 184-185
Coerência, 195, 246
Comportamento, 33-35
Comportamento do caçador-coletor, 29-30
Comportamento social, 76-77
Compreensão social, 34-36
Comunicação participativa, 171-173
Comunicação, 92
   canais de, 226
   colaborativa, 172-173
   objetivos de, 164-167
   processo de planejamento da, 165
Comunidades, 21-22
Comunicado de imprensa, 56-57
Comunidades de marca, 34-36, 45-46
Co-narração, 108-109
Confusão, 206-207

ÍNDICE REMISSIVO

Consumidor
  biografia do, 123-125, 126-127
  comportamento da marca, 125
  controle do, 11-13
  entusiasmo do, 3-6
  esgotamento do, 186-187
  hábitos de compra do, 17
  logro do, 282-286
  segmento antimarca, 80-81
  seleção da marca, 82-83
  um dia na vida do, 125
  vínculo com o, 7-8, 20-21
Consumismo, 10-13
Contrato com a América, 268-271
Cousineau, Phil, 66-67, 237
Covey, Steven, 68
Crenças sagradas. *Ver* Sistemas de crenças
Cultura da marca
  avaliação da, 182
  conhecimento da, 181-183
  controle da marca e, 179-180
  gerenciamento da, 195-198
  imersão na, 182
  incentivo da, 92, 191-196
  iniciativas de controle, 178-179
  mitos da, 176-181
  narrativas da, 183-192
  perfis do consumidor, 182
Cultura social, 28-29
Cuomo, Mario, 263
Custos corporativos, 219

D'Aquili, Eugene, 29-30
Delano Hotel, 242, 244, 245-246
Dell Computer, 220
Dell, Michael, 220
Design, 6
Dicção, 116-117
Discover, 235-236
Discussão em grupo, 96, 104-105
Dodge, 88

Dogma, 9-11
Dole, Bob, 220-221

Eastman, George, 211
Efeito auréola, 202
Efeito das gerações, 181-182
Eisen, Rich, 162-163
Elaboração, 52-53, 132
Eliade, Mircea, 20, 245-246
  anúncios na mídia impressa, 56
  empatia da, 286
  equação da, 56
  esperança, 257
  estudos de presença da, 103
  finalidade da, 14-16, 33, 56-57
  gênero e, 128-132
  gratificação, 279-281, 285
  identidade, 105
  inserção da, 170
  integração do entretenimento, 168-171
  investigação, 95-113
  jornada do herói, 134
  mito e, 132
  movimento político, 263, 265-267, 268-270
  múltipla, 135
  orientação da, 60-61
  perguntas, 118-119
  pesquisa, 100-104
  poder da, 28
  provocação, 276-279
  responsabilidade de marketing, 282-286
  trajetórias da, 243-245
Entrevista em grupo, 100
Entrevista longa, 105-107
Entrevista pessoal, 105-107
Episódios, 161-163
Era do entretenimento, 75-78
Espaço Profano, 240-241

Espaço sagrado, 240-241
    arcos da história, 262
    narração da história e, 30-32
Espetáculo, 117
ESPN, 70-71, 162, 182
Estádio Edison, 224
Estádio Mile High, 205
Estética
    ativação, 87-89
    biblioteca de imagens, 139
    elaboração da narrativa, 117, 137-138
    estratégia da, 164-168
    exercícios sensoriais, 140
    fórmula em três atos da, 132-134
    sala de guerra, 139-140
    trilha sonora, 139
Estética do tato, 117, 140
Estrutura em três atos, 132-134
Estrutura heróica, 65-66
Estudos de presença, 103
Ética, 92-93
Eventos culturais, 194-196
Experiência, 103-104
Experiência de vida, 74
Extensões, 164

Fidelity Investments, 235-236
Filme da vida, 76, 181
Flowers, Gennifer, 263
    biblioteca de imagens, 139
    finalidade da, 117-119
    forma da, 117-118
    gênero da, 131
    glossário da, 141
    método de cima para baixo, 142
    tema dominante, 135-137
    temas subordinados, 137
    tradução, 143
    trama narrativa, 128-136
Forster, E.M., 124
FoxSports, 71
Fragmentos, 163-164

Franklin Covey, 68-69
Franquia, 270

Gabler, Neal, 8, 76
Galo, 6, 87
Gap, 165-166, 239
Gates, Bill, 286
GE, 135, 141
General Motors, 4
Gênero, 128-132
Gênero *film noir*, 131
Geografia, 6
Geração X, 10
Geração Y, 10
Geração da Segunda Guerra Mundial, 9-10
Gerenciamento da crise, 200
Gerenciamento da marca, 215-216
Gerenciamento do tempo, 67-68
Gillette Mach III, 188
Gingrich, Newt, 268-270
Gitlin, Todd, 12-13
Godiva, 279-280, 287
Goldwater, Barry, 31
Gore, Al, 262-263, 264-266
Grim Reapers, 282
Guerras de preço, 197
Guggenheim Museum, 37-38

Hábitos de consumo, 11
Hallmark, 33
Harley-Davidson
    arquétipo, 121-122
    cultura da marca, 180-181
    lendas, 57
    narrativa, 83, 84
    rituais, 189
    visão de mundo, 26
Harper, Jr., Marion, 176
Harvard University, 27
Hawk, Tony, 185
Hewlett-Packard, 135

ÍNDICE REMISSIVO

Hilfiger, Tommy, 58-59
Honda, 88, 209
Hopper, Dennis, 166
Howard, David, 128

IBM, 43-45
Idéia controladora, 136-137
   auto-imagem do, 125
   espaço do, 238-240
   filme da vida, 76
   identidade do, 8-9
   insights do, 156
   lealdade do, 3-4
   narrativa do, 77-78
   participação do, 258
   percepção do, 7, 125
   perfil do, 106, 182
   prioridade do, 212
   ritual do, 188-192
   válvula de pressão, 286
   voz do, 156
Identidade, 7-8, 9, 76-77
Imagens visuais, 131, 138, 242
Incidência provocadora, 133
Indícios sensoriais, 140, 239-240, 242-244
Individualismo, 10
Inserção do produto, 14, 157, 170
Investidores, 256
Isuzu, Joe, 278-279
   item promocional do, 226
Itens promocionais, 225-226

J. Crew, 85-86
Jack in the Box
   agente do, 253-256
   crise do, 250-252
   investidor no, 256
   item promocional do, 225
   lições do, 256-258
   narrativa do, 253-256
   reformas do, 252
   salvação do, 252
   símbolos do, 255-256
Jackson, Michael, 220-221
Jobs, Steve, 3, 43-44, 46-47, 232-233
Jogos Olímpicos, 202
Jogue a isca e mude, 207
Johnson, Lyndon, 31
Jordan, Michael, 27, 65-66, 218, 220-221, 228-229
Jornada do herói, 134, 253, 265-266
Jung, Carl, 121-122, 123, 275-276

Kawasaki, Guy, 44
Kaye, Michael, 271-272
Keith, Jack, 162
Kelleher, Herb, 160
Kentucky Fired Chicken, 58, 219
Kerry, Bob, 263
Kinkade, Thomas, 81-82
Kistler Vineyards, 6, 87-88
Kodak
   cultura da marca, 195-198
   participação ritual da, 191
   patrocínio da, 210-211
   uso da narrativa pela, 31-33, 141
Krens, Thomas, 37-38
Krispy Kreme, 3, 35
Kuperman, Bob, 252

Las Vegas, 280, 286
Lauren, Ralph, 28-29
Le Neveu, Steve, 252, 253-254, 255-256, 258-259
Lear, Norman, 116
Leisure, David, 278
Lenda (*continuação*)
   orientação da, 60-61
   sobrevivência da, 57
Lenda
   distorção da, 56-57
   técnicas de guerrilha de marketing, 57

Lexus, 169-170
Ley, Bob, 162
Liminaridade, 36, 83
Linux, 36
Locais artificiais, 224
Locais de ocupação conjunta, 223-224
Locais patrocinados, 223-224
Logro, 283-286
Lugar comum, 69-71
Lynch, Peter, 235-236

Mabley, Edward, 128
Macintosh, 44-45, 185-186, 189
MacMaster, Lin, 110-111, 112
Maddock, Richard, 111
Magalogs, 194
Malmuth, David, 211
Maraniss, David, 266
Maratona de Boston, 209
Maratona de Los Angeles, 209
Marca conjunta, 199
Marcas cultuadas, 3-6
Marcas não-lineares, 237-238
Mark, Margaret, 121, 264
Marketing da marca, 93
Marketing de emboscada, 205-206
Marketing do canal, 202-203
Marlboro, 283-284
MasterCard
   tema principal, 137
   tema subordinado, 137
   uso da narrativa, 33-34
Mazda Miata, 3
McCracken, Grant, 106, 107
McDonald's
   agente do, 228-229
   parcerias do, 203-204
McKee, Robert, 27, 128-129, 133, 136, 286
Mercedes-Benz, 39, 224
Metáfora visual, 110

Metanarrativas, 9-10
   método de marketing dos, 143-144
   narrativas das trajetórias, 243-244
   perímetro dos, 240-241
Mickey Mouse, 221-222
Microsoft, 219, 286
Mídia de entretenimento, 168-171
Mídia, 12-14, 167-171
Mito
   definição de, 24-25
   do tempo, 68-69
   dos esportes, 65-66
   fórmula do, 64-65
   lugar comum *versus*, 69-71
   narrativa e, 128-132
   orientação do, 60-61
   papel do, 59-61
   passado e futuro, 66-67
   poder do, 49-50, 62
   significado do, 66-69
Mito dos esportes, 65-66
Mitologia da marca
   agentes da, 24-27
   narrativa da, 27-35
   sistema da, 22
   vinculação do consumidor, 20-22
   visão de conjunto da, 19-20
   visão de mundo da, 24-27
Moda, 39
Modismo, 186-187
Mondrian Hotel, 242-244, 246
Monólogo, 13
Montague, Ty, 13, 171-173
Moral, 66-67
Morris, Dick, 265
Motivo de adaptação, 111
Motivo de diversão, 111
Motivo de expectativa, 111
Motivos de sobrevivência, 111
Motivos para orientação, 110-111
Motivos principais das decisões, 111
Motorola, 231

Mountain Dew, 86-87, 277-278
Movimento político
  agente, 262, 263-265, 270-271
  ambiente do, 199-200
  cultura da marca, 262
  mitologia da marca e, 261-262
  narrativa do, 263, 265-267, 268-270
  parceria, 266-267
MTV, 122, 181-182
Mundo objetivo, 133
Murdoch, Rupert, 70, 71

Narrador, 91-92
Narrativa, 8, 14
  abstração da, 159-161
  agente da, 135
  caixa da, 119-121, 128-129
  campanha de propaganda e, 156
  criação da, 99
  das cidades, 237-238
  definição de, 107, 231-232
  desenvolvimento da, 62, 92
  destruição da, 281-283
  elementos da, 116-117
  estética da, 137-140
  estudo de caso, 144-153
  instrução comportamental da, 33-35
  lado obscuro da, 200, 273-283
  mudança da, 257-258
  personagens da, 121-128
  resposta emocional da, 29-33
  sagradas crenças e, 27-34, 135
  sugestões da, 62-65
Narrativa da marca. *Ver* Narrativa
Narrativa destrutiva, 281-282
Narrativa gratificante, 274, 279-281, 285-286
Narrativa heróica, 279-280
Narrativa pessoal
  capacitação, 83-85
  cultura da marca e, 182-192
  desempenho da, 83-89
  estética da, 87-8992-94
  identidade da, 77-80, 83
  personagem, 85-87
  princípios, 275-276
  rebelião, 84-85
  significância da, 90
  tema da, 80-83
  trama da, 83-84
Narrativa provocadora, 276-279
NASCAR, 202
National Rifle Association, 176
Nestlé, 224
Neutrogena, 119-120
Newberg, Andrew, 29-30
Nike, 5, 12
  agentes da, 25
  arcos de fragmento, 163-164
  mito dos esportes, 65-66
  participação ritual, 191-192
  símbolo da, 134-135, 183-184
  tema narrativa do, 82
  uso narrativo da, 33-34
Nissan Xterra, 39
Nokia, 231
Nostalgia, 4
Nugent, Robert, 251

O'Neil, Tip, 270-271
Objetivo comportamental, 164-168
Objetivo emocional, 164-167
  compreensão social da, 35-37
  movimento político, 262
  observação da, 181-182
  rituais da, 36-38, 188-192
  símbolos da, 38-41, 183-188
Observação, 105-109, 195
Ochs, Elinor, 109
Odor, 138, 243
Ordem cultural, 8-9
Ordem social, 9
Orientador, 90

Orkin, 209
Ouvir, 42, 195

Padrões, 107
Paladar, 117, 138, 243
Palm, 230-231
Parceria, 199
   auditoria da marca, 213
   comercial de televisão, 56
   confusão, 206-207
   conhecimento do pesquisado, 102-104
   emboscada, 205-206
   estratégia, 285-287
   estrutura em três atos da, 132-134
   fraca, 230-236
   gerenciamento da marca, 215-216
   jogue a isca e mude, 207
   sanção, 287
   secundária, 230
   tema da, 136-138
Participação, 195
Partícula infinitesimal, 90
Patriotismo, 9
Patrocínio, 203, 209-211
Pearson, Carol S., 121-122, 264
Pensamento abstrato, 20-21
Pepsi-Cola, 203, 220-221
Perímetro, 241
Perrier, 88
Persona humana, 7
Personagem, 85-87
Personagens fictícios, 221-222
Pesquisa de mercado, 94
Pesquisa do consumidor
   ambiente da, 99-100
   análise de dados, 106-107
   árvore de decisão, 101
      cérebro, 110-113
   desenvolvimento da marca e, 98-99
      barreiras de comunicação, 97-98
   discussão em grupo, 104
   em primeira mão, 96
   entrevista longa, 105-107
   estudos de presença, 101-103
   estudos presenciais do pesquisado, 102-104
   investigação narrativa, 107-109
   limitações da, 96-100
   metodologia do lado direito do
   participação na, 100-101
   pesquisas, 104
   precisão da, 98
   técnicas não-verbais, 109-110
   técnicas observacionais, 107-109
Pesquisa, 96, 103-104
Pesquisas quantitativas, 104
Peters, Chuck, 282
Piaf, Edith, 88
Pinker, Steven, 97
Plano de contingência, 230
Playboy, 219
Política da marca, 177-178
Polo, 28-29
Pontos de contato sensoriais, 87
Porsche, 286
Porta-vozes, 220-221
Porter, Michael, 215
Pórtico, 36, 241-242
Prada, 229
Prefontaine, Steve, 27
Priceline.com, 128
   alinhamento da narrativa, 207-211
   benefícios intangíveis da, 201-202
   benefícios tangíveis da, 201
   canais da distribuição, 203
   confusão, 204-206
   efeito auréola da, 202
   exclusividade, 203-204
   mito da, 211-212
   movimento político, 266-267
   narrativa da, 214-215
   prioridade do consumidor, 212
   risco da, 204

sinergia de recursos, 203-204
trindade, 212
valor sistêmico da, 214
Procter&Gamble
conjunto de marcas, 58
lendas, 58
propaganda, 6
Propaganda
arcos da história e a, 161
arcos de fragmentos, 163
campanha de, 156
desenvolvimento narrativo e, 62
episódios, 161-163
extensões, 164
finalidade da, 1
impulsionada pela história, 13
inserção do produto, 14,157, 170
inspiração, 167
integração do conteúdo, 13-14
marcas cultuadas, 6
mídia, 167-171
modelo de comunicação
   participativo, 171-173
mudança na, 13
planejamento da conta, 156
Propaganda de comunicação direta, 1, 2
Propaganda do estilo de vida, 164-165
Propaganda na mídia impressa, 56
Público
reação do, 88-90, 95
reviravolta da marca, 257-258
ritual do, 190

Qualidade, 5
Quicksilver, 184, 194

Rasmussen, Bill, 70
Realidade subjetiva, 133
Reflexões, 74
Relação de causa e efeito, 50-55, 74
Resolução, 53, 132

Responsabilidade da marca, 12-13
Resposta, 89
Resposta direta, 89
Resposta emocional, 29-33, 36-38
Restoration Hardware, 239, 241
Resumo criativo, 156
Ricci, Christina, 166
Riesman, David, 76
Ritual, 36-38, 45-46, 188-192
Ritual do consumidor, 188
Roberts, Julia, 217
Rockwell, David, 211
Rook, Dennis, 189
Roteiro, 190
Royalton, 241, 246

Sala de guerra, 127-128, 222
Saturn, 36-37, 189, 191
Schmitt, Bernd, 160
Screaming Eagle, 3, 87-88
Sculley, John, 46
Semiótica, 183-188
Sensações sonoras, 138
Shatner, William, 128, 220-221
Símbolo, 36-38
colocação do, 183-185
cultura da marca e, 183-188
modismos e, 186-187
Simonson, Alex, 160
Sinergia de recursos, 203-204
Sistemas de crenças
ateus e, 23-25
comunidades, 21-22
elo com a cultura social, 28-29
finalidade do, 20-21
formas do, 24
narrativa, 27-28, 135
relação com o agente, 25-35
relacionamento simbiótico, 25-27
validação dos, 21-22
Sittig, Dick, 253, 255-256
Situação, 53, 132

Solução de problemas, 21
Sombra, 275-276
Sondheim, Stephen, 208
Sorvete Ben&Jerry's, 81, 194
Southwest Airlines, 160
Spears, Britney, 220-221
Spence, Gerry, 28
Spielberg, Steven, 169
Sports Center, 161-163
Springsteen, Bruce, 88
Sprint PCS, 206
Stadium Invesco, 205
Starbucks
   comunidade, 35-36
   entusiasmo com a marca, 5
   estética do, 137-138, 139-140
   integração com entretenimento, 170-171
   narrativa do, 239
   participação ritual do, 191-192
Status de celebridade, 7
Steel, Jon, 156
Stephanopoulos, George, 264
Stewart, Martha, 26, 86, 219
Stewart, Potter, 19
Strategic Partners Group, 110-113
Strinati, Dominic, 10
Swatch, 88

Taco Bell, 209
Tamanho, 4
Target, 160
Técnicas de marketing de guerrilha, 57
Técnicas de resposta não-verbal, 109-110
Tema, 136-138, 142
Tema condutor, 136
Temas expressivos, 160
Temas subordinados, 137
Tempo de existência, 5
Tempo perdido, 204-206
Tênis Converse, 5

Teoria do pós-modernismo, 9
Teste de tangibilidade, 25
Timex, 88
Trama, 83-84, 128-136
Tri-Con, 209
Trilha sonora, 139, 243
Turner, Victor, 36
Twain, Shania, 220-221
Tzu, Lao, 81-82

Universal Studios, 178
   ação da, 52-55
   arcs da , 161, 229, 262
   campanhas políticas, 270-271
   como mecanismo para compreensão, 74-75
   definição de, 52-53
   estratégia e, 115
   estrutura da, 52-53
   estrutura em três atos da, 132-134
   influência da, 75-78
   orientação da, 60-61
   ponto de vista da, 55-57
   trama da, 128-136

Valor, 136-137, 138
Vespa, 37
Visão de mundo, 25-29
Vivid Video, 280-281

Wal-Mart, 182
Walt Disney World, 218
Warner Brothers, 127-128, 222
Welch, Jack, 135
Williams, Christopher, 186
Wolfe, David, 112
Woods, Tiger, 220-221
Wozniack, Steve, 43

Zaltman, Gerald, 110
ZMET (Teoria Zaltman de Evocação da Metáfora), 110

CADASTRO DO LEITOR

- Vamos informar-lhe sobre nossos lançamentos e atividades
- Favor preencher todos os campos

Nome Completo (não abreviar):

Endereço para Correspondência:

Bairro: Cidade: UF: Cep:

Telefone: Celular: E-mail:

Sexo: F M

Escolaridade:
☐ Ensino Fundamental ☐ Ensino Médio ☐ Superior ☐ Pós-Graduação
☐ MBA ☐ Mestrado ☐ Doutorado ☐ Outros (especificar): _____

Obra: **Marcas Legendárias – Laurence Vincent**

Classificação: **1. Marketing 2. Marcas 3. Negócios**

Outras áreas de interesse: _____

Quantos livros compra por mês?: _____ por ano? _____

Profissão: _____

Cargo: _____

Como teve conhecimento do livro?
☐ Jornal / Revista. Qual? _____
☐ Indicação. Quem? _____
☐ Internet (especificar *site*): _____
☐ Mala-Direta: _____
☐ Visitando livraria. Qual? _____
☐ Outros (especificar): _____

Enviar para os faxes: **(11) 3079-8067/(11) 3079-3147**

ou e-mail: **vendas@mbooks.com.br**

M.BOOKS

M. Books do Brasil Editora Ltda.

Av. Brigadeiro Faria Lima, 1993 - 5° andar - Cj 51
01452-001 - São Paulo - SP Telefones: (11) 3168-8242/(11) 3168-9420
Fax: (11) 3079-3147 - e-mail: vendas@mbooks.com.br

DOBRE AQUI E COLE

CARTA – RESPOSTA
NÃO É NECESSÁRIO SELAR

O selo será pago por
M. BOOKS DO BRASIL EDITORA LTDA

AC Itaim Bibi
04533-970 - São Paulo - SP

DOBRE AQUI

End.:
Rem.: